《乡村旅游服务与管理》是浙江省"十一五"重点规划建设教材。全书共分五大模块十一个教学项目，内容包括乡村旅游的发展与类型、乡村旅游点环境美化与客房餐饮服务、乡村旅游市场营销与产品策划、乡村旅游安全卫生与服务质量、乡村旅游项目规划实务与案例探讨。本书紧跟乡村旅游业发展现状和趋势，力求满足乡村旅游服务与管理职业岗位能力的实际需要，具有较强的职业性、指导性、实用性和创新性特点。教材以职业能力培养为主线，知识学习与能力培养紧密结合，正文链接了丰富的资料，穿插了生动的案例，同步设有实训项目，在拓展学习的同时，训练学生发现、分析和解决实际问题的能力。

　　《乡村旅游服务与管理》可作为高等职业院校、应用型本科院校、中等职业学校旅游类专业课程教材，也可作为社会从业人员的业务参考书和职业培训教材。

高职高专经济管理类规划教材

乡村旅游服务与管理

Rural Tourism Service and Management

李海平　张安民　编著

ZHEJIANG UNIVERSITY PRESS
浙江大学出版社

图书在版编目（CIP）数据

乡村旅游服务与管理 / 李海平,张安民编著. —杭州：
浙江大学出版社,2011.11(2020.1重印)
　ISBN 978-7-308-09208-1

　Ⅰ.①乡… Ⅱ.①李… ②张… Ⅲ.①乡村－旅游服
务 ②乡村－旅游业－经济管理 Ⅳ.①F590.6

中国版本图书馆 CIP 数据核字（2011）第 212707 号

乡村旅游服务与管理
李海平　张安民　编著

责任编辑	周卫群
封面设计	联合视务
出版发行	浙江大学出版社
	（杭州市天目山路 148 号　邮政编码 310007）
	（网址：http://www.zjupress.com）
排　　版	杭州中大图文设计有限公司
印　　刷	杭州良诸印刷有限公司
开　　本	787mm×1092mm　1/16
印　　张	12.5
字　　数	304 千
版 印 次	2011 年 11 月第 1 版　2020 年 1 月第 4 次印刷
书　　号	ISBN 978-7-308-09208-1
定　　价	25.00 元

序

　　乡村旅游作为一种新兴的旅游方式和产业形态,具有资源潜力大、覆盖面广、受益群体多、市场需求旺盛、综合带动性强等特点。2009年国务院出台的《关于加快发展旅游业的意见》,明确提出要实施乡村旅游富民工程,这说明乡村旅游作为拉动农村经济增长、带动农民就业增收的重要举措,作为推进社会主义新农村建设的重要内容,已经提升至国家战略层面。同时也表明,乡村旅游市场将更广阔、魅力将更无穷、前景将更美好。

　　浙江省是我国开展乡村旅游最早的省份之一。近年来,浙江充分依托山水旅游资源丰富、地方特色文化浓郁的优势,紧紧抓住加快社会主义新农村建设的大好机遇,及时把握城市居民生活水平提高、节假日调整和回归自然、回归乡村的趋势,以旅助农、以旅兴农,大力发展乡村旅游,较好地实现了旅游与农业的融合发展。当前全省乡村旅游发展红红火火、形势喜人。作者所在地——浙江湖州,更是浙江乡村旅游发展的排头兵、领头雁。在湖州市委市政府和各级党委政府的强力推动下,湖州良好的生态、美丽的山水和深厚的文化优势已越来越转化为乡村旅游发展的产业优势,越来越多的旅游者通过乡村旅游的体验认识了湖州、了解了湖州、宣传了湖州,也有越来越多的农村通过发展乡村旅游使自己生产、生活的环境变得更美丽,越来越多的农民因为乡村旅游走上了脱贫致富之路。

　　适逢乡村旅游加快发展、转型提升的大好时机,由湖州职业技术学院李海平教授主编的《乡村旅游服务与管理》一书,从乡村旅游发展与类型、乡村旅游点环境美化与客房餐饮服务、市场营销与产品策划、旅游安全与服务质量、旅游项目规划五个主题模块,生动、翔实地展示了浙江(湖州)乡村旅游的新风貌,书集理论与实用于一体,职业与训练于一体,指导与创新于一体,且图文并茂、通俗简洁。我相信,本书的出版,对于全省发展乡村旅游业及乡村旅游职业教育均具有较高的指导价值,也是乡村旅游从业者的良好工具书。

浙江省旅游局局长 赵金勇

2011年7月

前　言

　　1998 年,国家旅游局提出了"吃农家饭、住农家院、做农家活、看农家景、享农家乐"的口号,有力地推动了我国农家乐旅游的发展。1999 年,国家旅游局推出了"生态旅游年",全国各地抓住机遇,充分利用和保护乡村生态环境,开展乡村农业生态旅游,又进一步促进了我国乡村旅游业的发展。从 2004 年起,为了推动全国观光农业的发展,国家旅游局启动了"全国农业旅游示范点"的评选工作。2009－2011 年又在湖州成功举办了三届中国国际生态(乡村)旅游节,全面展示了浙江和湖州优美的生态环境、生态文明和新农村建设取得的成果。目前,我国乡村旅游发展势头良好,呈现出欣欣向荣的景象。乡村旅游经过多年的发展,已经形成现代新农村风貌、高新科技农业园区、乡村生态环境、古村落、花卉和林果种植、水产养殖种植业、观光休闲农业园、农业主题公园、农家乐、农俗节庆活动等十余种类型。乡村旅游在调整农业产业结构、解决农民就业、增加农户收入等方面发挥着越来越大的作用。

　　为了适应旅游业新的发展变化和教育部进一步提高高职高专教育教学质量的要求,满足社会对乡村旅游人才日益增长的需求,我们在《农家乐旅游与管理》的基础上,对乡村旅游进行了全面的梳理,对教材进行了全新的改版。教材编写力求突出职业性、指导性、实用性和创新性特点。为此,一方面我们对课程结构体系作了调整。即将课程中的知识、内容转化为若干个相对独立的主题模块。主要包括"乡村旅游的发展与类型"、"乡村旅游点环境美化及客房餐饮服务"、"乡村旅游市场营销与产品策划"、"乡村旅游的安全卫生与服务质量"、"乡村旅游项目规划实务与案例探讨"几个主题模块,并且赋予教学内容实践性要求。另一方面是对教材内容编写进行了改革。即从旅游行业、乡村旅游企业需求出发,紧扣旅游专业人才培养目标和乡村旅游工作的实际需要,基于乡村旅游职业岗位要求,设计学习性工作任务;根据乡村旅游工作者所应掌握的知识、能力和综合素质要求,设计与工作内容相一致的课程教学项目。教材内容编写重点突出"能力本位"的育人理念,充分体现教、学、做相结合,理论与实践相结合的思想。针对现有的"乡村旅游"教材尚未摆脱以知识为主线的学科体系现状,本教材在主题模块设计中包含了"教学目标、工作任务、案例学习、提示与思考、基本知识、知识拓展、课堂讨论、讨论总结、项目训练"等项目化教学内容,力求突显项目教学、任务驱动、校企合作等教学改革特点。同时,本教材内容选取,还充分考虑行业多岗位转换甚至岗位工作内涵变化、发展所需的知识和能力,使学生具有知识内化、迁移和继续学习的基本能力,从而为他们日后职业生涯可持续发展打下一定基础。

　　本书既可以作为有关院校旅游类专业的特色课程教材,又可以作为农业部门、旅游部门等教育机构培训乡村旅游管理者和服务人员的教材,同时也可以作为旅游从业人员和广大旅游爱好者的普通读物。

　　本书由湖州职业技术学院李海平、张安民担任主编,熊友平、孙娴娴、沈晨仕担任副主编。具体分工如下：李海平制定全书框架及各教学项目的安排，撰写前言、教学项目7、教学项目9以及全书统稿、修改和审定；陆宇荣撰写教学项目1；俞利芳撰写教学项目2；刘玉平、钱慧敏、王利炯撰写教学项目3；沈晨仕撰写教学项目4；孙娴娴撰写教学项目5；朱美撰写教学项目6；熊友平撰写教学项目8；张安民撰写教学项目10和11。

本书在策划与撰写过程中得到了湖州职业技术学院丁继安教授、丁国强教授，浙江省旅游专业教指委张跃西教授，丽水职业技术学院蔡敏华副教授以及湖州市旅游局副局长虞利民、规建处长丁胜能，安吉县章村镇人民政府副镇长郑志亮等领导的大力支持与帮助。在审稿期间，湖州市旅游局局长干永福、规建处副处长张双流及浙江省旅游局郭新慧为本书提出了很好的建议和意见。在本书付梓之际，浙江省旅游局局长赵金勇又欣然为序，在此表示衷心感谢！

本书也参阅了近年来相关论著和资料，若未及注明之处，在此表示歉意和致谢！由于编者水平有限，书中疏漏之处在所难免，恳请读者和关心我们的领导、专家、同行批评指正。

编　者

2011 年 7 月

目　　录

主题模块四 乡村旅游的安全卫生与服务质量

主题模块五　乡村旅游项目规划实务与案例探讨

主题模块一　乡村旅游的发展与类型

【教学目标】

1. 能力目标

● 能够搜集与乡村旅游相关的服务点、历史背景、旅游环境等专业常识,能分析对比各类乡村旅游服务点之优劣,并编写专辑。

● 具备将学到的乡村旅游相关知识运用在如何转型与升级的分析的能力。

2. 知识目标

● 了解乡村旅游的历史发展脉络,掌握国内外乡村旅游发展现状。

● 掌握地理环境与乡村旅游发展的关系。

● 熟悉各种乡村旅游类型的不同特征。

【工作任务】

编写"典型乡村旅游点"资源专辑。

教学项目1　乡村旅游的起源与发展

【信息链接】

2010 中国·成都乡村旅游节

由成都市人民政府、四川省农办、四川省旅游局主办,成都市农委、成都市旅游局、都江堰市人民政府承办的"2010 中国·成都乡村旅游节"在世界遗产地——都江堰隆重举行。随着到会领导用岷江水浇灌象征希望和生机的花蕾,花蕾瞬间开放的动人时刻,为期一个月、以"灾后新农村·魅力天府游"为主题的成都乡村旅游节正式宣布开始。

开幕式上,成都市人民政府还对成都各区市县、企业单位在乡村旅游发展中取得优异成绩的单位进行了表彰和颁奖。都江堰市虹口乡度假示范区、彭州宝山乡村度假旅游示范区、蒲江县大溪谷樱桃沟乡村度假旅游示范区、新津花舞人间乡村度假旅游示范区等 16 个示范区荣获"成都市乡村度假旅游示范区"称号,锦江区三圣花乡、郫县友爱镇农科村、都江堰市虹口乡高原村、双流黄龙溪古镇等 17 家获得"田园之星"称号。

开幕式后,参会领导和嘉宾还走进都江堰景区旁的成都特色优质农产品展销会,详细了解成都地区特色乡村旅游纪念品、优质农副产品等。据悉,在都江堰市还将举行"乡村旅游论坛",论坛将就乡村旅游与农业、乡村旅游资源合理利用等问题进行深度探究。

　　本次乡村旅游节开幕式在都江堰市举行是很有意义的。"5·12"过去一年多时间,在党中央、国务院及四川省、成都市的关心和领导下,都江堰人民万众一心、不屈不挠地同特大地震灾害作斗争,夺取了抗震救灾和恢复重建的重大阶段性胜利。2009 年都江堰共接待游客958.3 万人次,比 2008 年同期增长 110%;实现旅游综合收入 42.08 亿元,比 2008 年同期增长 134%;门票收入 2.19 亿元(含熊猫卡),比 2007 年同期增长 22%。各项数据都再创历史新高,实现了旅游产业灾后恢复各项新突破。本次乡村旅游节的开幕,正是都江堰将灾后恢复重建及乡村旅游发展成果向大家进行集中展示的一次难得机会。

　　据悉,本次乡村旅游节,都江堰各乡镇都积极参与其中,将通过各类特色活动,展示震后重建成果和乡村旅游发展情况。

　　在乡村旅游节开幕式上,成都市人民政府市长助理、都江堰市委书记刘俊林向长期关心、支持和帮助都江堰市旅游业发展的各级领导、各界朋友表示由衷的感谢。他还介绍了都江堰市乡村旅游发展现状和灾后旅游以及基础设施恢复重建的总体情况,并对都江堰美好未来的蓝图进行了描述。他说:"都江堰将抢抓机遇,借势发展,为夺取旅游业灾后重建全面胜利,率先构建新型城乡形态,初步建成国际旅游城市和建设世界现代田园城市示范区作出积极贡献。"

【图片链接】

成都乡村旅游

图 1-1-1　成都农家乐

图 1-1-2　成都锦江区三圣花乡

图 1-1-3　成都乡村游

图 1-1-4　成都民俗活动

(图片来源:http://www.yata.gov.cn)

【思考与讨论】

1.如何理解乡村旅游?

2.乡村旅游对经济发展的作用有哪些?

【基本知识】

一、乡村旅游的概念和特点

(一)乡村旅游的概念

乡村旅游发源于 19 世纪中叶的欧洲,国外学者对乡村旅游有多种不同的认识和定义。Gilbert 和 Tung 认为,乡村旅游就是农户为旅游者提供食宿等条件,使其在农场、牧场等典型的乡村环境中从事各种休闲活动的一种旅游形式。他们把乡村旅游的场所局限于农场、牧场,相当于我们认知上的农场旅游,并且服务内容还仅限提供初始的食宿供给。

英国的 Bernard Lane 认为,乡村旅游不仅是基于农业的旅游活动,而且是一个多层次的旅游活动。不同的国家和地区乡村旅游的形式不同:有些城市把景区旅游扩展到了乡村;有些在乡村的旅游并不是乡村的。对乡村地区的界定,不同的国家有不同标准,而且差异很大。城市和乡村并不是截然分离的,而是一个连续体,乡村地区本身也处于复杂的动态变化中。因此,Bernard Lane 界定乡村旅游特别是纯粹形式的乡村旅游时认为:①位于乡村地区;②旅游活动是乡村的,即旅游活动建立在小规模经营企业上,空间开阔,与自然紧密相连,具有文化传统和传统活动等乡村世界的特点;③规模是乡村的,即无论是建筑群还是居民点都是小规模的;④社会结构和文化具有传统特征,变化较为缓慢,旅游活动常与当地居民家庭相联系,乡村旅游在很大程度上受当地文化控制;⑤由于乡村自然、经济、历史环境和区位条件的复杂多样,因而乡村旅游具有不同的类型。Bernard Lane 还列举了乡村旅游的不同类型,除了基于农业的假日旅游外,还包括特殊兴趣的自然旅游,生态旅游,探险、运动和健康旅游,打猎和钓鱼,教育性的旅游,文化与传统旅游,以及一些区域的民俗旅游活动。

以色列的 Arie Reichel,Oded Lowengart 和美国的 Ady Milman(1999)简明扼要地指出:乡村旅游就是位于农村区域的旅游。具有农村区域的特性,如旅游企业规模要小、区域要开阔和具有可持续发展性等特点。

我国乡村旅游兴起于 20 世纪 80 年代。经过 30 多年的发展,国内对乡村旅游的研究已经有一定的基础。何景明和李立华(2003)认为,狭义的乡村旅游是指在乡村地区,以具有乡村性的自然和人文客体为旅游吸引物的旅游活动。乡村旅游包括了两个方面的内容:一是发生在乡村地区;二是以乡村性为主要吸引物,两者缺一不可。杜江和向萍(1999)认为,乡村旅游是以乡野农村风光和活动为吸引物,以城市居民为目标市场,以满足旅游者娱乐、求知和回归自然等方面的需求为目的的一种旅游方式。

在后期的研究中,学者们已经深刻认识到概念混淆对理论体系的构建和实践操作带来的诸多影响,并试图在前人的基础上总结更准确的定义。王仰麟、祁黄雄(1999)认为,乡村旅游是指以农场和农业为媒介,能满足旅游者观光、休闲、度假、娱乐、购物等功能的旅游业。2004 年在贵州举行的乡村旅游国际论坛上,专家们形成一个统一的意见,认为我国的乡村旅游至少包括以下内容:①以独具特色的乡村民俗、民族文化为灵魂,提高乡村旅游的品位和丰富性。②以农民为经营主体,充分体现"住农家屋、吃农家饭、干农家活、享农家乐"的民俗特色。③乡村旅游的目标定位于城市居民,满足都市人享受田园风光、回归淳朴的民俗愿望。刘建平(2008)从城乡关系出发,认为乡村旅游是以城乡互动、城乡经济统筹发展思想为指导,以乡村独特的生态形态、民俗风情、生活形式、乡村风光、乡村居所和乡村文化等为吸引物,以都市居民为主要目标市场,以观光、游览、娱乐、休闲、度假、学习、参与、购物等为旅游功能,以城乡间的文化交流、人群迁徙为表现形式,兼具乡土性、知识性、参与性、高效益性、低风险性的特色旅游活动。

总的来说,乡村旅游的概念包含了两个方面:一是乡村旅游以乡村为旅游活动的发生地,二是以乡村所有物以及农村活动为旅游吸引物,二者缺一不可。特指在乡村地区开展的,以特有的乡村人居环境、乡村民俗文化、乡村田园风光、农业生产及其自然环境为基础的旅游活动,即以具有乡村性的自然和人文客体为旅游吸引物的旅游活动属于环境旅游范畴,以具有乡村性的人文客体为吸引物的旅游活动属于文化旅游范畴。

(二)乡村旅游的特点

乡村旅游不但具有旅游的一般特点,也具有其独特的一面。

1. 休闲性

乡村旅游是人们体验"不同的生活"或"改变环境,放松心情"式休闲旅游的重要形式。因此,它具有强烈的休闲性,主要体现以下几个方面:

(1)旅游行为的经常性:城市居民进行乡村旅游主要在双休日或节假日,是城市居民周期性调节生活方式的重要选择之一。

(2)游客多前往居住地附近的乡村:由于受双休日时间限定、出行手段和其他因素影响,旅游者多选择距市区 1—2 个小时车程范围的乡村。

(3)旅游者以自我组织形式为主:与团队旅游不同,乡村旅游者主要采取自我服务的组织形式,以单位、家庭和亲朋好友为主要团体形式,自己组织线路及相关事宜,旅游活动安排较宽松。

2. 自然性

乡村地域具有独特的自然生态风光,人口相对稀少,受工业化影响程度低,保存着生态环境的相对原始状态,并且乡村区域的生活方式和文化模式也相对保留着自然原始状态。水光山色、耕作习俗、民俗风情等无不体现了人与自然的和谐统一。

我国乡村地域广大辽阔,种类多样,加上受工业化影响较小,多数地区仍保持自然风貌,风格各异的风土人情、乡风民俗,古朴的村庄作坊,原始的劳作形态,真实的民风民俗,土生的农副产品使乡村旅游活动对象具有独特性特点。这种在特定地域所形成的"古、始、真、土",具有城镇无可比拟的贴近自然的优势,为游客回归自然、返璞归真提供了优越条件。

3. 生产性

文化本身不仅仅是一种象征符号或人类创造之精神和物质成果,而且是一种推动进步的力量,甚至可以说是一种生产力。乡村文化旅游资源的开发,既可拓宽旅游资源的广度,增加旅游活动的多样性,满足游客不同层次的旅游需求;又可改变农村的生产方式,增加农产品的商品量和农业的附加值,提高农村的经济效益。此外,还可带动农产品加工、手工艺品加工等加工工业的发展,促进农村多元化产业结构的形成,为农村经济的发展注入新的活力。

4. 融合性

旅游过程是不同文化的相互交流的过程,在这个过程当中不同性质的文化因素相互接触、碰撞、取舍和融合。到乡村旅游的游客多数是城市居民,从现代化的进程来看,游客本身所携带的文化是"强势文化",而乡村旅游文化是一种"弱势文化",这样在乡村旅游活动过程当中,"强势文化"与"弱势文化"会产生巨大冲击并逐渐融合,从而产生新的旅游文化现象。

二、乡村旅游的起源和发展

(一)国外乡村旅游发展概述

1. 乡村旅游的起源

乡村旅游在欧洲有悠久的历史,有学者认为,它起源于法国。1855 年,一位名叫欧贝尔的法国参议员带领一群贵族去巴黎郊外的乡村度假。他们品尝野味,乘坐独木舟,欣赏游鱼飞鸟,参与各种劳作活动,如学习制作肥鹅酱馅饼、伐木种树并与农民同吃同住。通过这些活动,他们重新认识了大自然的价值,加强了城乡居民之间的交往和认识,增进了彼此的友谊。此后在这些贵族的带领下,乡村旅游在欧洲兴起并逐渐兴盛。

另有学者认为,乡村旅游最早可追溯到 19 世纪中叶。1865 年意大利"农业与旅游全国协会"的成立,标志着此类旅游活动的诞生。总的来说,目前学者都比较认同乡村旅游起源于 19 世纪的欧洲,首先流行于贵族。

西班牙学者 Rosa Marga Yaggue Perales (2001)将乡村旅游分为传统乡村旅游(Homecoming or Traditional Rural Tourism)和现代乡村旅游(Modern Rural Tourism)两种。传统的乡村旅游出现在工业革命以后,主要源于一些来自农村的城市居民以"回老家"度假的形式出现。虽然传统的乡村旅游对当地会产生一些有价值的经济影响,并增加了城乡交流机会,但它与现代乡村旅游有很大的区别,主要体现在:传统乡村旅游活动主要在假日进行;没有有效地促进当地经济的发展;没有给当地增加就业机会和改善当地的金融环境。实际上,传统的乡村旅游在世界许多发达国家和发展中国家目前都广泛存在,在中国常常把这种传统的乡村旅游归类于探亲旅游。

随着后工业社会中主导现代旅游业的自然、休闲、文化变迁趋势的出现,欧洲的旅游业发生了结构性的变化,旅游目的已经从初始阶段的人文自然景观型旅游,经由以人造主题公园为主要对象的观光旅游,迈入了第三个阶段——参与型旅游。参与型旅游是在前两种传统的以静态和被动观赏为基本特征的旅游模式的基础上,融休闲娱乐、文化教育、健体康身于一体的新型休闲旅游形式。作为参与型旅游重要形式之一的乡村旅游业随之蓬勃发展,并与传统乡村旅游有很大的区别:

(1)一股"自然癖好"回归大自然价值的潮流。在高度工业化国家以极强的力量涌现,其关键在于保护自然环境。科学和工业帮助人类战胜自然,人在征服自然、改造自然的斗争中不断创造奇迹,取得了一个又一个的胜利,但同时人类中心主义日益膨胀,一切以人为中心,以人的利益为唯一尺度,一切为自己服务,给人类带来了严重的全球性环境污染和生态破坏。

(2)休闲潮流的兴起。正如马克思所说,休闲作为不被直接生产劳动所吸收的时间,包括了个人受教育的时间、发展智力的时间、履行社会职能的时间、进行社交活动的时间,因此休闲是人的一种存在状态、一种生命状态、一种精神状态,是人"成为人"的过程。到了 20 世纪 70 年代,休闲已广为人们接受,人们不再把工作当做是必需的核心价值,而是在生理必需活动之上和之外追求身体健康、身心协调,人与自然、人与社会、人与自身精神和社会文化和谐统一及其升华的境界。

（3）旅游的新习惯离不开文化变迁。大众消费阶段以休闲—旅游产品的同质性为特征，而绝大多数欧洲北部国家人民居住在城镇及城市已有6代人，他们渴望开放、绿色环境汇总的室外游憩活动。乡村不仅以天人合一的优美环境，健康、朴质、清新的生活吸引着城市来的游客，而且乡村作为人类最初的聚居地荷载着集镇、城市人群的生长基因，每个城市居民都与乡村存在着千丝万缕的地域联系，由此乡村对旅游者产生了巨大的回归吸引，游客喜爱乡村旅游更深层的原因在于：整个世界在对现代性，特别是在其中起核心作用的科学理性的负面影响进行清算的时候，失去了"现代性"探索的明确目标，人们便留恋于对传统的回顾。

2. 乡村旅游的发展

乡村旅游于20世纪60年代开始广泛流行，已经经历了一个世纪的发展。在欧洲，起源于英格兰乡间农场小屋汇中的接待旅游者活动逐渐向整个欧洲扩散。最开始它在山间扎根，特别是在欧洲阿尔卑斯山区，这源于对登山旅行和牛车旅游的日益兴起。到1960年，提供住宿是一部分农户增加一小部分补充收入的基本形式。

西班牙的Canoves等学者认为，对于欧洲，从乡村旅游服务接待和活动情况来看，可以将乡村旅游的发展分为三个阶段：

（1）起步阶段

早期的乡村旅游几乎毫无例外地都是依靠于住宿接待：出租房产多有着自己家中的房屋、独立的住宿设施，或者乡间的露营地。尽管它们可能被标上了不同的标志，有的是BB（Bed＋Breakfast，即是床位加早餐，由一个家庭空出几间房屋出租经营）。这些活动的目的是补充农业收入，它并没有给主要的农业活动造成威胁，因此可以归纳为"绿色旅游"。

（2）发展阶段

多样化是第二个阶段的关键词。此时，为了抓住需求更多样、要求更高的游客并鼓励回头客，乡村旅游已经从简单的接待转移到提供更专业化的产品。许多乡村旅游经营者提供与自然相关的活动及乡土活动，如骑马、垂钓、竹筏漂流、采摘水果等，另外一些更高级的当地产品如美食、乡土特产的销售都有了明确的商业目标。当然，经营者也兼顾了游客们希望与农户家庭接触的要求。各种不同活动形式在欧洲不可胜数，每个国家或地区会强调一种或多种特色。在这个阶段，经营者普遍放弃了农业活动，因为农业盈利少，并且同时开展两项业务也比较困难。

（3）成熟阶段

专业化是第三个阶段的主要特征，这一趋势在英国和荷兰已经比较成熟了，但在法国和意大利刚刚萌芽。在这个阶段中，经营者明确提出"职业化"的发展要求，因为职业化正是游客眼中品质的象征。

Canoves等学者还指出，不同国家甚至同一国家的不同地区有可能处在不同发展阶段，一个乡村目的地受欢迎程度与当地乡村旅游发展阶段直接相关，游客越多，经营时间越长，即集约经营的乡村旅游目的地发展程度往往越高。

目前乡村旅游在德国、奥地利、英国、法国、西班牙、美国、日本等发达国家已具有相当的规模，走上了规范化发展的轨道。乡村旅游对推动经济出现不景气的农村地区的发展起到了非常重要的作用。乡村旅游对当地经济的贡献和意义得到了充分证明。在许多国家，乡村旅游被认为是一种阻止农业衰退和增加农村收入的有效手段。乡村旅游的开发在世界各地发展非常迅速，在美国就有30个州有明确针对农村区域的旅游政策，其中14个州在它们的旅游总体发展规划中包含了乡村旅游。在以色列,乡村旅游开发被作为对农村收入下降的一种有效补充,乡村旅游企业数量逐年增多。包括加拿大、澳大利亚、新西兰、前东欧和太平洋地区在内的许多国家,都认为乡村旅游业是农村地区经济发展和经济多样化的动力。

（二）国内乡村旅游的起源与发展

我国的乡村旅游的起源略有异于其他国家。国内乡村旅游的起源我们认为应该以20世纪80年代中期的富阳与成都农家乐旅游为标志。尤其是1986年浙江省富阳县率先在新沙岛、和尚庄、赤松村等地开发了"农家乐"旅游,吸引了几十个国外旅游团体和上万国内游客。1987年5月时任国务委员、国务院旅游协调小组组长的谷牧同志专程前往富阳考察并题词:"农家乐,旅游者也乐"。

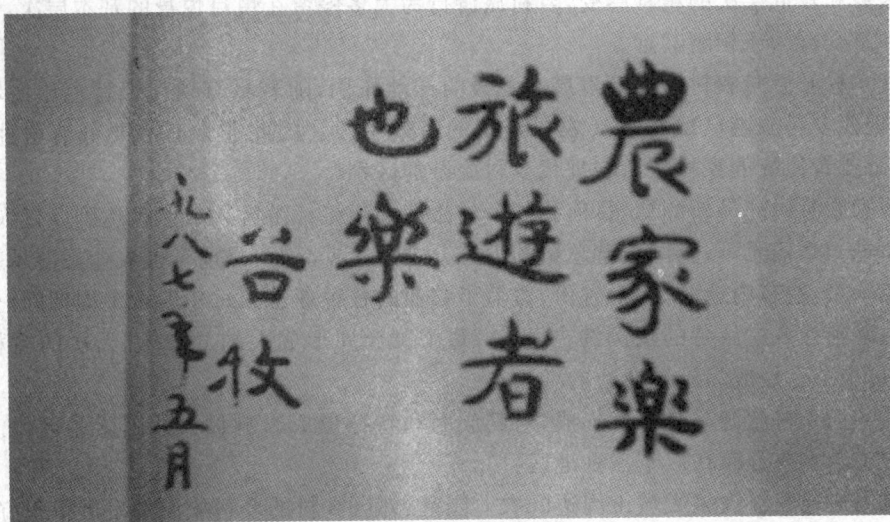

图 1-1-5 原国务委员、国务院旅游协调小组组长谷牧同志题词

如果将中国乡村旅游的发展历史划分阶段的话,那么大致上可以划分为三个重要阶段。第一,起步阶段,即从1986到1992年,以浙江富阳农家乐旅游为代表。其主要特征是起点高,要求严;旅游活动内容以展示我国江南乡村生产活动、生活习俗和民间传统工艺为主;客源以欧美、日本等发达国家游客为主体。第二,发展阶段,即从1992年到1999年,以四川郫县农家乐旅游为代表。其主要特征是以乡村传统农业为依托;以品尝、购买乡村土特产品为主要内容;客源以国内商人及旅游团队为主。第三,全面开花阶段,即自本世纪初以来的乡村旅游,以2006年中国乡村旅游年为标志。其主要特征是点多、面广;以乡村生态环境、新农村建设为依托;旅游活动内容向集观赏、考察、参与体验、休闲娱乐和度假于一体的方向发展。

中国内地的乡村旅游基本上是市场需求促动下自发形成的,也有一部分是在我国特殊的旅游扶贫政策指导下产生的。20世纪90年代以后乡村旅游的发展更为迅速,旅游者的旅游动机明显区别于回老家的传统旅游者。现代乡村旅游的特征主要表现为:旅游的时间不仅仅局限于假期;现代乡村旅游者充分利用农村区域的优美景观、自然环境和建筑、文化等资源;现代乡村旅游对农村经济的贡献不仅仅表现在给当地增加了财政收入,还表现在给当地创造了就业机会,同时还给当地衰弱的传统经济注入了新的活力。

由于起步较晚,中国内地的乡村旅游目前还存在着较多的问题。首先,开发模式单一,开发产品特色少,雷同多。乡村旅游开发过分地依赖农业资源,缺乏文化内涵,地域文化特色不突出。此外,还存在整体接待水平偏低、配套设施不完善等现象。其次,管理混乱,是一种"小而散"的自由发展状态。乡村旅游从业人员缺乏系统有效的培训,乡村旅游管理人员和从业人员素质普遍低下,乡村旅游的迅速发展与低素质乡村旅游经营管理人员和从业人员相矛盾,乡村旅游处于粗放经营阶段,形成轻管理、低质量、低收入的恶性循环,严重制约了我国乡村旅游业的发展。再次,乡村旅游消费水准、档次不高。由于当前我国乡村旅游消费需求处在初级化阶段,在低水平的经济收入、低层次的综合素质和以节俭为主导的传统消费观念等多重因素影响下,绝大多数乡村旅游者享受到的是较低价位的消费水准、较低档次的旅游服务和较低层次的精神感受,乡村旅游行为大多停留在悦目悦身的基本层次,离高品质的精神享受行为还相距甚远。

现代乡村旅游对农村的经济发展有积极的推动作用,随着具有现代人特色旅游者的迅速增加,现代乡村旅游已成为发展农村经济的有效手段。因此非常有必要分清这种"回老家"的旅游或者传统的乡村旅游与现代乡村旅游的区别。

据国家旅游局的最新测算,目前我国乡村旅游的年接待游客人数已经达到 3 亿人次,旅游收入超过 400 亿元,占全国出游总量的近三分之一。据介绍,目前全国农业旅游示范点已经达到 359 家,遍布内地的 31 个省份,覆盖了农业的各种业态。每年的黄金周期间,全国城市居民出游选择乡村旅游的比例约占 70%,每个黄金周形成大约 6000 万人次的乡村旅游市场,乡村旅游已经成为旅游业新的增长点。

我国各地乡村旅游多是自发形成,对其成因和特征形成影响最大的因素是区位。目前我国乡村旅游主要分布在以下三种地区:

城市周边地区　许多大城市周边的农业园区、郊区乡村的乡村旅游都发展得很好,特别是北京、成都、杭州等城市附近。近期全国农业旅游示范点检查标准出台,主要就是针对此类乡村旅游。农业部会同国家旅游局于 2005 年 1 月 9 日公布了首批 203 个全国农业旅游示范点,为近几年乡村旅游的规范发展起到了巨大的推动作用。

老少边贫地区　我国有许多古镇和古村落,基本上都已经有五六百年以上的历史。这些地区多为山区,缺少发展第一、二产业的自然条件,又不具备交通区位优势,大多是工业文明尚未辐射到或感受极微弱的地区。许多村寨里有家族创业始祖的传说,有家族兴盛衰败的记载,有祖传的遗训族规。这些村寨和城镇在选址方面遵循古代堪舆论,讲究"择吉而居",建筑布局大多以"天人合一"为基本思路。一般有河山作为自然屏障,便于生存、发展、繁衍,所以风景都比较好。另外,其建筑风格独特,有较高的人文观赏价值和审美价值。还有一些地区历史上曾是经济、文化重镇和商贾云集之地,后因改朝换代或交通改道,使之失去原有的地位与功能,同样未受到工业改造,至今尚保留着当年的文化风貌和传统的民俗风情,是目前旅游界的"新星"。

景区边缘地区　在景区边缘地区的乡村旅游基本上是三个方向:以农民自筹资金的山林地为资源兴办的乡村旅游;在农业基础上发展起来的具有观光、教育、参与、学习等功能的乡村旅游;依托景区开展以农家接待为主,融入一些乡情活动的乡村旅游。如桂林是中国旅游名城,也是举世瞩目的旅游明珠。以桂林市为中心的周边十二县旅游资源极为丰富,环绕桂林的乡村旅游已成方兴未艾之势,呈现出多样化、特色化发展态势,其中以农家乐、观光、休闲度假、特色旅游为主导形式的旅游项目格外引人注目,主要有漂流、探险、徒步、跑马、攀岩、帐篷野营及生态景观农业等形式,集乡趣、古趣、野趣、食趣为一体,惊险刺激,休闲娱乐,还因为游玩时间短、费用低,特别适合都市工薪阶层,因此有的乡村在节假期间频频出现火爆场面。以观赏乡村风景、体验乡村生活为主要内容的居民旅游业吸引了大量西方旅客。

【信息链接】

中国美丽乡村——安吉农家乐发展纪实

◆ 基本概况

安吉县地处浙江省西北部湖州市境内,临近上海、杭州、南京、苏州等城市。"川原五十里、修竹半其间",素有"中国竹乡"、"白茶之乡"的美誉。区域面积1886平方公里,人口45万。

安吉县的农家乐已有10年发展史。近年来,随着安吉生态立县战略的深入实施,"中国美丽乡村"和"中国大竹海"两大品牌的全面打造,安吉休闲旅游业发展势头强劲。2009年全县共接待游客543.6万人次,实现旅游收入22亿元,同比增长8.5%和15.6%。同时被评为2009浙江省十大生态旅游名城。

农家乐乡村旅游作为安吉休闲旅游产业的特色品牌,历经了10余年的培育和发展,具有得天独厚的优势和发展空间,呈现出规模不断扩大、管理日趋规范、质量稳步提升的发展态势。目前,全县共有农家乐500余户,床位10,000余张,已成功创建省级农家乐精品村2个、省级农家乐特色村8个、省级农家乐特色点3个、省级三星级以上农家乐38户。2009年,全县农家乐共接待游客146万人次,实现总收入1.67亿元,同比增长30%以上。

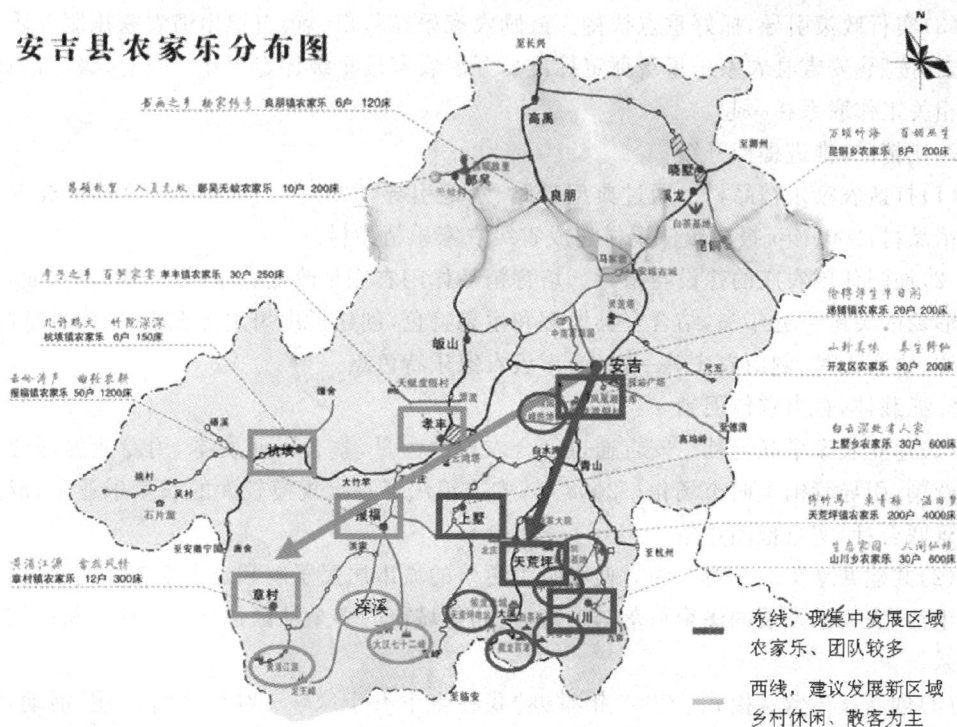

图 1-1-6

图 1-1-7　安吉农家乐外景

图 1-1-8　农家书吧

◆ **主要做法**

安吉农家乐的发展之道主要是三抓：

1. 抓规范，提升管理水平

(1)建立三级管理，落实职责分工。农家乐三级管理体制：县农家乐规范。管理协调小组办公室→乡镇农家乐服务中心→村农家乐服务站。

(2)深化部门联动，发挥协调作用。协调小组多次召开会议商定对农家乐的前置审批及费用收取的有关规定。对凡是新开业的农家乐，都严格实行认定审批，把好入门关。对符合开办条件的，开具办证联系单，要求各有关职能部门根据行政许可，便捷地为其办理相关证照，不得设置其他前置条件，使安吉农家乐证照齐全方面的工作走在全国前列。

(3)实行政策引导，抓好重点扶持。鼓励农家乐经营户(点)自愿申请农家乐服务质量等级评定，按照《安吉县农家乐星级评定标准》，开展农家乐星级评定工作，并把星级与信贷、营销等相关工作联系在一起。

2. 抓精品，推进提档升级

(1)打造农家乐精品村。通过典型带路、示范引导，2008 年，报福镇石岭村建成省级农家乐精品村；2009 年，报福镇深溪村建成省级农家乐精品村。

(2)加强休闲农庄的建设与指导。培育精品休闲农庄是改变农家乐散、弱、小局面，打造品牌形象的关键。近年来，结合全县地理和生态特色，创建了山川生态农庄、中南百草园、天下银坑、姚家大院、剑山农庄等一批省、市级农家乐特色点。

3. 抓载体，合力宣传促销

(1)建立农家乐联合社。安吉通过联合农户的力量，整合民间资本，用专业的理念和人才做营销，引导营销走向市场化。2008 年，安吉组织了一批规模较大的农家乐业主，成立了农家乐联合社，实行抱团竞争。

(2)共建共享美丽乡村。为方便和吸引更多的城市居民了解和走进安吉乡村，享受农家休闲生活，农家乐发展的集聚村落与上海、杭州等城市的多个社区建立了长期的村庄结对共建关系。

(3)创新宣传营销模式。2008 年举办"我在乡下有个家——社区乡村共建"活动，2009年 10 月举行"我在乡下有个家——金秋农家丰收节"活动，深入打造农家乐"家"字品牌。2009 年，安吉把"中国美丽乡村"作为旅游产业的主打品牌之一对外推介，并启动了 3000 万元的"中国美丽乡村"共享券派送行动。在宣传营销上,与"非常6+1"、"我爱记歌词"、"新民晚报"、东方网等知名栏目、媒体密切合作,进行全方位、高密度宣传,力求使"中国美丽乡村"品牌在短期内家喻户晓、深入人心。

【思考与讨论】

◆ 安吉县乡村旅游发展给我们的启示是什么?

三、乡村旅游的转型与升级

近年来,随着国内居民收入水平的提高,节假日的增多,带薪假期的推行,旅游业发展契机良好。在近距离出行规律的作用下,城市居民的出游频繁地指向郊县,40%以上的目的地是城市周边的乡村地区,乡村旅游更是进入了一个快速发展阶段。特别是2006年党中央提出了"建设社会主义新农村"的重大历史任务后,全国范围内乡村旅游活动开展得如火如荼。为推进乡村旅游的进一步发展,2006年、2007年国家旅游局分别把当年旅游发展主题定为"中国乡村游"、"中国和谐城乡游"。2009年国家旅游局又推出"国民休闲计划",同时,各个地区也都制定了相应的惠农政策,不仅奠定了乡村旅游发展的政策基础,也为乡村旅游的发展提供了广阔的市场空间,各地乡村旅游蓬勃发展。据测算,2008年全国乡村旅游接待游客超过4亿人次,乡村旅游收入超过600亿元,约占全国旅游接待总人数和旅游总收入的23%和8%。

(一)我国现行乡村旅游的发展模式

荷兰学者皮尔森认为,"模式"乃是实际事实或理论的一个"缩略形式",目的是要说明一种特殊性的秩序、关系或发展。还有学者提出,模式是指多因素或多个子系统构成的具有其内在结构和运行机制的一个复合系统,是被理论加工后的一种范式,一种可模仿、推广或借鉴的模式。它需要从总体特征上对不同发展类型加以界定,对多因素或多个子系统作用构成的整体进行把握和认识。同样的,在区分乡村旅游不同模式的时候,也有诸如区位、依托资源、制度、发展路径等诸多因素的影响,多种因素不同情况的组合形成了不同的乡村旅游模式。根据我国现有乡村旅游发展情况并借鉴国外乡村旅游模式,从旅游形态角度将我国乡村旅游发展模式分为四大类:一是城市周边的"农家乐";二是农业园区旅游;三是古村落、古镇旅游;四是农业或农村的胜景和绝景游。

1.城市周边的"农家乐"

"农家乐"多在大城市周边地区兴起,是以当地农民为经营主体,以农民所拥有土地、庭院、经济作物和地方资源为特色,以为游客服务为经营手段的农村家庭经营方式。"农家乐"的雏形早在20世纪80年代末90年代初就已经出现了,当时很多大城市的周边农村一到假日就会出现不少城里人的身影。他们或闲逛,或在山中、水边野餐聚会,或到当地农民家大量地购买新摘下的蔬菜、玉米和村里散养的柴鸡、鸡蛋,这唤醒了农民的市场意识。从那以后,这种被称为"农家乐"的旅游方式,开始从城市周边地带逐渐扩展到中国的很多乡村。

2.农业园区

在农业园区中进行的旅游活动都可归类到观光农业中。观光农业以农业活动为基础,是农业和旅游业相结合的一种新型的交叉型产业,有时它作为农业向第三产业延伸的一种形式,有时则是第一产业的发展带动第三产业的发展,其基本属性是以充分开发具有观光旅游价值的农业资源和农业产品为前提,把农业生产、科技应用、艺术加工和游客参加农事活动等融为一体,供游客领略在其他风景名胜地欣赏不到的大自然浓厚意趣和现代化的新兴农业艺术。本书中所指的农业园区一般都是投资规模较大的一类园区,一般不是由个体户开发,以便与上面的个体农庄相区别。农业园区也可以细分为以下三类:(1)自然型的农业园区;(2)人工型的农业园区;(3)高科技农业园区。

3.古镇、古村落旅游

中国古村落保护与发展委员会认为,中国古村落是指那些已经有五六百年以上历史的村寨。这些村寨大多由一个庞大的家族组成,村寨里有家族创业始祖的传说,有家族兴盛衰败的记载,有祖传的遗训族规。这些村寨在选址方面遵循古代堪舆学的理论,讲究"择吉而居",建筑布局大多以"天人合一"为基本思路,一般有河、山作为自然屏障,便于生存、发展、繁衍,所以风景都比较好。另外,这些村落建筑风格独特,有较高的文物民俗人文观赏价值和审美价值。中国古村落主要分布在江苏、浙江、安徽、江西、湖南、广西、贵州、云南、吉林、广东等地。除了汉族的古村落,许多少数民族的古村落,如贵州的千户苗寨,贵州布依族的石头寨,湖南侗族的黄土村,广西侗族的程阳八寨,云南纳西族的束河村等同样别具特色,而且由于地处偏远的大山深处,这些村落面貌、人文风情更为纯粹。此外,少数民族古村落中的公共建筑和文化设施,如鼓楼、戏台、廊桥、庙宇、祭坛等,既有本民族的鲜明特色,又糅合了汉族文化的元素。

同样的,在历史上由于交通、地理、经济、宗教、军事、人文等不同因素影响而形成的曾经是人声鼎沸、百业兴旺的古镇,很多由于各影响因素的变化,失去原有的经济、政治地位,但都还能较完整地反映历史上某个时期的传统风貌和地方特色、民族风情,呈现出较高的历史、文化、艺术和科学价值。自从周庄、丽江、南浔、宏村、西递等古镇、古村落的旅游价值被人们所发掘,引起世人瞩目以后,全国上下掀起了一阵古镇、古村落"开发热",至今不衰。

在古镇与古村落旅游中,从开发的主体来看,主要采取以下三种模式:①政府主导的开发模式。②外来投资者主导的模式。③集体组织主导的模式。

4.农业胜景和绝景游

最典型的代表就是桂林的龙胜梯田和云南的元阳梯田。海拔2500米的云南元阳山区到处是浓绿的原始森林,平地极少,世代居住着哈尼族为主的山地居民。2500年前,哈尼族的祖先用自己的智慧与大自然搏斗,用石块砌起围墙,围住新开垦的农田,还引来山泉灌溉,并在水雾缭绕的梯田中种植稻谷,逐步形成了今天一眼望过去像是从人间登上天堂的天梯般非常壮观美丽的梯田。中国明代大农学家徐光启曾将其列为中国农耕史上的七大田制之一。在上千年的开发、垦殖中,这里的梯田还构建了"江河—森林—村寨—梯田"四素共构的良性循环农业生态系统,蕴含着人与自然的高度和谐,是哈尼族传统人居环境和农耕文化的典范。龙脊梯田更是有着"梯田世界之冠"的美誉。它始建于元朝,完工于清初,距今已有650多年历史。梯田分布在海拔300~1100米之间,坡度大多在26~35度之间,最大坡度达50度。虽然南国山区处处有梯田,可是像龙脊梯田这样规模的实属罕见。这些农业的胜景和绝景都是古人在上千年传统农业生产中形成的带有浓郁地方特色、饱含智慧的结晶,因此也吸引了大批旅游者专程前来旅游观赏。由于旅游资源等级较高,一般采用政府主导模式。

(二)乡村旅游转型与升级的需求分析

乡村旅游转型与升级是自身发展、旅游需求和新农村建设的客观要求,除此之外,政府支持会为转型与升级提供强有力的推动和保障。乡村旅游转型与升级需要从产品、组织方式、经营方式、资源配置、调控等多个方面进行一系列的变革。最后,经过转型与升级,乡村旅游产品和服务能够更符合游客需求,目的是能够建立本地化的产业链,形成产业集群,吸引资金、人才向乡村集聚,同时带动乡村经济发展、环境改善、社会和谐,改变农村贫穷落后的面貌,提升农民的素质,提高社区民主文明程度,从而更好地完成城乡统筹与新农村建设任务。

1.乡村旅游自身发展需要

近几年来,我国随着旅游者旅游需求从观光向度假休闲的转变以及带薪休假制度的实行,越来越多的旅游者以乡村为旅游目的地,乡村旅游在我国已经成为一种极为普遍的旅游业态,不仅吸引着大量的游客参与其中,而且有力地促进了农村地区的发展,产生着巨大的经济效益和社会效益。

但乡村旅游发展中存在的问题也逐渐暴露出来,一方面与游客对自然生态环境的纯净度、优美度,对人文生态环境的"乡土味"、"地方性"、"民族性",对农业生产系统的生态性和食品卫生的安全性越来越高的要求不相适应;另一方面一直存在的经营主体的散、小、弱、差,产品单一雷同、组织化程度较低以及缺乏监管与支持等问题未得到有效的解决。乡村旅游转型升级成为其进一步发展的客观要求。

乡村旅游的发展模式与乡村旅游发展的组织形态紧密相关。研究者对乡村旅游发展模式的探讨是多方面的,从发展历程研究发展模式,从运营方式研究发展模式,与乡村发展经历的由初级到高级、由分散到统一的过程相吻合。随着我国"农家乐"专业合作组织的发展及《中华人民共和国农民专业合作社》的颁布实施,对乡村旅游主体组织形态的研究将成为乡村旅游发展模式研究的重要领域。事实上,随着"农家乐"规模的扩大和产业基础的完善,以及乡村旅游专业合作组织产生的基本因素的推动,我国乡村旅游的发展模式正面临着转型和升级。今后乡村旅游的发展极有可能主要由规范的乡村旅游专业合作组织推动,包括"农家乐"协会和"农家乐"专业合作社,它们都属于准市场(企业)性质的专业合作组织。"农家乐"服务中心、"农家乐"旅游服务公司也会在较长时期内依然存在,但分析乡村旅游专业合作组织所处的环境和面临的产业局限,结合这两类专业组织的运作基础,它们必然向规范的"农家乐"协会或"农家乐"专业合作社转型。通过规范内部运营和管理,实行综合经营而不仅仅是提供单项服务,还会是乡村旅游发展和"农家乐"经营户们的内在需求。从运营机制角度看,"农家乐"专业合作社更符合"农家乐"经营户的盈利要求,它也将会是乡村旅游产业升级的主导组织力量。

2.社会主义新农村发展需要

发展乡村旅游既能满足人们回归自然的追求,又有利于推动社会主义新农村的建设。2006年国家旅游局宣布当年中国旅游主题为"中国乡村游",宣传口号为"新农村、新旅游、新体验、新风尚",以旅游促发展。与此同时,我国政府在中共十六届五中全会上明确提出,要按照"生产发展、生活宽裕、乡风文明、村容整洁、管理民主"的要求,扎实推进包括"新发展、新环境、新房舍、新设施、新农民和新风尚"六个方面内容的社会主义新农村建设,其目的是解决三农问题,逐步推进农村的发展。并且,2010年中央一号文件《中共中央国务院关于加大统筹城乡发展力度进一步夯实农业农村发展基础的若干意见》《国务院关于加快旅游业发展的意见》《农业部国家旅游局关于开展全国休闲农业与乡村旅游示范县和全国休闲农业示范点创建活动的意见》都在提出要大力发展乡村旅游,促进社会主义新农村的建设。

3.可持续发展需要

可持续发展理念就是以和谐的、可持续的、综合和有机关联的世界观和方法论来认识世界、改造世界的价值理念。乡村旅游需要综合乡村发展实现良性互动,在我国进行生态文明建设和新农村建设的背景下,基于可持续发展的生态理念,才能深度挖掘乡村自然资源和文化,延长产业链,推进乡村旅游专业化和规范化,实现乡村旅游转型与升级,从而带动目的地经济、社会、环境发展,在新农村建设中发挥更大作用,同时也能转变消费模式和增长方式,促进乡村旅游可持续发展。

(三)基于可持续发展的乡村旅游转型与升级

1.生产方式和消费方式生态化

(1)充分利用当地资源,保护环境

乡村地区良好的生态环境以及和城市迥异的乡村景象是吸引游客的重要因素,国外的乡村旅游已经将优美的自然环境和丰富多彩的本地乡土文化有效地结合在一起了。乡村旅游发展一方面要充分利用本地资源,另一方面要采用集约化的生产方式,减少浪费和破坏环境,保持乡村生态环境和乡土文化的吸引力。在旅游产品开发方面,要结合当地农业发展和新农村建设,在现代农业开发同时利用农业资源开发旅游项目,乡村自然景观、农业生产、文化活动等都可以针对游客需求开发成独具特色的旅游吸引物,公共设施建设要兼顾乡村社区和旅游者。另外,住宿设施、餐饮、旅游商品都尽量取材于本地,充分利用乡村闲置房产、本地盛产的农产品以及农业副产品或秸秆等废弃物,提高农业和旅游业综合效益。在旅游产品生产和开发过程中,采用生态技术降低旅游对环境的影响,将旅游业纳入当地循环经济,使乡村旅游和当地经济、社会发展融为一体。

(2)管理游客行为,促进消费生态化

在乡村旅游发展过程中,环境保护和乡土特色的保持需要对游客行为进行引导和管理。在生态较为脆弱的区域采用小众旅游模式,在其他地区也要将游客量控制在旅游容量内。约束游客行为,如尊重本地禁忌习俗,与社区居民交往过程中要遵守一定的行为准则,对游客的活动范围进行限制并提醒游客不要对动植物及土壤、水源等造成破坏,管理游客的不正当行为。鼓励游客更多地选用本地服务和商品,减少对当地珍稀动植物资源的消费。

2.旅游产品与服务的转型升级

应开发多元化的旅游产品,提升产品档次。旅游产品的转型升级是乡村旅游转型升级的关键。我国乡村旅游产品较为单一,形式简单,内容贫乏,缺乏特色,游客停留时间很短,消费水平很低。目前在欧美国家,乡村旅游已成为较高层次的旅游行为。借鉴国外的经验,我国的乡村旅游必须走向生态旅游、文化旅游相结合的道路,营造良好的生态环境,挖掘民族文化中丰富的资源。各地区在目前已有的农家乐、观赏、采摘初级产品的基础上,结合客源市场需要开发休闲度假和生态旅游、体育旅游等其他高端产品,如第二住宅、租赁农园、教育农园、农事活动、乡村美食和游戏、垂钓、滑雪、露营、民俗活动、节庆活动、自行车赛、高尔夫等多种活动,形成乡村旅游产品谱系,在不同的季节有不同的旅游吸引物,并且注重参与性,提高游客的重游率,增加他们的停留时间。除主要旅游吸引物外,餐饮、住宿、交通、娱乐产品也要生态化、多样化和独具乡村特色。

提升服务档次,保持服务特色。乡村地区整体环境的脏、乱、差以及餐饮、住宿设施的安

全卫生状况一直是游客最不满意之处,严重制约着乡村旅游转型和升级。服务升级是乡村地区吸引高端游客的先决条件,需要社区、政府和相关科研机构合作共同解决。在新农村建设的形势下,政府应该拿出部分财政资金改善和整治乡村环境,建设给排水、供电、通信等基础设施和垃圾回收、公共厕所等服务设施,同时应该出台相应的农家旅馆接待标准,在消毒、食品安全、游客舒适方便等层面给予保证,还可以将餐饮接待设施分为不同的档次,有经济能力的业户可以接待高端游客,请专家根据实际情况进行设计,保持健康、自然的传统特色,如自然通风、采光、遮阳以及窑洞、竹楼、火炕等,在达到相应接待标准的同时降低经营成本,将游客废弃物纳入当地物质循环利用系统,减少对环境的影响。硬件设施提升的同时,经营和人员服务素质也要提升,要培养接待业户正确的服务意识和理念,重点提高从业者在经营服务、食品卫生安全、接待礼仪、餐饮和客房服务、乡土文化讲解等方面的素质和技能,加强对当地干部和业主乡村旅游项目开发、管理、促销等专业知识培训。除此之外要加强服务技巧的培训,如互联网、外语以及突发事件处理等,完善投诉监管机制,对业户服务态度和行为进行严格监管。

3. 延长乡村旅游产业链,培育产业集群

(1)完善乡村旅游产业链,更好地满足游客需求

目的地要围绕游客需求,打造本土化的产业链,在满足游客的同时拉动本地经济增长,促进产业结构调整。乡村旅游产业链可分为两类,一类以产品和服务为核心,形成上下游的产业链条,如蔬菜经销商从生产商或农户处购买蔬菜,提供给餐馆,餐馆再将蔬菜加工成菜品出售给游客;一类是以游客的消费为核心,各类供应商需要进行合作,保证游客在目的地消费实现无缝链接,每个旅游经营者都可以根据游客需求将游客转移给下一个经营者,形成消费链,如餐馆经营者可以给游客介绍住宿产品、旅游纪念品、交通产品或提供旅游休闲活动的预约。围绕这两种产业链,乡村旅游目的地需要配套发展生态种植业、生态养殖业、特色农业和农产品加工业,结合本地资源开发多种旅游吸引物、旅游工艺品和旅游交通产品,完善物流、纺织品清洗消毒、人力资源中介、管理咨询等相关服务,才能为游客提供更多产品和服务,同时形成具有竞争力的乡村旅游产业,带动乡村发展。

(2)以循环经济为主要模式,将乡村旅游融入本地发展

乡村旅游需要和当地其他产业、各种资源相结合,尤其要和当地农业发展、生态文明建设、社区建设等相结合,协助目的地进行产业结构调整,提升社区发展水平。在产业链的构建过程中,要充分采用生态技术,结合产业生态学理论,以循环经济为主要模式,使旅游业和其他产业相互促进,如生态种植、养殖和生物能源可以构成循环,既为游客提供游憩空间和旅游吸引物,还可以提供餐饮原料和旅游纪念品,并可以为社区居民和游客提供沼气等清洁能源。乡村旅游还可以带动农产品加工业以及本土化的手工艺品的发展,这些产品一部分可以供应游客,其余可以对外出售。在这种模式下,乡村旅游可以整合乡村资源和产业,促使目的地农业向现代化、规模化和生态化转型,在此基础上发展农产品加工业和手工业,带动物流、建筑等衍生产业,同时也为旅游业提供发展机会和空间。

(3)促进企业间联系与创新

培育特色产业集群。乡村旅游在发展一段时间之后,会涌现一批中小企业,出现产业集聚现象,地方政府可以借机推动,形成产业集群。地方政府可以根据旅游业及其他行业发展态势,制定相应的集群发展战略,既要注重较大规模旅游企业集团的培育,也必须重视与其

配套的中小旅游企业的发展,采用政策引导、资金扶持等手段,调控集群企业密度和种类,同时促进集群企业间适度竞争,但更要多创造机会使各种企业进行分工合作,形成互补,相互之间共享资源和联合创新,同时以人员流动、相互参观交流来促进知识转移,带动产品、营销、管理等多个方面的创新。

4.加强利益相关者间的合作,提升乡村旅游品牌

(1)保证社区主导,建立专业合作组织

乡村社区是乡村旅游发展的最主要利益相关者,乡村旅游社区参与对乡村旅游业的可持续发展和建设和谐乡村十分必要,必须防止开发过程中的"飞地化"。在家庭联产承包责任制的基础上,依照国家法规政策进行土地承包权流转,集中大片土地发展现代农业和乡村旅游,提升旅游产品档次,建立相应的农业专业合作组织和旅游业合作组织,这种合作组织除了对内服务于组织成员和协调成员间的关系外,还要求专业合作组织必须参与市场竞争并通过市场竞争获得发展,企业化经营成为专业合作组织发展壮大的必然要求。乡村旅游专业合作组织可以集中投资开发旅游吸引物和旅游商品,可以在内部业户间进行分工合作,根据自身意愿和条件,一部分经营餐饮、住宿、交通等产品,另一部分经营种植、养殖、农产品和工艺品加工等配套产品,专业合作组织作为统一的经营主体,可以使用统一品牌,建立网站,进行市场营销以及和其他企业进行合作,保证业户可以获得更多的利益,同时使乡村旅游向产业化方向发展。

(2)构建利益相关者关系网,共同提升乡村旅游品牌

除当地社区外,地方政府和乡村旅游投资企业以及游客都是乡村旅游发展的利益相关者,它们之间需要加强合作,建立相互联系的关系网,协调彼此间利益关系。在保证农民利益的基础上,适度引进外来企业或培育本地企业投资经营乡村旅游可以提升乡村旅游发展速度和质量,同时政府要为企业和社区提供服务,并协调利益主体间的关系。目前典型的合作模式有以贵州天龙堡为代表的"政府+社区+旅行社+企业"四位一体的模式,"企业+专业合作社+农户"模式,以及企业和农户共生模式等多种模式,乡村旅游转型与升级的一个重要步骤就是建立利益相关者的分工合作体系,政府需要对整个区域甚至打破行政区域进行统一均衡布局,企业投资大型景区、游乐设施、农场、车船公司等资金、技术门槛较高的项目,社区依托这些项目配套进行餐饮、住宿、种植、养殖、休闲项目,而政府着重进行基础设施和公共设施的配套,在软、硬件都得到提升之后,设计目的地统一形象,加大对外宣传才能提升目的地的知名度,树立目的地品牌。利益相关者还需要在一些行动上相互配合,如政府要参加旅游交易会、举办推介会、在相关媒体上宣传、建立目的地资讯网、进行统一标志的设计等,而企业也要积极配合政府的行动,为游客提供准确的信息,加强合作,为游客提供全方位、质优价廉的产品和服务,使目的地能够吸引更多游客,提高游客重游率,提升目的地品牌。

5.充分发挥政府与市场的调节职能,创造良好的发展环境

(1)加强支持与监管,促进乡村旅游良性发展

由于乡村旅游目的地资源分散,社区自我发展能力较弱,内部结构和利益关系复杂,因此需要政府主导,整合资源,统筹安排。首先,政府需要制定统一的乡村旅游规划,和其他规划进行协调和衔接,并监督规划的落实情况。其次,要对乡村旅游加强政策扶持力度,建立乡村旅游发展专项基金,为农户提供信贷支持和担保支持,盘活乡村土地、宅基地、技术等资

源,还要在土地、税收、环保、科技、营销等多个方面提供全方位的支持和服务。再次,政府要改善当地交通、环境、能源等硬件设施,为目的地创造良好的发展空间,同时在媒体上加大对乡村旅游的宣传力度,激发供给和消费热情,创造良好的舆论氛围。最重要的是,政府需要在乡村旅游发展过程中进行协调和监管,其中一个重要的任务就是协调各利益相关者的关系,尤其是利益分配环节,需要建立具有代表性的利益协商组织和机制,公平合理地在利益相关者之间对乡村旅游发展利益尤其是经济利益进行分配,减少彼此间的冲突,尤其是要注重当地普通居民利益。政府还要对市场进行监管,制定和完善相关的法规政策,避免企业间恶性竞争以及经营过程中欺诈游客的行为,促进各类企业公平竞争,使乡村旅游发展有一个良好的市场环境。为对游客负责,减少游客的消费顾虑,乡村旅游需要推行标准化,保证软硬件设施的完善程度以及产品和服务的质量,另外要对乡村旅游产品和设施进行评价分级,便于游客作出正确的消费选择。

(2)对接游客需求,保证企业的市场主体地位

乡村旅游转型升级需要走市场化运作之路,这需要解决一系列问题,首先是各种乡村资产的归属,需要明晰产权,将经营权和所有权分离,整合相关的资源资产,实现公司化运作经营。其次即使是保持"两栖性"的农户,也需要掌握一定的经营技巧和理念,以市场为导向提供产品和服务。市场化运作需要紧密结合游客需求,及时了解需求动向才能保证经营的成功,政府和企业可以联手进行市场调查,可以在网站开辟旅游论坛,还可以由经营者及时搜集发现游客需求,另外还要根据搜集的信息提供产品和服务,制定合理的价格,对客源市场进行有效的促销并选择合适的分销渠道。在非必要的情况下,政府及各部门最好退出旅游产品及服务的经营,退回到公共服务领域,加强对市场的监管协调,推动资产、资金、人才、劳动力市场化配置,保证经营者经营的合法性,对市场进行适度干预,同时保证旅游资源和乡村生态环境不遭到破坏。

【思考作业题】

1.什么是乡村旅游?

2.乡村旅游的特点有哪些?

3.谈谈我国乡村旅游的起源与发展。

4.阐述乡村旅游的可持续发展。

【项目作业】

上网搜索与实地调研相结合。了解湖州主要乡村旅游服务点的历史背景、旅游环境等,能分析对比各类乡村旅游服务点之优劣,编写具有示范作用的乡村旅游点专辑(PPT),并进行课堂交流。

教学项目2　乡村旅游发展的地理环境与类型分析

【案例学习】

因地制宜发展贵州乡村旅游

2008年,贵州省乡村旅游收入达到105.18亿元,占全省旅游总收入的16.1%。贵州乡村旅游作为贵州旅游市场的一个重要部分,有着得天独厚的资源和条件。首先,贵州拥有秀美多姿的自然风光。贵州是地球同纬度上原生态自然资源遗存最丰富的地区之一。省内各级各类世界自然遗产、自然保护区、地质公园、风景名胜区近200个,几乎都在农村,拥有发展乡村旅游得天独厚的自然景观优势。其次,贵州拥有原生态、多样性的文化资源。全省17个世居少数民族保持着古朴而神秘的原生态文化,各民族节日1000多个,44项民族民间非物质文化遗产列入国家级重点保护名录。民族文化与地方特色文化交相辉映,是贵州乡村旅游充满生机活力的灵魂所在,也是展示贵州形象、做大做强贵州旅游业的优势资源。再次,贵州拥有古朴优美的田园景色。特殊的地理环境使贵州省许多乡村至今保持着较为传统的农耕生活方式,秀丽的田园风光与古朴淳厚、绚丽多姿的民族文化融为一体,构成特色鲜明的乡村风情,对省内外城市和发达国家的旅客具有很强的吸引力。

(资料来源:http://www.17u.com/wd/detail/4_137726)

【思考与训练】

谈谈地理环境对发展乡村旅游的重要性。

【提示】

贵州自然风光优美、历史文化悠久、民族风情浓郁,具备发展乡村旅游的优势和潜力。贵州因乡村旅游开发晚反而显示出后发优势,目前保存下来不少独有、稀有的自然和人文资源,最符合现代人追求返璞归真的理念和需求。

【基本知识】

一、地理环境与乡村旅游的关系

自乡村旅游产生之时起,乡村旅游与地理环境注定是不可割裂的,它们既相互促进又相互制约。农村地理环境是乡村旅游的根基,没有良好的地理环境,乡村旅游发展就会受到制约。而作为衍生物的乡村旅游对农村地理环境的影响则是非常深远的。

(一)乡村旅游与乡村地理环境互促共进

1.乡村地理环境是乡村旅游存在的重要载体

自然地理环境是乡村旅游活动的载体,乡村旅游的发展依赖于一定的地理环境。乡村旅游是一种休闲类旅游活动,它能让游客充分感受到清净与悠闲的感觉。我国现在的乡村旅游地基本都在城市的外围,离城市的距离近,交通便利,这给旅游者提供了很多机会,旅游者可以利用周末或者短假期去放松心情。经营乡村旅游的地区一般都有生态环境和民俗风情的优势,原生态的乡村地理环境是乡村旅游存在的重要载体。如湖北省荆州市的桃花村乡村旅游就是发端于曼妙娇艳的遍野桃花。全国各地乡村旅游发展好的地区,也都因有良好的乡村性生态环境而迅速崛起。如四川郫县友爱乡乡村旅游是在发展园艺、盆栽、林果的基础上嫁接乡村旅游后才红红火火的。

2.乡村旅游的发展有利于优化和保护自然地理环境

乡村吸引顾客的重要因素就是具有优越的自然地理环境。秀美的山色风光无疑是乡村旅游赖以生存和发展的基础。旅游者来乡村旅游的目的就是渴望回归自然,投入原始的自然生态环境。而随着大量游客的涌入及乡村旅游业的发展,又给农村建设带来了大量的财源,这就为优化和保护自然地理环境提供了经济基础。

(1)乡村旅游的发展使乡村人居环境明显改善。旅游对环境卫生及整洁景观的要求,将大大推动农村村容的改变,推动卫生条件的改善,推动环境治理,推动村庄整体建设的发展。为了发展乡村旅游,农民有了动力,也就能积极地去翻修或新建住房,主动要求改水改电、修筑道路、改厨、改厕、美化环境等,同时也就有了村镇整体规划的愿望,于是一些村容整洁、各具特色的旅游小城(村)镇应运而生,乡村旅游地村容村貌焕然一新。

(2)乡村旅游的发展使乡村道路越来越宽敞。过去乡村道路大都是"泥泞崎岖"、"坑坑洼洼"、"外面的进不来,里面的出不去"。开发乡村旅游后极大地改变了这种情况,乡村旅游地基本实现了村村通公路。

(3)乡村旅游的发展使绿化得到了农民的重视。过去绿化似乎只是城市的专利,开发乡村旅游后,人们在村落道路两旁植树,在自家庭院种花种草,美化家园,努力营造出更加清新、优美的村容村貌,绿化在乡村愈益受到青睐。

3.乡村旅游对乡村经济发展起到了巨大的促进作用

乡村旅游从一开始就与振兴乡村经济密不可分。乡村旅游增加乡村的经济收入,提高当地生活水平,对乡村经济的发展起到一定的稳定作用,并促进乡村经济由单一农业经济逐渐向多元化方向发展,许多地方都把发展乡村旅游作为脱贫致富的经济手段。乡村旅游经济发展的一个典型例子是肯尼亚赛马拉保护区的旅游发展史。当地生活的马赛人原来靠贩卖猎物维生,生活贫困。1977年,肯尼亚政府颁布了禁猎令,并将该地区划为生态保护区,随即兴起的生态旅游给马族人带来了丰富而稳定的收入。

4.乡村旅游的发展使乡村民俗文化得以挖掘、保护和传承

从本质上说,乡村旅游是一种文化活动,是对优美的山水田园环境和浓郁的地域文化韵味相结合的乡村文化的审美追求。所以,发展乡村特色文化旅游,可以使乡村民俗文化得以挖掘、保护和传承。同时,通过乡村旅游又可以吸收旅游者所带来的现代文化和现代文明,形成新的文明乡风。日本乡村温泉旅游资源带来的旅游产业占据了国内旅游市场50%的份额。小小"温泉"资源的生命力在哪儿,是独特的温泉文化基础。诺贝尔文学奖得主川端康成因为伊豆的山水、名汤的绝美景色创作出了《伊豆舞女》,成为游客对伊豆的美丽印象。川端康成还以越后汤泽温泉为舞台,创作了不朽的名著《雪国》,游客可以从文字中感受雪中泡温泉的恬静。贵州黔东南苗族侗族自治州,千峰竞秀,民族文化产业已经成为贫困地区跨越式发展的有力"撑竿"。2009年,黔东南全州接待游客1400万人次,旅游总收入100.8亿元。其中,乡村旅游从业人员达10多万人,所有的旅游经营户都顺利脱贫。贵州少女百灵鸟一样的歌喉、绚丽多彩的服饰和山峦、小溪、水田、农家融为一体,成为吸引游客的最重要

元素。

（二）乡村旅游与乡村地理环境互相制约

1. 乡村旅游影响了农村自然地理环境

自然地理环境是乡村旅游产业赖以生存和发展的基础，也是旅游开发者利用最直接的作用对象。虽然乡村旅游在一定程度上提高了当地居民和游客的保护意识，政府也采取了各种积极的环境保护措施，但是这种旅游开发活动、游憩活动对自然环境因素的消极影响也是不可忽视的。广大农村蕴藏着极其丰富的自然资源，但是有的乡村急于摆脱贫困，不惜乱砍滥伐、炸山开荒，以开辟旅游景区；有的不惜重金，把民居民宅改造成高楼大厦；为发展美食产业，不惜大量捕杀野生动物，无序养殖珍稀动物和家禽家畜。这些行为破坏了自然生态原貌，给区域环境质量和环境安全带来了威胁。

2. 乡村旅游导致消费品和服务价格上涨

在乡村旅游发展过程中，通常只有部分居民能够从旅游开发中获得实惠，大多数人都会感到发展乡村旅游带来了消费品和服务价格的上涨，社会生活成本上升。以三清山为例，山上农民工的服务价格已经上涨到 $30\sim40$ 元/天，而山下玉山县农民工服务的价格仅为 20 元/天，因此，山上农民建房成本提高了不少。同时，随着乡村旅游的进一步发展，也会拉大乡村居民间的贫富差距，容易形成农村新的不稳定因素。

3. 乡村旅游对当地产生了巨大的外来文化的冲击

一是乡村观光可能导致传统文化丧失本义。农耕文化与都市文化的对比度较大，而这种差距就是吸引都市人的最大原因，而旅游活动本身就有"消灭文化差异"的作用，乡村旅游的发展使得外来文化与当地的传统文化相互冲撞和融合，致使许多乡村文化趋同于都市文化，进而丧失其个体魅力。二是功利性的旅游发展观，往往容易造成对地方文化的扭曲。有些乡村为了招徕游客，往往制造"伪民俗"以迎合旅游者求新、求异的心理特征，有些旅游策划者还把乡间风俗、乡间民情表演化和快餐化，容易引起旅游者对当地文化的误解。

【信息链接】

海南农村的文化旅游资源十分丰富，海南乡村有丰富的民居、民俗、饮食等乡村文化旅游资源，黎、苗、回少数民族的聚居地，有海南最古老的伊斯兰教文化，波斯建筑风格的寺庙与楼房，黎族的纺织、竹竿舞等独特民族文化。龙鳞村位于海口市琼山区三门坡镇北部，全村 48 户，221 人。2007 年，龙鳞村开展创建文明生态村活动，人居环境、生态经济得到进一步发展，2008 年全村人均纯收入 7000 元，成为琼山区增收的典型示范村。2009 年初，龙鳞村深入挖掘本村旅游文化，开展"农家游"经营工作，发展"农家乐"休闲经济，目前农民利用自家闲房开设客房 25 间共 50 个床位，建起餐厅、餐饮凉亭、烧烤炉，提供绿色农家菜。此外，还开发了荔枝菠萝采摘、农家种养、湖边垂钓、自助烧烤、农家麻将等游乐项目等。

图 1-2-1

图 1-2-2

（资料来源：http://www.hinews.cn/news/system/2009/10/12/010585071.shtml）

【思考与训练】

乡村旅游对民俗文化的挖掘有什么作用？

【提示】

在乡村旅游的发展过程中，一些古老的及新的文化元素被挖掘和创造出来，又丰富了乡村民俗文化。今天的新产物，将会成为我们留给子孙后代的珍贵遗产。

二、乡村旅游对农村经济发展的影响

乡村旅游对传统的农业经济产生了极大的冲击，它兼有工业经济和农业经济的特点，以工业化方式推进，却又依赖于传统的农业生态环境。乡村旅游对振兴乡村经济有着巨大的作用和影响力。

（一）乡村旅游的地位

农业、农村、农民问题始终是中国经济和社会发展的决定性问题。自古以来，农业为天下安之本，有农民安则天下安之说。乡村旅游已形成与"三农"相对应的"三农"旅游的丰富内容，形成"三农"旅游的概念。第一是农业旅游，第二是农村旅游，第三是农民农事旅游。按照中央提出的科学发展观，在统筹城乡发展方面，乡村旅游对解决"三农"问题有着举足轻重的地位，发挥了龙头带动的作用。具体地说，乡村旅游在农村经济发展中的地位与作用体现在以下几个方面：

1. 乡村旅游在农业全面发展中处于龙头带动地位

乡村旅游主要体现在"农"字上，以旅游带动农村百业兴旺，促进三产的发展，推动农业结构的调整。乡村旅游把生态农业和休闲旅游结合在一起，实现了第一产业和第三产业的交叉融合，乡村旅游的创办使农户之间形成了新型的产业分工，一部分农户兴办经营乡村旅游，一部分农户则发展加工业、种植业和养殖业，为乡村旅游提供优质的农产品，促进了相互发展。如长兴水口乡，一部分农户兴办农家乐，一部分农户饲养土鸡，一部分办运输业。购物旅游极大地带动了笋干、茶叶、吊瓜、白果、板栗、杨梅、药材、盆景等特色农产品的销售。这样一条以农家乐旅游业为中心的产业链初步形成，显然，在产业链中乡村旅游居于龙头老大的位置是毋庸置疑的。

　　2. 乡村旅游是推动城乡交流的纽带

　　乡村旅游推动了城乡间的交流互动,提高了城乡统筹,加快了农村的城市化建设的速度,缩小了城乡社会差别。乡村旅游发展必须充分顾及区域生态环境的保护和建设,坚持资源开发利用和保护并重的原则。高山流水,蓝天白云,田野如画,绿树成荫,原生态的美为乡村旅游发展提供了环境支持,受到了游客的普遍认可和欢迎,特别是都市游客。同时,乡村旅游的蓬勃兴起,让农民充分看到了环境资源的价值,积极主动地保护和建设良好的自然生态环境,以对乡村旅游提供强有力的支持和保障。所以,把农村建设成为自然美、实力强的社会主义新农村,将大大地推动旅游业的快速发展。城市游客的到来,送来了城市的信息、技术和管理,带动了乡村旅游业质量和水平的提高,推动了农村社会的城市化进程。因此,乡村旅游是城乡互动中的桥梁和纽带。

　　3. 乡村旅游是农民发家致富的敲门砖

　　乡村旅游拓宽了农民参与市场的思路,激发了农民对旅游业的热情,乡村旅游的发展是农民致富的有效途径。从事乡村旅游的农民离土不离乡,就地开门天地宽,坐拥农家也生钱。乡村旅游不仅乐了从业的农民,而且乐了整个农村。小村庄联结大世界,小经营开拓大市场,小投入争取大回报。

　　(二)乡村旅游的作用

　　旅游是一个带动性很强的产业,社会主义新农村是生产发展的农村,乡村旅游作为支持"三农"建设,促进农民观念转变,拓宽农业致富渠道,带动农村经济繁荣和发展的重要力量,是社会主义新农村建设的有效之举。大力开发乡村旅游市场,具有十分重要的作用和意义。

　　1. 发展乡村旅游有利于促进就业,增加农民的收入

　　旅游业是一项劳动力高度密集的产业,不但可以直接吸纳较多的劳动力,同时还能间接为社会提供更多的就业机会。旅游产业的关联带动性决定了旅游的六要素"食住行旅购娱"将提供更多的可供选择的岗位,让农民有了更多的选择机会。旅游的季节性和农业的季节性特点,可以合理地利用人力资源,使其发挥最大效用,同时可以转移农村剩余劳动力。据世界旅游组织统计,旅游业每增加1个直接就业机会,社会就能增加5个间接就业岗位。为此,乡村旅游业的发展为农村剩余劳动力提供了更多的就业机会,成为农村就业的有益补充。

　　另外根据世界旅游组织统计资料显示,旅游行业每直接收入1元钱,相关行业的收入就能增加4.3元。乡村旅游业的发展,使农民的收入来源呈现多样化的特征,并呈现稳定的增长趋势。通过开展乡村旅游活动,实现了产品收入和服务经营收入。部分农民率先经营农家乐,增加了蔬菜、水果、畜禽类等农产品的销售渠道,实现了产品的就地消费,农家乐的经营也使得原本从事第一产业的农民开始重点向第三产业转移,他们为游客提供吃饭、住宿、玩乐等项目活动的同时还提供了温馨的服务,并且从游客那里获得了服务性收入。

　　2. 发展乡村旅游有利于加强城乡文化交流,缩小城乡差距

　　发展乡村旅游把一部分城市消费资金转移到农村,增加了农村的经济实力和农民的收入。农民生产的土特产销售给游客后获得的收入、农民为游客提供各种劳务所得的收益、特色旅游商品加工经营及从业者的收入,都会为当地的农村经济发展提供资金支持。为了吸引游客的到来,发展乡村旅游的地区会更加注意环境的保护、资源的开发,打造具有本地特

色的旅游产品。这样一来,他们会更加注重改善道路、水、电、通讯等基础设施,实现了环境卫生、村容整洁。这些都将提高农民的生活水平,缩小城乡差距。发展乡村旅游的村庄,实现了农村的对外开放,通过城市居民的参与活动,把先进的科技知识带到乡村,有利于科技的推广,城市居民可以亲身了解和体验农村生活,给农村注入新的活力。同时旅游者的到来将带来新的信息和理念,对农民有着潜移默化的影响,农民的素质将得到较大的提高。经营者将形成市场意识,有利于进一步开拓市场。

3. 发展乡村旅游有利于促进农村产业结构的优化

我国农业仍然是以种植业为主的农业,农业结构不合理,农村第三产业比例太小,农业经济效益低下。由于蔬菜、水果、鸡、鱼、肉、蛋等农副产品以及花卉有了销路,农民瞄准市场,什么赚钱就生产什么,出现直接与市场对接的种植、养殖专业户、专业村,提高了农产品的经济效益。改变了传统的农民生产什么游客就买什么的模式,而转向为游客需要什么农民就生产什么特色产品,由传统的农业生产转向现代农业,发展乡村旅游必然带动乡村商业、服务业、交通运输业、建筑业、加工业等相应产业的发展,从而带动产业结构的调整。

从经济学角度讲,乡村旅游的发展可以优化产业结构。过去农村经济主要以第一产业为主,而乡村旅游的发展使农村的产业化发展直接进入第一、二、三产业的新的产业形态,形成了以旅游业为中心的产业链,推动农村产业结构调整。

由乡村旅游延伸出来的产业链主要包括:旅店经营、种养殖业、农副产品加工业、运输业,甚至包括装修业、建筑业和文化产业等。乡村旅游的发展实现了农业和旅游业的有机整合,也会带动产业链上相关产业和旅游商品的配套发展,增加了农村二、三产业的比例,优化了农村的产业结构,提高了农村经济的产业层次。

4. 发展乡村旅游有利于促进社会主义新农村的建设

在发展乡村旅游的过程中,农村在文化、经济、社会、生态各方面都得到了较大的发展。乡村农民的思想文化观念会逐渐发生变化,乡村会向更文明、更进步的方向发展,提高农村文明程度。科技方面,先进的科学技术对农村生产建设起到积极的作用。生态方面,乡村旅游有利于生态环境的改善与保护,没有整洁的村容村貌,没有良好的环境就没有新农村、新气象。农村收入的增加也将推动地方经济的发展,也有更多的钱投入到环境建设,实现人与自然的和谐。

5. 发展乡村旅游循环经济,促进农村经济的可持续发展

循环经济是针对传统线性经济而言的,是对物质闭路循环的简称,是以资源的高效利用和循环利用为核心,以"减量化、再利用、再循环"为原则,以物质、能量的梯次和闭路循环使用为特征,按照自然生态系统物质循环和能量流动规律重构经济社会系统,追求更大经济效益、更少资源消耗、更低环境污染和更多就业机会的先进经济模式。乡村旅游循环经济是一种较为全面和彻底的循环经济,是循环经济的典型代表。乡村旅游循环经济涉及乡村自然生态环境诸种要素,涉及农、林、牧、副、渔、旅游等多种产业,涉及农村居民、游客、旅游开发商与从业人员、旅游管理者等相关利益主体。由于与自然生态系统具有密切关系,它比任何行业的循环经济都更加彻底。乡村旅游的发展重视保护和改善农村环境质量,保持其生态平衡,促进其生态系统的良性循环。发展乡村旅游对于缓解县域生态环境的恶化,以及土地和水资源的浪费有重要的作用。另外,发展乡村旅游对旅游资源进行了系统的、综合的科学运用,系统地减少和避免了对现有资源的破坏,合理地进行规划,从根本上减少和避免了旅

游废弃物的排放,减少了旅游活动对环境与资源的负面影响,保障农村优良的生态环境和文明的社会氛围,能够大大保障我国农村经济的可持续发展。

6.乡村旅游能够促进区域城乡经济的共同发展

乡村旅游以区域合作为契机,使各地的乡村旅游企业共享信息和客源,共同增加乡村旅游的收入,加强了各区域间的县域经济的协作,使区域内部形成一个有机整体,相互促进、相互协同。同时通过城市居民在农村的旅游消费,实现了城乡经济的共同发展,可以实现国民收入在城乡的再分配,缩小城乡居民收入差距。通过县域和城乡合作实现了最佳总体效益,形成优势互补、整体联动的经济、社会、文化和生态可持续发展格局,从而达到一种区域经济高度和谐发展的阶段。

【信息链接】

杭州都市经济圈:发展乡村旅游促进城乡统筹

2010年11月18日下午,"发展乡村旅游,促进城乡统筹"杭州都市经济圈大型联合采访活动在杭州梅家坞正式启动。都市经济圈各地报纸、广电、网络等媒体记者将陆续走进杭州、湖州、嘉兴、绍兴的农业观光休闲园(点)和农家乐特色村,用笔和镜头记录乡村旅游的样本,充分放大后世博效应,使"江南绝色·吴越经典"的品牌影响力不断增强,加快旅游作为城乡统筹先发产业的发展。杭州都市经济圈旅游专委会、宣传专委会、杭报集团、杭州文广集团相关负责同志出席启动仪式。

都市经济圈旅游彰显同城效应:据了解,杭州、湖州、嘉兴、绍兴四座城市自2007年5月杭州都市经济圈市长联席会议第一次会议召开以来,四地抱团发展动作频频,尤其在旅游方面,四地市民都感受到越来越强的同城效应。2010年2月,杭州都市经济圈旅游专委会推出了为期一个月的"江南绝色·吴越经典——杭嘉湖绍都市经济圈新春特惠月"活动,吸引了5万名都市经济圈居民出行。世博会期间,杭州都市经济圈作为离上海最近的都市经济圈,旅游市场更是呈现出强劲增长的发展态势,接待国内外旅游人数和外汇收入双双大幅增长。

乡村旅游实现城乡区域共享富民:乡村旅游作为现代农业、农村资源与现代旅游业相融合的一种新型业态,一直受到都市人的追捧。在城乡统筹区域发展的背景下,发展乡村旅游这一统筹城乡一体化的先发产业,可以加速实现都市经济圈优势特色旅游资源互补,实现都市经济圈城乡区域共享富民。作为乡村旅游的经典,地处杭州西湖风景名胜区西部腹地的梅家坞村,素有"十里梅坞"之称,拥有西湖龙井茶一级保护基地1646亩,是西湖龙井茶核心产区之一。整个村落青山环抱、幽谷滴翠、白墙黛瓦、小桥流水、绿茶飘香,拥有"不雨山长润,无云山自阴"的得天独厚的自然景观资源、优越的旅游文化资源和丰富的社会文化资源。拥有160余户农家乐经营户的梅家坞是杭州城郊最富茶乡特色的农家自然村落和茶文化休闲旅游区之一,拥有乡村茶文化旅游中心、茶乡新农村休闲旅游区、小牙坞家庭旅馆休闲度假区、象鼻岩山村旅游区、梅竺渔村、白沙坞自然茶园风光区、天竺坞壶中天地休闲度假区、十里琅珰古道旅游区八大区域,并挖掘开发了周恩来纪念室、琅珰岭、礼耕堂三个历史文化景观,形成了特色鲜明的茶文化村风貌。

2011年11月25日到31日聚焦都市圈乡村旅游样本:从梅家坞出发,联合采访团将使用一周的时间,深入临安太湖源和余杭双溪漂流、农夫乐园,聚焦乡村旅游的样本。随后,联合采访团将陆续走访湖州、嘉兴,最后齐聚绍兴,与出席杭州都市经济圈市长联席会议的四地市长"面对面"。

(资料来源:http://www.zjol.com.cn/05gotrip/system/2010/11/19/017101309.shtml)

【思考和训练】

谈谈乡村旅游与区域经济发展的关系。

【提示】

在城乡统筹区域发展的背景下,发展乡村旅游这一统筹城乡一体化的产业,可以加速实现都市经济圈优势特色旅游资源互补,实现都市经济圈城乡区域共享富民。

三、乡村旅游发展类型分析

(一)都市休闲郊游型

这种类型主要适应现代都市人日益渴望摆脱快节奏、繁杂喧嚣、污染严重等都市环境的需求,借助于与现代化城市截然不同的田园、村落,以采摘、捕钓、品尝、观光等活动吸引都市居民前来度假、休息,给市民提供短期休憩度假的旅游产品。

此类旅游地分布在城市近郊,旨在满足城市居民周末休闲度假的旅游需求,具有良好的自然生态环境及独特的人文环境、地缘优势和便利的交通条件。旅游者能够在较短的时间(一般应在一小时内,最长不超过两小时左右)到达,大多以浓厚的乡土气息、独特的乡村景观甚至乡村饮食为旅游卖点,如安徽芜湖近郊的"陶辛水韵"等。此种类型是近年来迅速发展起来的,也是目前我国最普遍、最成熟、市场潜力最可观的一种乡村旅游类型。

(二)江南水乡田园型

江南水乡田园型即为游客提供观赏田园风光、品尝农家小吃、住宿等服务的乡村旅游。这种类型大多分布在浙江、江苏一带,一般以农户为单位,利用自家的良田、院落、鱼塘、竹林、庭院、山庄、牧场等展示农村风貌、农业生产过程、农民生活场景等来吸引旅游者,让游客通过"吃农家饭"、"尝农家菜"、"干农家活"、"住农家屋"等感受农家生活。

此类型的乡村旅游在浙江和江苏一带被称为农家乐,是农民增加收入最快的项目,所以这几年农家乐发展速度非常快。如浙江安吉报福镇50余户农家乐全程为游客提供特色餐饮、休闲住宿、观光旅游等服务。游客可以品尝到捕自村外小溪的美味野生溪鱼,农户家里土生土长的土鸡、土鸭,山上采摘的各种干鲜野菜、瓜果,农家自酿的米酒,极具特色。

(三)生态景区依托型

在地势较为平坦、道路较为通达、生态旅游资源丰富的风景区内,观光旅游可以向景区周围的乡村扩散,形成生态景区依托型乡村旅游。

这种类型的乡村旅游是生态景区观光旅游的伴生物,是依托我国一些著名的生态条件良好的风景名胜区发展起来的一种附属产品,是游客在对自然风景观光和良好的生态环境体验之余,对周围村庄的田园风光和农家生活的派生欣赏。生态景区依托型的乡村旅游是我国最早发展起来的一种乡村旅游形式。

(四)民俗风情体验型

即以展现青山绿水和民俗历史文化气息为主题,形成融文气、秀气、乡土气于一体,兼具观赏性、娱乐性和参与性的城郊型休闲度假目的地。

这种开发类型主要着重开发现已淡化的乡村建筑、民族服饰、乡土风俗等,使游客感受并体验到有地方特色的民间活动。其产品的吸引力主要决定于当地与游客产生地之间的文化差异,当地民俗文化越有特色,差异越大,就越有吸引力。在国外,匈牙利是乡村文化旅游的典范,其开发的乡村文化旅游产品使游人在领略匈牙利田园风光的同时在乡村野店、山歌牧笛、乡间野味中感受到丰富多彩的民俗风情,欣赏充满情趣的文化艺术以及体味着几千年历史淀积下来的民族文化。

(五)名山海岛休闲型

名山海岛休闲型是指利用名山、水体和海洋资源,将特色养殖产品和养殖技术相结合,开展观光、品尝、购买、休闲、度假等旅游活动。

此类型基本分布在中国的沿海地区,特别是浙江地区,海岸线总长位居全国首位,岛屿数量乃全国之最,具有高品位的海洋海岛和名山旅游资源。浙江省沿海拥有国家级海洋自然保护区、国家级海洋风景名胜区和国家级海洋生态风景区。加上深厚的海洋历史人文积淀,使得浙江省东部沿海地区成为国内颇具特色的度假旅游胜地。

(六)现代农村科技型

这种类型的乡村旅游以现代农业技术、生产示范园地为题材,向游客展示现代农业科技成果,让游客得到一种全新的感受,增加对农业工业化的科技知识的了解。如杭州的蒋家浜村农业休闲观光园、浙江省花木城等。

【信息链接】

民俗风情型——三仁畲族乡

从遂昌县城往西6公里就是三仁畲族乡,公路两旁满山翠竹,竹海连绵。全乡14个行政村坐落在公路沿线,其中有6个少数民族村。全乡农业人口8122人,少数民族人口2059人,占25.35%,是浙江省有名的畲族乡。畲乡的婚嫁表演是一个参与性极强的节目,除了畲乡姑娘是当地人外,其余的角色全部可由游客充当。游客可以高兴地来当新郎或当新娘。男游客可穿上新郎官的红马甲,女游客可穿上新娘的红嫁衣,新郎新娘就可以眉飞色舞,笑逐颜开。待"迎亲"的锣鼓敲响、唢呐吹响、鞭炮齐鸣时,两位赤郎(就是现代的伴郎伴娘)挑着酒担、箩筐出发。新郎必须过"山刺拦路、借锅、抢鸡笼杀鸡、对山歌、口吹抹柴灰的竹火筒"五道关口,方可与自己心爱的人拜堂成亲,进入洞房。在整场婚礼中,让游客亲身感受"农家乐"畲族婚嫁表演的乐趣。举办节庆活动是传承民间民俗文化,发展乡村旅游,创特色"农家乐"的有效方式,是宣传遂昌的有效手段,是全面提升文化品位的有效途径。游客除了住特色农家庭院,品尝特色农家菜,还可以欣赏特色文化活动。三仁乡利用具有浓厚个性特征的好川村好川文化、笋竹文化、根艺文化、陶艺文化,举办畲族风情节。如油菜花节,插秧节,畲族体育竞技节,畲族健身节,畲族婚嫁表演,畲族重阳歌会,畲族民乐大擂台,笋竹宴,选笋王活动,畲族茶艺表演,"农家乐"烹饪比武暨摄影大赛,乡村美食节,农产品产销节,工艺品展销节等。通过举办节庆活动,让游客对畲族的风情爱不释手,让文化成为遂昌三仁"农家乐"的独特魅力,成为游客休闲度假的好去处。

(资料来源:http://www.zjwmw.com/07zjwm/system/2010/04/12/016510331.shtml)

【思考与训练】

说说民俗风情体验型的乡村旅游应该从哪几个方面加强其特色。

【提示】

民俗风情体验型的乡村旅游是历史的缩景,也是传统文化的凝固和遗迹。这种类型的乡村旅游和民俗旅游交织在一起,具有浓厚的乡村文化和村落建筑特色。

四、乡村旅游发展与乡村生态环境保护

乡村旅游的本质特征就是乡村性,自然环境是基础,生态环境是基石,乡村旅游的发展方向是生态旅游。由于乡村旅游生态环境的脆弱性,要实现乡村旅游的可持续发展,必须在乡村旅游开发和经营管理中加强环境保护和管理,切实保障乡村环境的良好生态性,使乡村旅游良性、健康发展,切实带动农村经济发展,达到经济效益、社会效益和环境效益的有机统一。

(一)乡村旅游生态环境污染源

1.生活污水

随着乡村旅游的开发和发展,生活用水量在增加,排出污水污染浓度也在增加,而大多乡村生活污水处理设施严重滞后,没有完整的排污系统,生活污水未经过明渠暗沟或仅经过简单处理就直接排入河道、池塘或湖泊,造成农村内河或湖泊以及下游的水体严重污染;有些乡村没有内河,污水乱泼,污水汇入地表径流或渗入地下,污染地下水。

2.畜禽粪便污染

由于乡村传统畜禽养殖的延续和乡村旅游饮食需求的畜禽养殖、水产养殖规模化发展,数量成增加趋势,放养、圈养和无序分散养殖等多种形式并存,而产生的粪便往往无配套耕地消纳,大量畜禽粪便随地堆放,臭气熏天,蚊蝇飞舞,疾病蔓延,再经雨水冲刷,流向村庄,排向水体,不仅污染了空气还恶化了水质。另外,水产养殖饵料的投放,造成水体有机污染加重。

3.生活垃圾和旅游活动污染

生活垃圾主要有村民自身日常生活垃圾、为游客提供饮食服务而产生的大量餐饮垃圾以及游客抛弃的大量不可降解的固体垃圾。而乡村的垃圾处理能力一般有限,很多乡村没有正规的垃圾处理场,生活垃圾随意抛弃,不仅影响乡村环境形象,还造成河道淤积、水体污染,给正常农业生产和旅游活动带来负面影响。另外,旅游活动中,还会产生汽车碾压、尾气、噪音,游客随意采摘、践踏草地农田造成的植物损伤、土壤板结等问题。

4.农作物剩余物污染

在农村,大量的农作物秸秆被焚烧或堆垛在河湖沟渠或道路两侧,浪费了大量的资源和能源,也是大气和水体的污染源。

5.噪声污染

乡村旅游地一般相对偏僻,鸡鸣狗吠,环境静谧。随着游客的纷至沓来,机动车的发动机声、游船的马达声、卡拉 OK 和歌舞的喧闹声以及游客的喧哗声等打破了乡村生活的宁静,不仅影响了乡村生态旅游的休闲质量,还影响了动植物的生长和繁衍。

6.建设项目污染

建设项目污染是指在乡村旅游开发和发展阶段对食宿、娱乐、游道、养殖等设施进行建设或扩建时对环境造成的破坏和污染。污染形式主要有工程建设中产生的碎砖、沙石、炉渣、水泥、油漆等对土壤、水体、空气造成的污染和施工噪声影响。另外,由于城市文化的侵入,乡村传统建筑风格被城市化、西洋化、豪华化,往往与乡村传统文化、自然景观并不协调而造成了视觉污染,丢失了地方特色,部分丧失了乡村旅游吸引力。

7.旅游项目污染

有些乡村旅游目的地为追求眼前商业利益,使用当地动植物资源不当,捕杀珍禽异兽,滥伐树木,垃圾填埋不规范,随意采石,修建违章建筑,辟地摆设摊点,任意开辟索道,墙体岩石乱刻乱画,造成动植物资源不可再生地流失。部分地区为开展垂钓等旅游活动,占用农田开挖鱼塘,破坏了土壤结构,造成土地资源浪费。有些乡村野炊、篝火等旅游项目产生燃烧废弃物的污染,有些乡村中以油为燃料的游船造成水体有毒物质聚集和富营养化等。

8.工农业生产活动影响

乡村较为落后的原始农业生产方式,无计划、不合理的伐木、采石、取水,对乡村原始生态破坏严重,且不可逆转。如滥用化肥、催熟剂、保鲜剂等造成土壤板结、保水保肥能力下降、地下水和地表水污染、农产品质量下降。有些乡村在传统经济增长方式中,高消耗、高污染、低产出的工业占有一定的比例,不仅污染了当地空气和水体,也直接影响了乡村生态旅游的质量。

9.社会环境污染

乡村旅游为当地经济发展、农民增收致富和社会文化进步作出积极贡献,但对当地的传统文化和社会环境也造成不同程度的负面冲击。如经营户在商业利益的驱动下,本地文化或流于形式,或商业包装味过浓,或盲目效仿,甚至将异乡土著文化进行不合理嫁接和转借,丧失了当地土著文化的特色,影响了地方文化的健康发展和继承。乡村旅游的商业利益也刺激甚至扭曲了村民淳朴、厚道的民俗民风,滋生了不健康的经营意识,如拉客抢客、哄抬物价、恶意宰客等。另外,游客的非文明举止行为,对当地青少年的审美情趣、生活追求产生了不良影响。在一些乡村,随着外来人口的涌入,"黄、毒、赌"等不良社会风气也随风而至,极大地败坏了当地社会风气,影响了当地旅游的正常秩序和正面形象。

(二)乡村旅游生态环境保护措施

依托生态旅游的理论,在乡村旅游生态化发展过程中,应坚持生态性、教育性和参与性等原则,采取有效措施促使乡村旅游业的可持续发展,真正实现乡村区域社会、经济、生态效益的最优发展。

1.制定合理的乡村旅游开发和环境保护规划

环境与资源是乡村旅游生态化的基础,也是乡村旅游业能否可持续发展的关键。所以在对旅游资源开发之前,一定要进行合理规划、充分论证,作好近期安排、长远计划。政府部门要充分调查和研究,对交通优势、资源优势、环境承载力和市场潜力进行科学论证,作好乡村旅游环保评估,突出环境效益,加强对土地资源、水资源、动植物资源的保护,准确进行乡村旅游的功能定位和产品开发。

在规划过程中,首先要预测乡村旅游目的地环境的旅游承载力,生态环境系统的平衡与否将直接影响乡村旅游的质量。每个乡村旅游区域都有自身的生态环境容量,容量的大小决定旅游承载力的大小。对于任何一个旅游目的地来说,要实现其可持续发展,就要把旅游业的开发规模和旅游接待者、来访者的数量都控制在既能使旅游活动长期可持续地开展,又不会给目的地生态环境造成严重威胁或恶化的水平之内。乡村旅游的管理者应结合旅游目的地自身的特点测算出该地区的旅游承载力,以达到科学管理的目的。其次对每个开发项目都必须进行环境影响评价。环境影响评价的重点主要是乡村旅游对自然风景区资源和生态环境的影响评价、生态环境承载力和旅游容量的评价、生态保护和恢复的技术方案及管理措施评价、环境污染治理工程的评价、生态影响的损益评价等。

2.加强行业管理,完善生态保护法规体系

我国乡村旅游多是以家庭为单位发展起来的,存在着从业人员文化素质、环保意识不强,经营管理水平不高,行业管理滞后的问题,尤其是近年来随着乡村旅游发展带来的环境、生态问题的出现,许多从业者便打出名目繁多的"生态旅游"来吸引游客,实际却对环境造成更大的破坏。因此,各级政府管理机构应按照国家出台的生态环境保护纲要严格执法,加强行业管理及景区生态目标管理,同时针对不同旅游地的具体情况,制定一套针对性强、可操作性强的生态环境保护规章制度和合理的生态系统管理政策,增强乡村生态环境保护力度,严禁毁林、随意丢弃垃圾、景区超载等行为,对那些在旅游开发中造成了生态破坏、环境污染的人或企业,决不姑息手软,使人们对乡村旅游资源保护有法可依,以保证当地资源不被破坏和旅游生态系统的不断优化,使乡村生态旅游业健康、持续、稳定发展。

3.加大旅游环境保护宣传及教育力度

旅游环境保护是一项系统性工程,需要政府部门、管理部门、当地村民和旅游者的全体参与。通过法制观念教育、全面观念教育、长远观念教育来提高全民族及外来游客的旅游环境保护意识,让广大游客和当地农民了解自己既是乡村生态环境保护工作的主力军,更是最大的受益者。

充分利用各种媒体,开展多层次、多形式的舆论宣传和科普宣传,向公众传播环境保护对人类生存和社会发展的重要意义以及环境保护方面的法律知识、科技知识等。各级政府和旅游管理部门应制订具体的环保教育计划,安排专业教育人员和场所长期开展教育工作。同时,政府还应在政策和资金上大力支持,改善乡村旅游地的交通、环卫、接待服务等设施。例如以在景区(点)竖立警示牌、宣传画,挂宣传条幅的形式,提高当地村民和游客的环保意识。

4.人文生态环境影响的控制

乡村旅游发展促使外来游客带来的风俗和文化对乡村人文生态环境带来了很大的影响,甚至于破坏了当地的本土文化,因此政府部门要发挥其作用,对所造成的影响进行控制。

政府部门在规划中应发挥监督、引导、教育的作用,首先在整体上控制乡村建筑风格,塑造与当地自然环境、人文环境相协调的生态环境氛围,保留本土文化特色,包括保护特色建筑、娱乐设施和活动场所。其次对以挖掘本土文化、开发本土文化为借口来制造"本土文化"的开发商要进行监督和控制。再次政府部门要加强监管惩处措施,加强对村民法律法规教育。教育经营户树立正确的旅游服务理念,规范旅游市场,杜绝不良和违法经营行为。此外要提高经营业主的文化素质,对本土文化有较高的认可度,面对外来文化的侵入能较好地捍卫本土文化,提高摒弃不良社会风气影响的净化能力,形成良好的乡村社会风气。

【信息链接】

成都平原经济的飞速发展,给成都平原的乡村生态环境带来了沉重的压力,从而使成都乡村生态环境受到了严重破坏。

城市化倾向明显,原生态日益丧失。由于缺乏专业认识和规划,乡村旅游经营者为了迎合旅游者,盲目把极具地方特色和自身特色的东西,劳神费力、花大力气改造成普通的一般化的东西。如龙泉和郫县部分农家乐在早期发展时,把乡村小道改为水泥路面,菜园田垄改为停车场,以经营园林花木为主的花农,也逐步放弃了自己的专长,把花木庭院改作露天饭堂或卡拉 OK 厅。虽然早期发展时获得一定收益,但是随着三圣花乡、北湖等众多大型生态化农家乐群体的崛起,这些失去乡村旅游特色的农家乐前辈们受到了强烈的冲击,规模和数量都日趋萎缩。环境卫生较差,生态污染严重。在成都一些较为偏远的乡村地区,卫生设施缺乏,特别是饮水和厕所的卫生条件差,卫生观念落后,使游客望而却步。每年,成都"农家乐"中,由于餐饮卫生而引发的纠纷不在少数。四川省首届花卉博览会在成都锦江区三圣乡开幕时,花博会主会场附近只有十几家农家乐,这些"农家乐"规模小、设施差,卫生状况就更令人担忧了,基本的"防蝇、防鼠、防尘"措施都没有。因为又地处城郊结合部,经常停水停电,消毒柜、冰柜运转不起来,群众投诉举报菜品质量是常有的事。最近几年,随着城乡一体化的进程和经营者们的重视,成都近郊农家乐的卫生状况大有起色,但是在一些比较偏远的农家乐中,卫生状况仍然不容乐观。

(资料来源:http://www.agri.gov.cn/jjps/t20090219_1221905.htm)

【思考和讨论】

乡村旅游与生态环境是怎样的关系。

【提示】

自乡村旅游产生之时起,乡村旅游与生态环境注定是不可割裂的,它们既相互促进又相互制约。

【思考作业题】

1.什么是地理环境? 联系实际谈谈地理环境对乡村旅游发展的影响。

2.乡村旅游是如何分类的? 有何特点?

【项目作业】

调研当地乡村旅游、经济发展和生态环境情况。

具体要求:对调研情况进行分类分析与总结,并撰写调查报告一份。

主题模块二　乡村旅游点环境美化与客房餐饮服务

【教学目标】

1. 能力目标

● 能将世博环境设计理念运用于乡村旅游点的生态环境与美化上。

● 能按照乡村旅游点的服务要求和规范做好客房、餐饮服务与基本礼仪工作。

2. 知识目标

● 了解外环境与内环境设计美化要求。

● 熟悉乡村旅游点客房服务标准与规范，掌握客房日常服务与管理事务。

● 熟悉乡村旅游点餐饮服务标准与规范，掌握餐饮日常服务与管理事务。

【工作任务】

● 利用互联网和图书馆收集国家级乡村旅游示范点的资料、图片。以小组为单位，编写环境优美的乡村旅游示范点专辑，布置展板交流。

● 选择一家都市休闲郊游型旅游点参观学习客房、餐饮服务与基本技能操作。

教学项目 3　乡村旅游点环境美化

【案例学习】注意观察图片并思考问题。

图 2-3-1　安吉报福清风寨

图 2-3-2　安吉报福小桥流水人家

图 2-3-3　长兴城山沟桃源山庄旅游点

图 2-3-4　安吉世界神秘部落旅游点

图 2-3-5　湖州南浔狄港渔庄(1)

图 2-3-6　湖州南浔狄港渔庄(2)

【思考与训练】

1. 乡村建筑的艺术风格是如何体现的？

2. 乡村旅游点内外环境在装饰上如何营造浪漫的情调和意境？

3. 如何运用中国的传统文化和传统艺术来美化乡村旅游点？

【基本知识】

乡村旅游点是指具有一定数量规模，且地理较为集中，以农业生产过程、农民劳动、农民生活、田园居所、农村民俗风情等人文自然资源为吸引物，为旅游者提供观光、娱乐、休闲、度假、就餐、购物、农事体验等乡村旅游活动的地点。乡村旅游点一般都是依托周边良好的生态自然环境的优势而建立起来的，具有浓郁的乡村风情及民族风情特点。乡村旅游点满足了都市人求新、求异、求美等多方面的旅游消费需求。城市居民从"马赛克"、"钢筋水泥"和"混凝土"丛林中走出来，尝尝农家饭，当回"现代农夫"，体会一下乡村之乐那是别有一番风味的。当然，传统意义上的"乡村旅游"正在悄悄"变脸"：从"几把竹椅，几个土碗，一道土墙围个圈"的家庭式接待发展到园林、花园式的小公园及休闲场所。不少旅游投资者经过合理规划、精心设计、投入巨资建立的各种生态科技园、生态农庄(渔庄)、乡村别墅和乡村会所等都是相当有特色的。这些乡村旅游目的地不仅有田园风光、山地之美，还有各种奇花异草、美味佳肴……旅游者可以通过采果、钓鱼、摸蛤、玩水车、踏青赏花、呼吸清新的空气，充分享受乡村优美的闲情和温馨。

一、乡村旅游点环境设计

由于城市的喧嚣、竞争的压力、钢筋水泥的压抑,人人都有返璞归真的欲望,向往"采菊东篱下,悠然见南山"的怡然自得的田园生活。但假如真的移居空气清新、依山傍水的郊外,又不免会怀念起都会的摩登和繁华。可无论身处喧嚣都市还是宁静乡村,"家"永远是梦想的发源地。

田园生活最吸引人之处,在于宁静的休闲空间,可以放松精神,这与家居设计的理念不谋而合。于是,充满着户外气息和大自然味道的田园风格设计便被引入了乡村旅游点总体设计之中。随着乡村旅游业的深入发展,我国乡村旅游呈现出一些新的发展趋势,比如"乡土化、多样化、品牌化、规范化、国际化"已经成为旅游经营者的共同目标;由生态观光向休闲度假转型;与新农村建设相协调;与"低碳旅游"的发展相适应;与休闲农业相结合;等等。这就要求乡村旅游点在环境设计上必须与此相适应。

简洁大方的布置,纯正、淳朴的乡土色彩,在乡村旅馆的装潢风格上有了很好的运用,田园风格不讲究细腻做工,却注重质朴的自然美,对木材的原有木纹和色泽,不加任何装饰和覆盖。

清新的田园风倡导"回归自然",美学上推崇"自然即美",在今天环保意识增强、强调无污染的情况下,这种简朴风又有回潮趋势。尤其是随着人类生态文明建设进程的推进,低碳经济、低碳技术、低碳机制、低碳消费方式正日益影响和诱导着人类的生产和消费方式。以营造低碳旅游吸引物、建设低碳旅游设施、培育低碳旅游体验环境和倡导低碳消费方式为主要路径的"低碳旅游"发展方式成为当前旅游发展的一大趋势。"2010 长三角乡村旅游论坛"引入"低碳"概念,呼吁业界人士从应用绿色低碳的资源开发模式做起,将环境保护和旅游业发展作为平行目标,使乡村旅游业得到文明健康的发展,同时呼吁市民爱护地球,以低碳、绿色、生态的旅游方式出行。随着"低碳"理念的倡导,乡村旅游将朝着"低碳"的方向发展,与"低碳旅游"的发展相适应。

(一)乡村旅游点外环境设计风格

"漠漠水田飞白鹭,荫荫夏木啭黄鹂。"这是唐代诗人王维笔下的水乡之景,也是很多人梦想中的生存意境:放眼望去是潺潺的流水,道旁的水车吱吱呀呀地转,耳侧回响短笛牧歌。毫无疑问,田园,是人类的心灵故乡,那些流动的水、盛开的花、清新的空气、芬芳的泥土是那样的温暖和熟悉,令疲惫的身心得到真正的慰藉和放松。乡村之美,应该是一种恬静的美、淡雅的美。乡村旅游环境设计应该传承这种自然美。

1. 传统风格设计理念

(1)建筑:建筑物具有地方特色,建筑风格必须与当地民宅风格相一致,充分体现当地民俗民风,与周围环境融洽和谐,有一定的自然美感,比如青砖黑瓦的木结构房屋。江南乡村多竹,可充分利用得天独厚的竹资源进行营构建筑,体现中国竹乡特色。檐下挂上串串红灯笼,渲染一种安静祥和与喜庆的情调,门前庭院搭起藤架,种上葡萄树或农家瓜果植物,或由枯藤景石营造出少许盆景等,显得朴实幽雅。院子里还可摆放一些充分反映当地浓郁传统文化和风土人情的劳动工具(或道具),如犁、蓑衣、木质脸盆、水桶、洗脚盆、风车、磨子等。窗边挂满辣椒、玉米瓜果等农产品,象征丰收的景象,呈现真正的山地乡村特色,让客人身临其境,充分感受农家乐趣。

图 2-3-7

图 2-3-8

图 2-3-9

图 2-3-10

图 2-3-11

图 2-3-12

图 2-3-13

(2)门前屋后:门前屋后的小路可用鹅卵石铺设,伸向小树林、小竹林。林中毛草屋顶下的亭子里摆放几把竹椅,让客人喝茶聊天,聆听涓涓流水和鸟儿鸣叫的空灵;竹质的篱笆墙脚下种上兰草菊花,篱笆墙里种上四季蔬菜,郁郁葱葱,一片农家生机,让前来居住或参观的游客真正体验到乡村田园生活的温馨和浪漫。

图 2-3-14

图 2-3-15

图 2-3-16

图 2-3-17

图 2-3-18

图 2-3-19

图 2-3-20

图 2-3-21

图 2-3-22

图 2-3-23

2.现代风格设计思想

改革开放以来,农村的经济收入不断增加,乡村新居犹如雨后春笋,成为一道亮丽的风景线,很是吸引游人。

从上个世纪 80 年代初开始,逐渐富裕起来的村民便开始大兴土木建造新房,当时的村民厌烦了聚族而居的老祖屋的人多嘈杂、不卫生和邻里之间纠纷多;再加上实行了计划生育,家庭人口不多,于是基本上都是以单家独户为主建造风格各异的水泥楼房。但当时人们只是从单纯的实用性出发,忽视了房屋的外形美观及人居环境。近几年,人们已转变观念,新建楼房时不但注重室内装饰装潢,而且注重外形构造,以别墅式的设计为目标,以求独具一格、美观漂亮;同时将整体风格、人居环境纳入统一规划之中,使民居更具实用性和观赏性。下面是几家典型的具有现代风貌特点的乡村农家建筑,其优化的环境布置设计思想是值得我们学习和借鉴的。

图 2-3-24

图 2-3-25　视野开阔,强化人文居住环境

别墅式结构,干净整洁,不但注重建筑外形设计,而且特别注重美化人居环境,富有现代气息,基本体现了农村小康生活水平风貌。

图 2-3-26

图 2-3-26 民居以农家传统的上、下堂屋为主体,改为二层水泥楼房,门前有一口水塘,四周环境加以绿化美化,呈现出另一番景观。

（二）乡村旅游点内环境应注意的问题

1. 堂屋

堂屋（客厅）是客人比较关注的场所之一,沙发和茶几是堂屋待客交流及游客欢聚畅叙的物质主体。烘托出宾主和谐、融洽的气氛。因此堂屋在设计时应该凸显地方特色,比如:堂屋大门应该贴上对联或春联,强化乡村家的感觉和节日的气氛;堂屋应当光线充足,四周墙壁装饰简洁美观大方,挂上书画作品或当地的风景摄影作品（老照片效果也不错）;堂屋内有供客人休息的休息处,配备当地农家特色的桌（茶几）、凳（椅）,在堂屋明显位置摆放档次较好的周边旅游区（点）宣传品、服务项目价目表、主要交通工具时刻表、旅游景区介绍等,以方便游客出行。

2. 堂屋的装潢设计

（1）风格

堂屋的设计风格很多,可分为传统和现代两种。传统风格的装饰装修设计主要是在室内布置、线型、色调、家具及陈设的造型等方面吸取传统装饰的"形"、"神"为设计特征。而现代风格的装饰装修设计以自然流畅的空间感为主题,简洁、实用为原则,使人与空间享尽浑然天成的契合惊喜。

（2）采光

白天的堂屋以自然采光为主,晚间以人工照明为主。

（3）布置

堂屋必须在某种程度上体现主人的个性。好的设计除了顾及用途之外,还要考虑大多数客人的生活习惯、审美观和文化素养,可利用盆栽植物来增添自然气息。在实用方面,堂屋的使用频率高,基本结构如墙壁和地板必须看耐用。除了视觉效果外,触觉效果亦不容忽视。墙面采用不同的材料会表现截然不同的质感,给人的感受亦有别。家具的陈设方式可以分为两类,即规则（对称）式和自由式。小空间的家具布置宜以集中为主,大空间则以分散为主。

图 2-3-27

图 2-3-28

图 2-3-29

"主题墙",是从公共建筑装修中引入的一个概念。它主要是指在办公室装修中,主要的空间如门厅、主管办公室中,要有一面墙能反映整个企业,或者老板自己的形象和风格。例如,在一个公司的门厅中,通常正对大门都有一面"影壁",上面一般都有公司的标志、名称,或者是公司的口号或其形象的代表等;在老板和主管办公室里,尤其是在办公桌背后,或者是对面的墙壁上,经常可以看到反映这间办公室主人的个性的书法、绘画等装饰品。如今,借用这个概念到家庭装饰领域,室内设计师创造出一种崭新的装饰手法。如果简单点说,堂屋的"主题墙"就是指客厅中最引人注目的一面墙,一般是放置电视、音响的那面墙。在这面"主题墙"上,设计者可采用各种手段来突出主人的个性特点。例如,利用各种装饰材料在墙面上做一些造型,以突出整个堂屋的装饰风格。目前使用较多的是各种毛坯石板、木材等。另外,采用装饰板将整个墙壁"藏"起来,也是"主题墙"的一种主要装饰手法。既然有了"主题墙",堂屋中其他地方的装饰装修就可以简单一些。另外,"主题墙"前的家具也要与墙壁的装饰相匹配,否则也不能获得完美的效果。

3. 客房的装潢设计

在客房的设计上,追求的是功能与形式的完美统一,优雅独特、简洁明快的设计风格。在客房设计的审美上,设计师要追求时尚而不浮躁,庄重典雅而不乏轻松浪漫的感觉。

利用材料的多元化应用、几何造型的有机融入、线条节奏和韵律的充分展现、灯光造型的立体化应用等表现手法,营造温馨柔和、独具浪漫主义情怀的卧室空间。床头背景墙是客房设计中的重头戏。设计上更多地运用了点、线、面等要素形式美的基本原则,使造型和谐统一而富于变化。窗帘帷幔往往最具柔情主义。轻柔的摇曳,徐徐而动的娇羞,优雅的配色似如歌的行板,浪漫温馨。客房中灯光更是点睛之笔,筒灯斑斑宛若星光点点,多角度的设置使灯光的立体造型更加丰富多彩。为了设计好客房,需考虑以下六个方面:

(1)客房的地面应具备保暖性,一般宜采用中性或暖色调,材料有地板、地毯等。

(2)墙壁的装饰宜简单些,床头上部的主体空间可设计一些有个性化或具当地人文民族风情特色的装饰品,选材宜配合整体色调,烘托客房浪漫古璞的气氛。

(3)吊顶的形状、色彩是客房装饰设计的重点之一,一般以简洁、淡雅、温馨的暖色系列为好。

(4)色彩应以统一、和谐、淡雅为宜,对局部的原色搭配应慎重,稳重的色调较受欢迎,如绿色系活泼而富有朝气,粉红系欢快而柔美,蓝色系清凉浪漫,灰调或茶色系灵透雅致,黄色系热情中充满温馨气氛。

(5)客房的灯光照明以温馨和暖的黄色为基调,床头上方可嵌筒灯或壁灯使室内更具浪漫舒适的温情。

(6)浴室的设计基本上以方便、安全、易于清洗及美观得体为主。由于水气很重,内部装潢用料必须以防水物料为主。在地板方面,以天然石料做成地砖,既防水又耐用。大型瓷砖清洗方便,容易保持干爽;而塑料地板的实用价值甚高,加上饰钉后,其防滑作用更显著。浴室窗户的采光功用并不重要,其重点在于通风透气。浴室的照明,一般以柔和的亮度就足够了。浴室内温度高,放置盆栽十分适合。浴室布置可用木质材料打制洗漱器具最具返璞归真的情调。

总之,乡村旅游点人文建筑艺术与居住环境的美化具有深刻的内涵,实际上,一切有关整体文化环境知识对于发掘乡村建筑环境艺术文化都是有益的,例如关于历史、地理、民风民俗,等等,乡村旅游点内外环境的布置与装潢既要传承传统又要结合现代,其中还有很多值得我们深挖的东西。

图 2-3-30

二、乡村旅游点庭院设计与盆景艺术的运用

(一)乡村旅游点庭院设计

庭院和园林景观设计不同,庭院显示了主人的个性,将艺术生活化,园林是为了观赏、休闲,而庭院是为了生活。根据对欧美独立住宅的统计,私人庭院是家庭住宅基地中重要的使用场地,其使用频繁顺序大致是:用于起居、游戏、室外烹饪和就餐、晒衣、园艺、款待朋友和储存杂物。三岁以下的孩子,将在庭院内度过其大部分的户外时间。乡村农家庭院也不例外。

因为是庭院,所以会因设计者的不同而显示出对生活艺术化完全不同的理解。黄河先生阐述他的设计思想时说:"中国人过去有卧游的说法,我的作品想表现的是居住和旅行的关系,坐在自己庭院的木质亭子中,不需要身体的移动,而仅仅利用围墙的属性和空间的感觉,水池和步道的关系,艺术品的安排,就能达到一种'眼睛的行走'的境地。"

世界上的私家庭院艺术源远流长、流派众多,但从风格上来看可以分为四大流派:亚洲的中国式、日本式,欧洲的法国式和英国式。中国的雕梁画栋和叠山造水显现的是东方王族式的华丽;日本的原色古朴和幽深宁静显现的是佛禅意境的清雅;法国精致典雅的植物造型和极尽雕饰的喷泉置景显现的是欧洲贵族的豪门气度;英国的山亭野舍般修饰植物群、起伏的草地和多彩的花丛显现的是绅士国对融入自然的绝对追求。而现代私家庭院艺术已渐渐模糊了流派的界线,将功能化内容与个人趣味及艺术感尽量融为一体,只在风格上显现出华丽和简约、古典和前卫的区别。而乡村农家庭院更侧重于实用性,艺术成分较少些,但大型乡村旅游点的设计例外。

私家庭院与大型园林在打造上最大的不同是艺术上追求小、巧、精、细,体现小中见大的视觉效果,再小的空间也能造出美来。比如在日本,常见一些住宅只有 4～5 平米的狭小院落,却造得有石有草,有树有水,甚至还造成立体花园,显得十分精美和秀雅。因此,私家庭院是非公众化的,个人的情趣可以充分发挥,并尽显自己的文化品位和艺术造诣。

私家庭院的造园手法灵活多样,所有的园艺素材在高手的眼里,就像画家手中的各种颜料,可以自由地创作出充满艺术想象力的图画。因此,园艺也和其他实用设计门类的实质一样,最后看的是艺术感觉。

以下介绍的造园手法可作为乡村旅游点庭院布局的参考。

1.布局的艺术

这是造园中最重要的,整体布局是一种提纲挈领式的艺术创意,布局的成功与否,是造出的庭院美不美的关键。布局有很多规则可循,如我国古代书画艺术中常用的起、承、转、合,活用到园艺的布局上便体现为疏、密、曲、直;日本传统庭院中的真、行、草布局手法,则表示了由繁到简、由仿真到拟意的不同风格样式。很多素材在布局上运用得好,可以产生各种不同的视觉效果。如高矮大小不同植物的排列组合可显出单纯感、协调感、韵律感、流动感、厚重感、色彩感等。再如浓密的植物配以曲径,便易生出幽深与静谧感,很适合于东方情调的高品位住宅。而精修细剪的矮丛植物配以大气而典雅的几何造型则更适合于欧陆风情等。

2.各类素材的活用

素材的运用是没有一定之规的,但精美的庭院是由植物、石材、雕塑类置景、水景等各种不同的素材经过艺术的组合而成的。乡村旅游点使用的素材是相当丰富的,如果素材运用得好,可以非常出彩。比如,在日式庭院中,树木与草皮,与各类大小野山石、土坡、沙砾的组合是非常讲究的。各种手法都是对自然意境和情趣的摹拟,都可以使人得到精神上的陶冶与愉悦。像枯山水这种日本独有的造园手法,真可以使人领略到佛禅的意境。而我国闻名四海的太湖石、灵璧石等观赏石的拟山造景则更令人惊叹大自然鬼斧神工的造化之美与中式庭院艺术中深厚的文化底蕴之雅的完美组合。

3.各部分位置的功能与艺术造景结合

(1)大门内与正门前:两门之间一条私家小道是必然需要的,因此路的形状和路面的艺术感便是中心。关键是要看住宅建筑主体的风格和院落的大小。比如欧式豪宅宜配色调相应的拼花路面,有的还可以在屋前设一水景之类。如是中式或日式院落则两门之间的路以曲折形为多,配以影壁回廊,以避两门相对。路面可做成小鹅卵石虎皮花式,或是草坪跳石式,等等。如果是比较前卫的现代风格宅院,就要在点和线、色调和造型上做文章,在所有的方面都要与整体风格相吻合。总之围绕着两门之间有很多文章可做。

(2)窗前檐下:住宅主体的窗前檐下是私家庭院中植物造景的主要场所之一。在这里适当的植物选用可以使窗内外充满画意。当然这要看窗户的大小和形状。如大落地窗且庭院有纵深感,则窗前植物宜矮些,使院中的中心景物和稍远些的植物错落有致地展现出来。中日式庭院的窗前檐下多用细竹藤箩类,以掩映住屋,并可在栽种的布局上形成立体情趣。越小的庭院越可以在窗前檐下的立体空间上做文章。

(3)庭内主景:这是庭院造景的中心。中式的叠山小池也好,日式的枯山水也好,或是英式的自然无造作草坪,法式的精剪细造的植物图形和大理石水景,直至比较前卫的各种简洁的线条色块和形状的运用,其实都没有什么绝对的界线。风格可以统一,也可以混淆。一切取决于怎样更好地和住宅主体建筑相和、甚至相异,同时可以将自己的喜好融入进去。当然,还要根据相邻的环境、庭院面积的大小及形状等基本条件来考虑设计主题。但再小、再不规则的空间也能体现出艺术和美的内涵,这一点是不言而喻的。

(4)内天井与内大堂:这是私家庭院中的两个相对独立的小主题。几平米的露天内天井,即使空间狭小,却也可以用较高的树植如大型盆景般真石真土地造型,在这里充分利用其空间是最主要的构思。内大堂却有些不同,因是在室内不能直见阳光,便可以用活水鱼池、室内避阳光性观叶植物和一些仿真山石花木为主要素材构思出一些充满情趣的小品来。

(5)围墙与围栏:这些都是非常出风格效果的部分。关键是如何配用。如竹篱柴扉、花窗曲墙等具有东方乡土特色的素材,配上中日式庭院是很适合的,但与欧式风格就不易协调。相反,花式铁栅与厚重的岩石柱的组合,则适合的面要广一些。而没有东西方传统特征的前卫或现代矮墙,就可以在更为广泛的场合灵活使用。在庭院内,矮型的竹篱柴扉可以隔出不同的空间,造出几个小情趣板块。

(6)亭、棚、廊:这些素材的使用可以在较大的庭院中造出几个活动中心点,增添家居的休闲特色,同时也可形成立体的绿色空间。在这里亭、棚、廊的艺术造型很关键。中国的飞檐雕梁小亭、日本的原色山屋式草棚、欧式的雕花铁线凉笼式亭廊,只要配得好,都很出彩。

(7)屋顶花园:现在有很多新开发的多层或高层花园住宅都有屋顶阳台,有的面积还很大。因此,屋顶花园的打造就成了家居美化的重要部分。在国外屋顶花园是非常讲究的。一般说来,屋顶花园多用轻质素材。设置草坪花坛也尽量衬土薄一些,树木以可移动的盆栽为好。利用竹木矮栅、几块野山石造个坡形小草坪,再点缀些可移动的花草,将山野自然的情趣掬一捧浓缩进这钢筋水泥的世界之中,效果绝佳。

(8)传统风水学在住宅庭院中的应用:我国自古以来就有重视家居风水的习俗,认为它和平安的生活与身心健康有密切关系。比如居住的方位性、庭院的水源流向、居间的色彩,等等。现在虽然人们的家居生活中已很少有人在意这些,但近年来国外的一些科学研究却发现,居住的方位性和环境的色彩的确对人的健康和情绪有微妙的影响。说到底,风水学其实就是一种人与居住环境更好地结合的学问。环境与风水调理得好,人就心情舒畅甚至长寿。

现代科学至今还不能很好地解释风水的科学性,但却在世界上越来越多地被广泛应用。如香港的很多有名的大厦就是严格按照风水学建造的。日本在建楼时要请风水师。在欧美,近年来风水学在建筑和家居生活中也大行其道。相信今后在我们的环境打造与家居生活的很多方面,传统的风水学会以更科学的方式被人们接受。

4.重视不同季节的视觉效果

我国北方的大部分地区,因偏干旱和寒冷,冬季往往色彩单调,所有的植物都基本上失去了鲜活的绿色。因此在北方打造庭院时,不同季节的视觉效果是一定要考虑周全的。如何能处理得好,这确实是个值得探索的课题。而且解决的方法也可以有多种思路。比如冬季的色彩虽然单调,但石材与其他非植物素材的造型却不会变化。因此这些地区的庭院设计在总体构思上宜根据当地的气候条件来考虑适当减少利用植物类造景的比例,代之以在四季不变的山石类造型、枯山水、金属或石材雕塑置景等方面多动脑筋,使之在没有自然色彩的冬季也保持着另一番美感。

在植物的选用上首先就要想到各类植物在本地冬季是个什么样,一年四季各类植物不同的观赏效果如何衔接,等等。有些观赏树种冬天虽然落了叶,但树枝的形状也很美,也能构成整体庭院美感元素的一部分。

（二）盆景艺术在乡村旅游点的运用

盆景是中国传统的艺术珍品，是大自然景物的缩影，它集园林栽培、文学、绘画等艺术于一身，互相结合并融为一体，是一门综合性的造型艺术，也是自然美与艺术美相互结合的产物。由于乡村旅游点庭院面积空间大，所以可充分利用盆景艺术来点缀以增加美感。

1.盆景流派

盆景起源于中国，在世界艺术之林中，它是富有自然情趣的东方艺术精品之一，也是我国独特的传统园林艺术之一，它以植物、山、石、水、土等为素材，经过园艺师的构思设计，造型加工，精心护养而成。人们把盆景誉为"无声的诗"和"立体的画"。

图 2-3-31

图 2-3-32

按照现在史书上的记载，中国的盆景最早应该出现在东汉，到现在已经有两千多年的历史了，东汉、晋唐，应该是中国盆景的发起时期，后来到明清，就基本上成形了，到近代中国的盆景发展得比较快，就逐步在国内时兴起来，特别是在一些士大夫阶层，有钱的一些人家，逐步兴起玩盆景。

图 2-3-33

中国幅员辽阔,由于地域环境和自然条件的差异,盆景流派较多。中国目前盆景形成了五个主要的流派:一是扬派,即以扬州为中心的扬派盆景;二是以苏州为中心的苏派盆景;三是以四川成都为中心的川派盆景;四是以上海为中心的海派盆景;五是以广州为中心的岭南派盆景。

岭南盆景的一代宗师孔泰初先生,是中国的盆景艺术大师,也是岭南盆景的创始人。他当时很细心地观察一些树木的生长,发现广东有很多的荔枝树,荔枝树每年收获以后都要锯掉一点、砍掉一点,然后第二年它要重新发枝,年复一年,枝条生长很有曲线,有线条美,的确是看上去很有艺术感,他就把自然树木生长的走势,运用到盆景的创作上来,就创造了岭南盆景特有的一个技艺叫做蓄枝截杆,从而形成现在看到的这种岭南盆景的特有风格和风貌。

盆景是庭院、室内理想的点缀品,一年四季,春芽秋叶,夏茂冬零,各具情趣,其勃勃生机、雅致造型,使人在领略大自然气势的同时,得到艺术的熏陶。因此,盆景作为活的观赏品,越来越受到人们的喜爱。

2.盆景与庭院艺术

庭院艺术是把自然景物缩小在一定的范围之内,而盆景则是把景物缩小于盆中,称为微观造园。因此,盆景比一般造园更概括、更集中,也更有利于表现大自然的风貌。

图 2-3-34

盆景是一门综合的艺术,它综合了园林学、植物学、美学各方面的知识,它既是一门艺术,也是一门工艺,所以我们一般称盆景是一门技艺,它既有技术上的东西,也有艺术上的审美要求在里面。但是盆景艺术,是从园林艺术分支出来的一个比较专门的艺术门类,过去在园林的造林里面,一般比较重视造景,造景里面有人工的景,有石山的景,也有树木的景,它有各方面的景色,一些亭台楼阁、假山、石山,但是很重要的也离不开树木的造景,所以在园林艺术里面,盆景是很重要的一个组成部分。一个很好的园林里面,如果缺乏了盆景的艺术这一块,总有些缺陷。

盆景艺术在人们的日常生活中,也愈来愈显示出它的优越作用。它几乎已成为美化环境不可缺少的一种园林设施。

盆景艺术师法自然、高于自然,取自然之龙,点艺术之睛。盆景作品要求清新自然、形神兼备、不落俗套。

中国盆景是一个庞大的艺术体系,主要分为树木盆景和山水盆景两大类。盆景的迅速繁荣,地方风格的涌现,使盆景艺术不断创新、不断发展,盆景材料也日益丰富,我国盆景的新类别也逐步产生。有可摆在庭院,与群芳争妍、傲霜斗雪的九里香、佛肚竹等;又有陈列室内,风雅清幽、怡情养性的小型盆景福建茶、鹊梅、满天星、榆树、榕树、山指甲等几十个品种。

图 2-3-35

盆景的表现形态是多样的:大树型是比较普遍的;还有就是飘斜的,一个斜树,飘到一边去,这是一种形态;还有一个直杆型,比较高耸一点;还有叫做水影式,就是从盆边,好像在水池,贴着水面来生长、飘出水面的;还有一种叫做悬崖式,悬崖也是比较常见的,在大山里面,特别是黄山,受自然环境的影响,有些树木是向下生长的,顽强地生长在石缝里面向下面探再翘起,这种叫做悬崖型;还有丛林型,表现由多株树木拼起来组成的一个丛林。形态是多种多样的,有些形态是综合了几个形态的,综合出来的一种新的形态也有。

盆景的风格非常丰富,植株有单杆、双杆、一头多杆、多杆合植、悬崖、半悬崖、附石等多种格式,竞相争秀、风姿意态各树一帜。有清疏秀雅之杂树,曲折瘦劲之古梅,浑厚苍郁之老榕,苍劲简淡之古松,挺拔飘逸之乔松,奇石弯垂之悬崖等,盆景可将山水林木集于方寸盆罐之中,无愧为"大自然的缩影"。

3. 盆景的制作

制作一件盆景,可粗分为两种手法:

(1)"因材立意"制作法。自然衍生的老椿头,是不会按人们意志去生长的,但它的苍老之态,非常具有古朴之趣,因此可以在这样的立意上去做进一步加工布置。自然中的许多怪石也是如此,如钟乳石有它天生的险峻,钟乳成峰,类似峨嵋;沙积石有它独特的秀丽,具有石林中桂林山水之美……。异石怪桩各具迥异的美和趣味,这需要人们的匠心慧眼去发现它,凸显它。

(2)"按题取材"制作法。按照作者事先设想确定的题旨取材制作,如要制作一盆"嫦娥奔月",则选取线条柔和弯曲似卷云状、有漏孔的石片为好,以增添嫦娥柔媚温顺的女性美,显示出月宫的幽静深远;加上在云状石侧点缀文竹、翠柏之类淡雅秀丽的植物,飞向月宫的嫦娥,放置在半山腰出。这样,观者不看标题,便可领悟其意。又如制作"探宝"一景,要表现地质队员为寻宝不畏艰险,则可以用龟纹石一类线条粗硬、边缘尖利的石头组成,配植上三、五株壮硕的苍松翠柏,点出崇山峻岭之意;而三五勘察队员则应放置在山脚下,有仰望勘察之情。

盆景是大自然的缩影。然而大自然中的苍松翠柏、怪石奇峰等素材不是随便放入盆中就能配称为盆景的,盆景艺术的关键就在于会驾驭素材和善于摆布点缀。树桩盆景,以欣赏植物古桩为主,如果是一古老大桩头独占全景,可以种植在盆正中;而姿态袅娜的风吹式桩头,就可以种在盆的偏角三分之二或三分之一处,空旷处可点缀小山石于植物之后面或侧面,否则喧宾夺主,有损古桩的观赏价值。山水盆景和旱盆景中的植物,多种植在山石之后侧、偏侧,高大些的植物可以从盆底栽植在山石之后,露出部分树冠;有的种植在半山腰或次峰上较为自然。如果把植物种植在山顶正中则显得很呆板,犹如头顶长树长角,有损雅趣。同时,配置植物的大小、高矮都要与主题内容相一致。

图 2-3-36

4.盆景艺术欣赏

欣赏盆景是一种美的享受,它不但可以丰富人们的精神生活,而且能让游客领略到旷野林木的景色、自然山水的风貌,令人心旷神怡而豪情满怀,既陶冶了性情,又增进了艺术的素养。

工作之余,在乡村旅游点欣赏一下庭院里的盆景,实在是生活中一种很好的调剂,对于身心健康十分有益。如果游客能亲自动手制作和培植盆景,欣赏自己辛勤劳动的成果,则更有无穷的乐趣。所以,乡村旅游经营者要了解盆景、学会制作盆景。

在欣赏上,首先我们要了解盆景造型的形态。如果不了解形态的多样性,看上去好像都差不多,那就失去了盆景个性,大大缩减了人们的审美情趣。第二要抓住盆景的意向。意向就是当人们看到某个盆景以后,一定会产生的联系和想象。第三要上升到意境。意境是欣赏盆景的一个最高的层次,就是能够通过欣赏揭示盆景所要表现的内涵。

对于一件盆景作品,准确地为其命题和理解命题也是欣赏盆景所不可缺少的。盆景都很讲究命题,命题其实就是把意境点出来,画龙点睛。跟外国的盆景相比,中国的盆景都有这个特点,比较重视命题,这和中国的传统文化也有关,通过命题,表现意境、内涵,外国的盆景,包括日本的都没有,这是我们中国特有的,这就是中国盆景。

【案例学习】

2010 年世博会马德里案例馆

　　在过去的十几年中,西班牙马德里市政府进行了欧洲规模最大的社会住宅建设,以"竹屋"和"空气树"为代表的可再生能源、新型环保材料、先进的生态技术以及有效的建造流程在建设中得到广泛应用。马德里馆以"马德里是你家"为宣传口号,"竹屋"保留了各种户型的居住单元,分隔为六个永久展厅和一个临时展厅,并冠以门房、过厅、卧式、卫生间、厨房、阳台等名字,使每一个进入展馆的参观者都能享受到宾至如归的感觉。通过展示,竹屋要向观众传达马德里通过城市改建和住房保障项目,改善生活质量,增添城市活力。

图 2-3-37　"竹屋"

场馆亮点:

　　(1)"竹屋":马德里"竹屋"保留了各种户型的居住单元,由于每个住宅单元竹质表皮的开启时间和方式都不同,建筑的外立面将始终处于不断变化之中,充满光与影的强烈效果,由此带来意想不到的奇妙景观。竹屋根据上海特有的气候和地理条件进行整体改造,在保留竹幕墙的基础上,将建筑的北侧改为玻璃幕墙,并应用了再生能源等高新科技,从而使其成为环保节能型社会住房的典范。马德里馆的"竹屋"风格,更是秉持着以人为本的理念。"竹屋"采用了很多高科技手法,达到了"零能耗"的目的,冬天可以隔绝寒冷,夏天则可以隔绝暑热,是一座名副其实的"生态屋"。

　　(2)"空气树":是一座直径为 12 米的十边形钢结构建筑,紧挨"竹屋"而建,十边形的外立面装有多功能幕布,既能遮阳庇荫,又能投影播放马德里宣传视频。"空气树"根据上海的潮湿气候条件进行了适当调整,使参观者在空气树内部感到舒适凉爽。同时,"空气树"所在广场为游客提供了一个休息、交流、观看表演的公共场所。"空气树"中设有一系列小型叶轮发动机和一个大型风扇,采取的是风力发电,用以降低建筑构造内部的温度。它还采用了一些特殊的材料,当气温上升到 27 摄氏度的时候,"空气树"就会自动开始工作,树下的温度能够比外面低 7 到 10 摄氏度。

图 2-3-38　"空气树"

正如工作人员所说的,"2010 年,我们在中国上海种下了一棵树,建造了一个家"。我们也相信,随着时间的推移,马德里的城市、马德里人的生活缩影也能随之永远留在中国。

【思考与训练】

1.世博会给中国经济社会带来了怎样的发展契机?

2.经典场馆设计中哪些方面给中国村农家乐旅游点的生态环境与美化方面提供了怎样的借鉴经验?

三、世博环境设计典型案例借鉴

(一)世博会概述

中国是一个多民族农业大国,深厚的文化底蕴彰显了民族文化特色,广阔的农村有着极为丰富的旅游资源,随着改革开放的大力推进,我国的乡村观光旅游业得到空前的快速发展。2010 年上海世博会在上海成功举办,博览会主题是"城市,让生活更美好",有将近 240 多个国家、地区和国际组织参展,7300 万中外宾客参加,平均每天 40 万余人,高峰时达 60 万余人。世博轴、中国馆、主题馆、世博中心等 100 多个场馆数量,74 万平方米的展馆建筑面积,230 万平方米的总建筑面积,均刷新世博会历史纪录。

举办世博会,不仅给参展国家带来发展的机遇,扩大国际交流和合作,促进经济的发展,而且给举办国中国创造了巨大的经济效益和社会效益,宣传和扩大了中国的知名度和声誉,促进了社会繁荣和进步。世博园区里很多经典的场馆设计案例给广大的观众留下了深刻的记忆,虽然各场馆中运用了大量先进的高端科学技术是我们普通场所所不能达到的,但是其在人居环境方面的绿色环保、低碳节能等设计理念,为我国乡村旅游点的生态环境与美化方面提供了大量值得借鉴的经验。从 2010 年开始,"低碳"二字就不断充斥着人们的视野,从低碳城市、低碳社区、低碳家庭,到低碳消费、低碳生活、低碳旅游、低碳文化,等等,这已成为人们耳熟能详的一个词,在各行各业崭露头角。乡村旅游也不例外。究竟什么是低碳?作为地球大家庭的一员,我们如何做到低碳?我们将从上海世博会的城市最佳实践区场馆设计理念中找到答案。

（二）世博会环境设计经典案例分析

1. 法国阿尔萨斯案例馆

场馆亮点:原型为法国阿尔萨斯布克斯韦尔高中的太阳墙,这是一个通过太阳能达成室内舒适性的节能环保建筑范例。该案例被建成一个缩减能源需求的展馆,南立面上的水幕太阳能墙体由电脑自动控制,可以随着室外温度和日照强度的变化自动开闭,既能遮阳降温,又能有效减少能源消耗。这是一座"会呼吸的展馆","凹槽"和"触角"喻义生命体的"嘴、耳朵、鼻孔"和"手指"。半圆形的大穹顶呈淡紫色,像一个巨大的蚕茧,故名"紫蚕岛"。

图 2-3-39　法国阿尔萨斯案例馆(1)　　　　　图 2-3-40　法国阿尔萨斯案例馆(2)

2. 万科馆

展馆以天然麦秸秆为建筑材料,由 7 个相互独立的形似金灿灿麦垛的筒状建筑组成,外围有超过 1000 平方米的开放水域环绕。展馆又称"2049",既暗喻新中国成立 100 周年的未来,也意味着一个人的未来,一个城市、一个国家甚至整个地球的未来,通往未来蕴含无限可能性的旅程。馆内以白蚁、水、沙尘暴、垃圾和金丝猴五个故事来讲述人、自然和城市相互尊重的关系,希冀与来自五湖四海的参观者分享对"尊重的可能"的思考与探索。主题:尊重的可能。

场馆亮点:七座金灿灿麦垛的建筑;在"蚁穴探险厅",观众可以到放大了的蚁穴中游历,了解人类如何向自然学习;"生命之树厅"展示了大规模的公益环保行动——中国的退耕还林政策;"莫比斯环厅"描述台北市民通过日常生活中的点滴行动来解决环境问题;"雪山精灵厅"讲述了云南金丝猴在生存空间消失的威胁中险象环生。中国质量认证中心将对万科馆碳排放量进行独立核查。确定购买额度之后,万科馆将在上海环交所的交易平台上,通过购买对应数量标的物,比如风力、水力等新能源技术项目来实现自愿减排。

图 2-3-41　万科馆(1)

图 2-3-42　万科馆(2)

3.西班牙馆

展馆是一座复古而又创新的"藤条篮子"的建筑,外墙由藤条装饰,通过钢结构支架来支撑,呈现波浪起伏的流线型。阳光可透过藤条缝隙,洒落至展馆内部。展馆内设"起源"、"城市"、"孩子"三大展示空间,参观者宛若置身西班牙城市的街道上,感叹西班牙光辉灿烂的历史、人民的智慧和创新,品味众多知名城市规划家、社会学家、电影工作者和艺术家共同打造的盛宴。

在西班牙著名导演比格斯·鲁纳的讲解下,西班牙馆的第一部分展厅"起源"展露了它的全貌。参观者仿佛置身"岩洞",头顶有点点"星光",视听设备将影像打在"岩壁"上,奔腾的海洋、远古的化石,弗拉明戈舞者在激昂的鼓点中翩翩而至,穿着原始服装的舞者将从屏幕里"舞出来"。接着,挥舞着红布的人群把参观者带入奔牛节的现场,经历一场沸腾般的狂欢,NBA球员加索尔和网球选手纳达尔也会出现,与游客"近距离接触"。第二展厅"城市"的设计者巴西里奥·马丁·帕蒂诺将在《彼得大师的木偶戏》的旋律中,以独特的万花筒方式展现西班牙城市从近代到现代的变迁。第三展厅"孩子"中,伊莎贝尔·库伊谢特将以"西班牙国家馆的孩子"——吉祥物"米格林"的视角遥想未来生活,小米宝宝将和游客们一起畅想明日城市。西班牙馆由"从自然到城市"、"从我们父母的城市到现在"、"从我们现在的城市到我们下一代的城市"三大空间组成,展示从远古时期的野蛮和文明到现在的变化,再到畅想未来。西班牙馆设有能容纳300人同时用餐的西班牙餐厅,提供最地道的西班牙美食。纪念品商店、多功能剧院、商务中心也是展馆的重要组成部分。丰富的文化艺术节目也是西班牙馆的展示重点。世博会期间,西班牙馆将为上海带来最知名的西班牙艺术家,包括歌剧、弗拉明戈舞蹈、音乐,等等,展示一个最真实的西班牙。

场馆亮点:藤条做外墙。藤板用钢丝斜向固定,像鱼鳞一样排列,既牢固又美观。这些深浅各异的藤板都是在孔子的故乡山东制作完成的,不经过任何染色,藤条用开水煮5小时可变成棕色,煮9小时接近黑色,这就是这些藤板色彩不一的"秘诀"。

图 2-3-43　西班牙馆(1)

图 2-3-44　西班牙馆(2)

4.上海案例馆

"沪上·生态家"的原型是位于上海市闵行区的我国第一座生态示范楼。作为国内首座"零能耗"生态示范住宅,该建筑的一大优点是高效利用太阳能,屋顶上巨大的太阳能光热设备可为整幢楼提供能源。里弄、山墙、老虎窗、石库门、花窗等上海地域传统建筑元素,穿堂风、自遮阳、自然光、天井绿等上海本土生态语汇,加上"大都会"、"大上海"等高密度城市描绘,与夏三伏、冬三九、梅雨季等气候特征,绘就上海城市建筑印象。用 15 万块上海旧城改造时拆除的旧石库门砖头砌成,集生态智能技术于一身的建筑——"沪上·生态家",这座建筑立足上海的城市、人文、气候特征,通过"风、光、影、绿、废"五种主要"生态"元素的构造与技术设施的一体化设计,展示了未来"上海的房子"。

图 2-3-45　上海案例馆

场馆亮点:外遮阳系统窗户外的百叶窗,落地玻璃外的卷帘门,还有阳台外的屈臂式遮阳篷,这些红色的装置叫做"外遮阳系统",在炎热的夏天,这些装置能够随时阻挡阳光进入,起到隔热降温的作用。

5.成都案例馆

场馆亮点:该案例是微缩版的成都活水公园,其原型是世界上第一座以水为主题的城市生态环境公园。从外形看,成都馆形如一条游在水边的鱼,喻示着人类、水与自然的依存关系。馆内集水环境、水净化、水教育为一体,包括人工湿地生物净水系统、模拟龙门山森林植物群落景观、环境教育中心、亲水互动平台等设施。中国四川成都的活水公园是一座以水保护为主题的城市生态景观公园,它对社区和公共空间的雨水和污水进行有效收集,通过生物自净功能进行水的处理和循环利用,向人们展示被污染的水体在自然界由"浊"变"清"、由"死"变"活"的过程,诠释活水文化,启迪人们珍惜水资源。该案例充分展示了活水公园建设理念、运转流程和实践成果,并在原活水公园的基础上有新的提升和发展。环保节能——花园通过地下管道,连接着卫生间、厨房和院内的洗手池。院子里所有生活污水通过管道汇集,流入管式沉沙井,然后进入人工湿地植物床,植物床放有起过滤作用的大小碎石,种植了芦苇、姜花、伞草、美人蕉,这些都是根系特别发达的湿地植物。它们能把水里的有毒物质降解、吸收掉,产生的微生物能吸附在碎石上,为植物提供养分。

图 2-3-46　成都案例馆(1)

图 2-3-47　成都案例馆(2)

6.中国宁波滕头村案例馆

场馆亮点:中国浙江宁波滕头村是全球唯一入选上海世博会的乡村实践案例。滕头馆的黑白相间的民居风格的外墙是用 50 多万块废瓦残片堆砌的。它们是建筑单位的员工历经半年时间,奔走于象山、鄞州、奉化等地的大小村落,从废弃的工地里收集来的,其中包括元宝砖、龙骨砖、屋脊砖等,年龄全部超过百年。展馆内墙同样有看头。在厚厚的水泥墙上,凸显的纹理竟是竹片肌理,仿佛是排排并列的圆竹从中剖开后固化在了墙上。这是宁波工匠采用独有的竹片模板制作技艺制成的"竖条毛竹模板清水混凝土剪力墙"。主场馆东立面入口区的墙面进行垂直绿化,即整个墙面上种植一种特殊的植被,对墙体内的室温进行调节。滕头村所营造的"村在景中、景在城中"的生活模式,成功实践了一条"以生态促旅游,以旅游养生态"的特色经济发展路径,在中国乡村城市化发展中具有普遍意义。案例馆外观为一座上下两层、古色古香的江南民居,运用体现江南民居特色的建筑元素,以空间、园林和生态化的有机结合,表现"城市与乡村的互动",再现全球生态 500 佳和世界十佳和谐乡村的发展路径,进而凸显宁波"江南水乡、时尚水都"的地域文化,展示生态环境、现代农业技术成就以及宁波滕头人与自然和谐相处的生活。馆内布置"天籁之音"、"自然体验"、"动感影像"、"互动签名"等特色区域。"天籁之音"的创意来自中国独特的二十四节气文化的田园之声,12 个高科技音罩将播放出高清晰度的自然之音,参观者在馆内可以听到不同节气的"天籁之音";在"自然体验"区域,参观者沿水装置生态模拟墙斜梯步道缓缓向下,便可在两面高墙上,看到三百户宁波人家的大型电子相册,每一本都记录着一户人家的今昔变迁,点击相册,可走进感兴趣的宁波人家,感受滕头村的生态环境,体验浓郁的乡土气息。

图 2-3-48　宁波滕头村案例馆（1）

图 2-3-49　宁波滕头村案例馆（2）

通过对上述典型场馆的环境设计特征进行分析，我们在当下乡村旅游点的生态环境与美化上可以大胆地进行借鉴，特别是西班牙馆的藤条风格、四川成都馆的木质乡村田园风格、宁波滕头村馆的"村在景中、景在城中"的生活模式深深值得我们借鉴，中国的乡村旅游人居环境应当密切结合当地的民族风情特色、文化特色、地理环境特色，利用乡村得天独厚的生态资源条件，因地制宜，合理规划设计，充分运用现代社会发达的科学技术，真正做到乡村环境美化生活、享受绿色环保、低碳节能、天人合一的美好生活。

【思考作业题】

1.乡村旅游点外环境设计风格可以从哪些方面来体现？

2.乡村旅游点内部环境设计的重点有哪些？

3.乡村旅游点庭院设计手法主要有哪些？

4.世博园部分主题场馆环境设计对当下乡村旅游点环境设计有哪些启示？

5.结合本模块主题，试分析乡村旅游点环境设计的发展趋势。

【项目作业】

项目名称：某农家场地主题性项目设计。

项目背景：主题项目设计基于场地特点及条件。

项目要求：

1.场地功能区分合理。

2.主题性项目设计及组织合理。

3.主题性项目设计体现低碳、环保理念。

项目作业形式：以表格式说明主题性项目设计名称、内容、风格、理念等。

项目作业考核：主题性项目设计合理性占 15％；主题性项目设计特色性占 30％；主题性项目设计可操作性占 25％；主题性项目设计理念占 30％。

项目场地示意图参考。

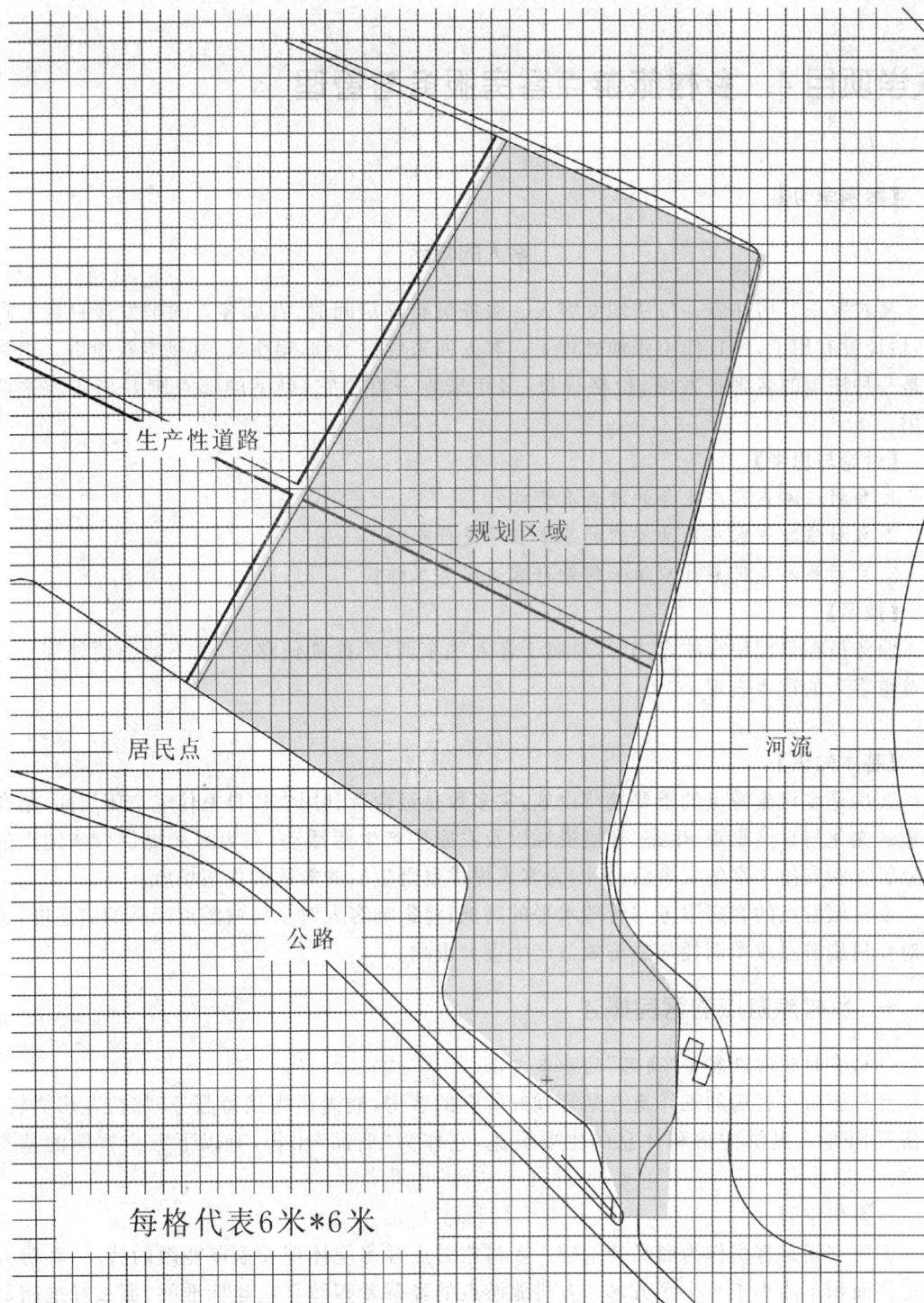

生产性道路

规划区域

居民点

河流

公路

每格代表6米*6米

教学项目4　乡村旅游点客房服务与管理

【案例学习】

客人的物品

某农家乐客房住着一位法国女客人。服务员整理房间时,看见客人的护发液只剩一点了,估计没有用了,便自作主张地处理了。客人回来后找不到,很生气,找到老板投诉。因为这是一种法国的名牌护发液,价格很贵,多年来她一直用它,剩下的那点刚好离店前这两天用。

【讨论与思考】

1.乡村旅游点客房业务的特点有哪些?

2.乡村旅游点客房清洁整理的基本程序是什么?

3.乡村旅游点服务员应该如何做好客房服务工作?

【提示】

服务员在整理住客的客房时,对属于客人的东西,不能随便移动,也不能随便处理。这是尊重客人的重要表现。

【基本知识】

客房是乡村旅游点的重要接待设施,它多数是经营者利用农户自家住宅空闲房间,结合当地的文化与自然景观、生态、环境资源以及农家生产生活活动,在为客人提供口味纯正的农家餐饮和安排丰富的农事活动外,为客人提供乡野生活的舒适的住宿场所。

乡村旅游点的客房服务与管理水平的高低,将影响客人对乡村旅游点产品的满意度,也将对乡村旅游点成本消耗与经济效益产生重大影响。

一、乡村旅游点的客房概述

（一）乡村旅游点客房"商品"的基本要求

乡村旅游点客房的工作重点是管理好所有的客房,通过组织接待服务,加快客房周转。客房是向客人提供住宿和休息的主要设施,它作为"商品"出售,有以下五个方面的基本要求:

1.客房空间

客房空间是客房作为商品的基础。乡村旅游点客房应体现农家屋宽敞的特点,客房人均居住面积不能小于6个平方米。乡村旅游点的经营者多数喜欢建标准间,那么标准间最好参照我国饭店星级评定标准规定,客房净面积(不含卫生间)不能小于14平方米,卫生间面积不能小于4平方米。标准间的高度不能低于2.7米。

2.客房设备

乡村旅游点的客房内以提供干净卫生床具为主,但其他的物品、设备如电视、电话、空调以及家具等,均是构成客房商品实用性的重要条件,必须做到保质保量。

3.供应物品

客房供应物品,包括电话服务指南、电视节目单、茶具、拖鞋等多次性消耗品和牙刷、牙膏、沐浴液等一次性消耗品。在不同的乡村旅游点客房里可以按其不同的条件来配置,但有一些生活必备品还是应该符合要求,缺一不可,否则会给客人带来生活上的不方便。供应物品也是构成客房商品有用性的必要条件,并且还能充分体现业主浓郁的人情味。

4.客房运转规格

客房设施设备只有在正常运转状态下,才能为客人提供合格的服务。乡村旅游点的设备设施可以简单一些,落后一些,但其使用时都应该是正常的。例如:空调失灵、坐便器漏水、冷热水的开关失灵、维修保养不及时,等等,将给客人带来烦恼,严重影响客房的服务质量。

5.客房卫生规格

乡村旅游点客房的空间设计可以简单,陈设可以简朴,但卫生间以及卧具不能不洁净。也就是乡村旅游点的装修布置档次可以低,但其卫生条件必须达标,因为客房是否清洁卫生,是客人选择住宿的首要条件。

乡村旅游点的客房只有符合以上五个方面的基本要求,才具备了出售给游客的最基本条件,住客也才会得到基本的满足。

(二)乡村旅游点客房的重要地位

1.客房是乡村旅游点的基本接待设施

乡村旅游点的接待设施是以家庭为单位,利用田园景观、自然生态、农村文化以及农民生活等资源,以农业体验为特色的吃农家饭、住农家屋、干农家活,充分享受乡村旅游活动的乐趣。旅游者到乡村里来玩,需要住客房,所以,客房是人们旅游投宿活动的物质承担者。

2.客房商品质量是乡村旅游点商品质量的重要标志

客人往往在客房逗留的时间很长,休息与睡觉时间比较多,所以客房的清洁卫生、装饰布置、服务员的服务态度与效率等都会让客人有较深的印象,直接关系到客人对乡村旅游点客房商品的质量评价与整个乡村旅游接待点的总体评价和印象。

3.客房收入是乡村旅游点经济收入的重要组成部分

因为饭店客房收入一般要占饭店全部营业收入的50%以上,利润通常可占饭店利润的60%以上,这是因为客房经营成本比餐饮成本小的缘故。所以,乡村旅游点也可以通过客房的出租来带动利润的提高。

(三)乡村旅游点客房的业务特点

1.服务性

从客人入住到离开乡村旅舍,从购买客房商品到消费结束,每一个环节都离不开服务。当客人住在客房后,不仅会关注其外在的建筑、环境、设备设施等硬件水平,而且客人也会需要更多的方便,比如乡村旅游点进一步为他们提供的清扫、洗衣、擦鞋、送餐、会议等各种服务。服务水平的高低就成了他们判断自己的选择正确与否的依据了。

2.复杂性

乡村旅舍的客房并不大,但客房的工作范围还是比较广泛的,涉及的工作内容是复杂的,除了保持客房的清洁外,还要对客人提供有人情味的接待服务,要参与乡村旅游点其他服务工作。即使是只做清扫,也并非易事。擦洗卫生间的坐便器就是十分复杂的,还要进行专业的消毒。乡村旅游点的设施设备相对于大的星级酒店来说是简陋的,但它的卫生要求还是高的,再加上客人是来自各地的城里人,往往比较挑剔,要让他们在或长或短的居住期间保持满意的状态更是件不容易的事情。

3.随机性

影响客房服务的因素很多。客人有时会提出各种各样的服务要求,"客人是上帝",只要是合情合理的,有条件的都应尽力满足。这也就给我们的服务员带来了较高的工作要求和难度。为了给客人排忧解难,往往就要求乡村旅舍的服务人员必须有强烈的责任心和服务意识,要善于揣摩客人的心理。

(四)客房工作人员的素质要求

1.客房管理者的素质要求

有了完备的服务设施,还需要有高质量的服务,才能令客人满意。比如有重要会议的时候,如果到学校或政府去找些服务意识较高的人来帮忙是不太方便的,因此,乡村旅游点必须自己培养高水平的管理者和高水准的服务员。没有高素质的客房员工就谈不上客房优质服务,也就很难留住客人。

客房的管理者应该掌握的专业知识如下:

(1)掌握清洁方面的知识

懂得清洁卫生原理,掌握清洁剂、清洁用品的种类、适用范围和使用须知,能够指导清扫员正确使用,既达到清洁目的,又不会腐蚀损坏设备或对使用者造成伤害。

(2)掌握设备物资管理方面的知识

懂得客房或其他空间配备何种设备用品,以及贮存、使用、保养常识。能督导服务员正确使用和存放设备用品。

(3)掌握室内环境艺术方面的知识

具有一定的审美修养,对客房陈设、装修材料以及色彩的选用、室内绿化美化能提出改进意见。

(4)掌握防治虫害方面的知识

了解可能孳生虫害的种类、习性和孳生的诱因;掌握多种杀虫剂的作用和使用方法;懂得如何控制环境卫生,防止虫害的发生。

(5)掌握客房劳动管理方面的知识

懂得如何制定劳动定额和定员,能合理组合劳动班组,配备和调节劳动力,合理利用人力资源。

(6)掌握财务方面的知识

能制定或有效执行房务预算,制订或控制客房成本费用的开支标准,以最少的开支获得最多的经济效益。

(7)掌握布件制服质料方面的知识

能对员工制服用料和布件的选择提出建议,对洗涤贮存等环节进行有效管理。客房工作范围广,涉及知识众多,每位管理者应结合自身的特色至少让自己成为某一个方面的专家,让人佩服的领导才有威信。

2.客房服务员应具备的素质

一般来说,客房服务员大多与客人接触较少,但乡村旅舍的规模比较小,客房服务员可能身兼多职,除了打扫客房,还有对客迎接服务、欢送服务、客房送餐服务和会议服务等多项服务,所以服务员的素质和服务能力将直接影响客人对乡村旅舍客房服务质量的认识。

(1)政治思想素质

第一要树立正确的世界观与人生观。有为人民服务的思想,能全心全意为客人服务,自觉抵制腐朽思想的影响和侵蚀,维护国家和民族的荣誉和尊严。

第二要有敬业精神。热爱本职工作,努力学习专业知识,能向客人提供标准化服务。

第三具有高尚的职业道德。服务中一视同仁,不卑不亢,尊老爱幼,助人为乐,一切为客人着想,不损害消费者利益。

第四具有良好的组织纪律观念,自觉遵守规章制度。

(2)业务素质

首先具有较好的语言表达能力。讲普通话,使用饭店的服务用语和礼貌用语。其次具有一定的文化知识和社会知识。服务员应了解乡村旅游点附近的景点知识、地理环境、民俗风情等知识,在必要时能给客人以讲解。再次要有良好的服务技能技巧。懂得客房服务程序、操作规程和要求,做到服务标准化、程序化、规范化。

(3)身体素质

身体健康,能承担劳动量较大的客房清扫工作。具有较强的应变能力和良好的仪容仪表。

二、乡村旅游点客房种类与设备用品管理

随着市场需求的变化和乡村旅游点之间竞争的加剧,乡村旅舍的客房种类、内部设备设施用品的配置趋向多样化,以适应不同类型客人的需求。

(一)乡村旅游点客房的种类

按照房间配备床的种类与数量,主要有以下几种类型:

1.单人间　房间内放一张单人床的客房,适合单身客人使用。

2.双人间　有大床房和双床房两种类型。大床房是在房间放一张大号的双人床,适用于夫妇旅游者居住。双床房是在房间内放两张单人床,中间用床头柜隔开。它比大床房使用灵活。

3.三人间　房间内放三张单人床,是属经济档客房。

4.套　房　一般是连通的两个房间,一个是卧室,一个是做起居室,即会客室。

(二)客房设备用品配备标准

客房的设备和用品是客房商品质量的重要组成部分,也是客房服务的物质凭借。不同档次的乡村旅游点对设备和用品的要求不同,但应坚持实用、方便、经济、安全的原则。同一家乡村旅游点可以有不同类型、不同档次的客房,因而这些客房的设备和用品也可以有不同的要求,但必须注意客房设备用品的舒适和完好程度。

乡村旅游点住宿接待应以农民家庭为单位,每户农家接待床位不宜多于 30 个。乡村旅游点住宿建筑应与周围环境相协调,建筑物修缮完好。室内通风良好,空气清新,无异味。室内装修应符合 DB31/30《住宅装饰装修验收标准》要求。

1.乡村旅游点拥有的客房数量应满足表 1 的要求。

表 1　拥有的客房数量

等级	客房数量（间）
一星级	2 间以上
二星级	4 间以上
三星级	6 间以上
四星级	8 间以上
五星级	10 间以上

2.客房内宜配有电视机,数量应满足表 2 的要求。

表 2　电视机数量要求

等级	有电视机的客房比例不少于（%）
一星级	40
二星级	60
三星级以上	100

3.客房内宜配有冷暖空调,数量应满足表 3 的要求。

表 3　空调数量要求

等级	有空调的客房比例不少于（%）
一星级	有 2 间以上客房,无配置空调的规定
二星级	有 4 间以上客房,无配置空调的规定
三星级	有 6 间以上客房,其中应有配置空调的客房
四星级	有 8 间以上客房,其中有 4 间以上配置空调的客房
五星级	有 10 间以上客房,其中有 5 间以上配置空调的客房

4.乡村旅游点客房的卧室内应有的基本设备和用品如下:

床　是为客人提供休息和睡眠的主要设备。客房放什么样的床应按客房的面积而定。

床头柜　可以让客人放东西,电视还应放置节目单,空调的开关器,电话,柜子内放置拖鞋、逃生电筒等等。

灯　可以有台灯、壁灯、吊灯、夜灯等多种。

电视机柜放置电视机及机顶盒,柜子内可放备用的被子。

茶几、沙发椅

衣柜　放上 4 个衣服架

行李柜

客房棉织品

客房装饰品

热水瓶和水杯

文具夹、服务指南

烟缸

5.客房的床单、枕套、被套等卧具的更换应满足表 4 的要求。

表 4　卧具更换

等级	卧具更换
一星级	一客一换,且更换周期不得超过五天
二星级	一客一换,且更换周期不得超过三天
三星级以上	一客一换,应客人要求每日一换,并定期消毒

6.卫生间的设备及用品

每个农家应设有一定数量的卫生间,卫生间内应有洗脸盆、坐式或蹲式厕位、淋浴设备,并配有效防滑设施。厕所、盥洗室等住宿条件也应符合要求。

一星级　至少有一间公共厕所,整洁卫生。采光、通风、照明条件好。冲洗设备完好,且有手纸框、洗手池(备有洗涤用品)等辅助设施;厕所内经适当装修,有明显的指示标志和防滑标志。至少有 1 间供住宿客人洗刷、洗浴和方便等的盥洗室,冲洗设备完好,整洁卫生,有防滑标志。配备梳妆镜、洗脸盆架。

二星级　至少有一间公共厕所,且男女分设,整洁卫生。采光、通风、照明条件较好。冲洗设备完好,且有手纸框、洗手池(备有洗涤用品)、镜台等辅助设施。厕所内经适当装修,有明显的指示标志和防滑标志。至少有 1 间供住宿客人洗刷、洗浴和方便等的盥洗室,冲洗设备完好,整洁卫生。地面经防滑处理且有防滑标志,墙面瓷砖墙裙 2 米以上。配备梳妆镜、洗脸盆架。

三星级　有一间以上公共厕所,且男女分设,每个厕所厕位各不少于 2 个,整洁卫生。采光、通风、照明条件较好,有除臭措施。冲洗设备完好,且有手纸框、洗手池(备有洗涤用品)、镜台等辅助设施。厕所墙面瓷砖墙裙 1.5 米以上,地面经防滑处理,有明显的指示标志和防滑标志。每个楼层至少有一间供住宿客人洗刷、洗浴和方便等的盥洗室或有 2 个以上盥洗室,冲洗设备完好,整洁卫生。地面经防滑处理且有防滑标志,墙面瓷砖墙裙 2 米以上。配备梳妆镜、洗脸盆架。

四星级　有一间以上公共厕所,且男女分设,每个厕所厕位各不少于 2 个,整洁卫生。采光、通风、照明条件较好,有除臭措施。冲洗设备完好,且有手纸框、洗手池(备有洗涤用品)、镜台等辅助设施。厕所墙面瓷砖墙裙 2 米以上。地面经防滑处理,有明显的指示标志和防滑标志。客房内单设卫生间,地面经防滑处理,墙面瓷砖墙裙 2 米以上。有抽水马桶及洗浴设施,提供免费洗浴用品。配备梳妆镜、洗脸盆架。

五星级　有一间以上公共厕所,且男女分设,每个厕所厕位各不少于 2 个,有专人负责打扫,整洁卫生。采光、通风、照明条件较好,有除臭措施。冲洗设备完好,且有手纸框、洗手池(备有洗涤用品)、镜台等辅助设施。厕所墙面瓷砖墙裙 2 米以上。地面经防滑处理,有明显的指示标志和防滑标志。客房内单设卫生间,地面经防滑处理,墙面瓷砖墙裙 2 米以上。有抽水马桶及洗浴设施,提供免费洗浴用品。配备梳妆镜、洗脸盆架。

卫生间应配备洗衣粉、香皂、洗发水、一次性口杯、卫生纸等日用品。

卫生间应有冷热水供应服务,供水时间应满足表 5 的要求。

表5　冷热水供应时间表

等　级	连续供应时间
一星级	24 小时冷水供应,8 小时热水供应(6—10 时,18—22 时)
二星级	24 小时冷水供应,16 小时热水供应(6—22 时)
三星级以上	24 小时冷热水供应

客房和卫生间每日应整理一次,并保持其卫生整洁。另外,每户农家应设有国内长途直拨电话。室内应有防蟑螂、老鼠、蚊子、苍蝇等的措施。住宿建筑内应配备消防设施。每楼层配置灭火器不得少于两支。客房、通道应有应急照明设备。客房应有相应的防盗设施,配有贵重物品寄存的保险柜。

三、乡村旅游点客房服务标准与规范

客房服务包含哪些内容? 概括地说要能满足客人两方面需求:一是满足客人的物质需求。即提供清洁、美观、舒适、方便的居住空间,配备高质量的生活设备和用品;二是满足客人的精神需要,即通过提供全方位高质量的服务,使客人感受到服务人员的热情、好客、体贴入微的关怀,找到回家的感觉。

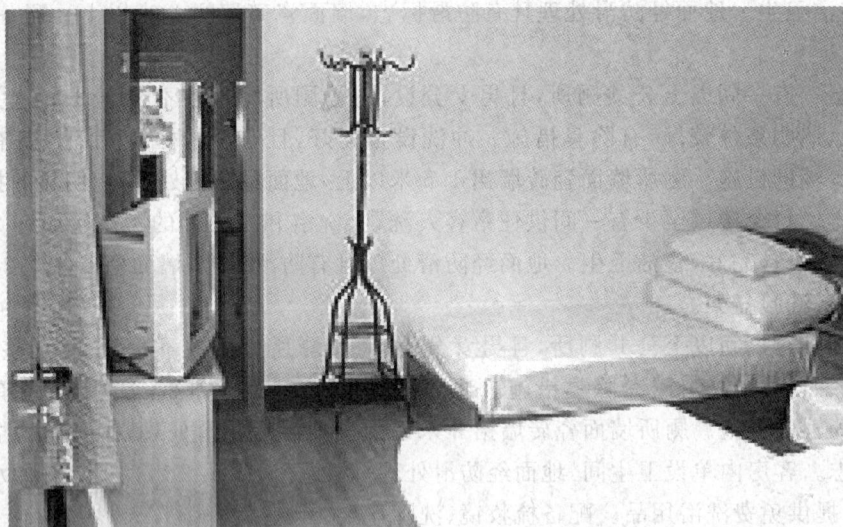

图 2-4-1　金鑫山庄干净整洁的客房

能同时满足上述两种需求的服务,才称得上是完整的客房服务。而在具备了能满足客人需求的基本设施和物资的基础上,服务人员的服务活动起着主导作用。服务是客人最期望得到的商品,由服务人员热情礼貌、细致周到的服务态度,体贴入微、恰到好处的服务方式,训练有素、灵活熟练的服务技巧,内容丰富的服务项目所组成的服务活动不仅具有特殊的使用价值,而且比设施物资更重要、更有意义。

客房服务员不仅要有"宾客至上、服务第一"的观念,乐于服务,热情服务,还要全面掌握服务的技能技巧,迅速服务,善于服务,使客房服务质量达到较高的水平。

客房服务可分为清洁卫生服务和接待服务两部分。

(一)客房清洁整理

为了保证客房清扫的质量,提高工作效率,给客人创造一个安宁的环境,清扫前必须做好准备工作,了解客房清扫的有关规定。

1.客房清扫的规定

客人一旦进入客房,该客房就应看成是客人的私房。因此,任何客房服务人员都不能擅自进入客人客房,都必须遵守一定的规定。具体地讲,有以下几点:

(1)例行的客房大清扫工作,一般应在客人不在客房时进行;客人在客房时,必须征得客人同意后方可进行,以不干扰客人的活动为准。

(2)养成进客房前先思索的习惯。客房服务员的主要任务是让客人住得舒适、安宁,像在家里一样方便。因此服务员在进房门前,要尽量替住客着想,揣摩客人的生活习惯,不要因清洁卫生工作或其他事情干扰了客人的休息和起居习惯。同时还应想一想,是否还有其他事情要做。例如,客人在客房里用了早餐,去整理客房时,就应想到顺便把托盘带上及时收拾餐具。这样做,既是为客人着想,也节省了时间,提高了服务的效率。

(3)注意客房挂的牌子。凡在门外把手上挂有"请勿打扰"(Don't Disturb)牌子或反锁标志的,以及房门侧面的墙上亮有"请勿打扰"指示灯时,不要敲门进房。如果到了14:00,仍未见客人离开客房,里面也无声音,可打电话到该客房,若仍无反应,说明客人可能生重病或发生其他事故,应立即报告管理人员。

(4)养成进房前先敲门通报的习惯。每个饭店的员工都应养成进房门前先敲门通报,待客人允许后,再进入客房的习惯。敲门通报、等候客人反应的具体步骤如下:

①站在距房门约一米远的地方,不要靠门太近。

②用食指或中指敲门表面三下(或按门铃),不要用手拍门或用钥匙敲门,同时敲门应有节奏,以引起客房内客人的注意。

③等候客人约5秒,同时眼望窥视镜,以利于客人观察。

④如果客人无反应,重复②~③的程序。

⑤如果仍无反应,将钥匙插在门锁内轻轻转动,用另一只手按住门锁手柄。不要猛烈推门,因为客人可能仍在睡觉,或许门上挂有安全链。

⑥开门后应清楚地通报"客房服务员",并观察房内情况。如果发现客人正在睡觉,则应马上退出,轻轻将门关上。

⑦敲门后,房内客人有应声,则服务员应主动说"客房服务员",待客人允许后,方可进行客房的清扫。被客人叫进客房时,要把门半掩或完全打开;客人让座时,服务员也不能坐下,同时不要与客人谈与自家乡村旅游点无关的事情。

(5)清扫住人房时,服务员不得乱动客人的东西,不得使用客房内的电视、电话和卫生间,除非饭店有特殊的规定。

(6)床上用品和毛巾不能作为擦洗的清洁用具。

(7)任何服务人员不得为他人打开客人的客房。

2.客房清扫程序

(1)客房清扫的基本要求

对客人刚结账退房的客房进行清扫,称为走客房的清扫。其基本要求是:

①客房服务员接到通知后,应尽快对客房进行彻底的清扫,以保证客房的正常出租。

②进入客房后,应检查房内是否有客人丢失的物品,客房的设备和家具有无损坏或丢失。如发现以上情况,立即报告,并进行登记。

③撤换茶水具,并严格洗涤消毒。

④对卫生间各个部位进行严格洗涤消毒。

⑤客房清扫后,及时通报,以便出租。

(2)卧室清扫程序(卧室清扫"十字诀")

①开　开门、开灯、开空调、开窗帘、开玻璃窗。

②清　清理烟灰缸、废纸篓和垃圾(包括地面上的大垃圾)。

③撤　撤出用过的茶水具、玻璃杯、脏布件。如果有客人用过的餐具也一并撤去。

④做　做床。

⑤擦　擦家具设备及用品,从上到下,环形擦拭灰尘。

⑥查　查看家具用品有无损坏,配备物品有无短缺,是否有客人遗留物品。边擦拭边检查。

⑦添　添补客房客用品、宣传品和经洗涤消毒的茶水具(此项工作后应进行卫生间的清扫整理)。

⑧吸　地毯吸尘由里到外,同时对清扫完毕的卫生间地面吸尘。

⑨关(观)　观察客房清洁整理后的整体效果;关玻璃窗、关纱帘、关空调、关灯、关门。

⑩登　在"服务员工作日报表"上作好登记。

(3)卧室清扫的具体操作程序

1)按照饭店规定的进入客房的规范开门进房

将房门完全打开(可用顶门器把门支好),直到该客房清扫完毕。开门打扫卫生,表示该客房正在清扫,有利于防止意外事故的发生,另外,还有利于客房的通风换气。

2)检查灯具

将客房里所有的灯具开关打开,检查灯具是否有毛病。检查后随手将灯关上,只留清洁用灯。一旦发现灯泡损坏,立即通知维修人员前来更换。

3)拉开窗帘、打开玻璃窗

打开窗帘时应检查帘子有否脱钩和损坏情况。必要时应打开空调,加大通风量,保证室内空气的清新,同时检查空调开关是否正常。

4)观察室内情况

主要是检查客人是否有遗留物品和房内设备用品有无丢失和损坏,以便及时报告主管。

5)清理烟灰缸和垃圾

①将烟灰缸里烟灰倒入指定的垃圾桶内,在浴室内将烟灰缸洗净,用布擦干、擦净。注意不要有未熄灭的烟头,也不能将烟头等脏物倒入便器内,避免将便器堵塞。

②收拾桌面和地面的垃圾及尖硬物品,将垃圾放进垃圾桶或纸篓中。

③清理纸篓(垃圾桶)。纸篓一般有两种形式:一是纸篓内套塑料垃圾袋,另一种是不套塑料袋。倒纸篓时,可先检查纸篓内是否有一些有价值的东西,若有则不要倒掉。清理套有垃圾塑料袋的纸篓时,应直接把垃圾袋取出倒入清洁车的垃圾桶中。旧的垃圾袋扔掉后,应再放一个新的套好,但不能图省事一次往纸篓里放几个垃圾袋。在清理纸篓时,如发现有刮胡刀片或碎玻璃片等锐利脏物,应及时单独处理。

6）撤走房内用膳的桌、盘、杯、碟等物品。

7）撤走用过的茶水具、玻璃杯。

8）撤走用过的床单和枕套，把脏布件放进清洁车内。

①撤床单时，要抖动几次，确认里面无衣物或其他物品。

②若发现床单、褥垫等有破损及受污染情况，立即报告领班。

③注意不要把布件扔在地毯或楼面走道上。

9）做床　按中式铺床的程序铺床

①将床拉出：屈膝下蹲，用手将床盒及床垫慢慢拉出约50厘米。

②准备工作：检查床、棉垫是否齐整、干净，以标准姿势站在床的一侧，身体前倾，屈膝下蹲，两脚分开与肩同宽。

③将第一张床单铺在床上（包单、包边、包角），将正面向上，中折线居床的正中位置；均匀地留下床单四边，使之能包住床垫，先折好床的两个顶端，成信封状，然后将两边垂下的部分塞进床盒与床垫之间，折好的床角成90度，确保床单固定在位、平整并不会轻易移动。

④铺棉被：先将棉被套进被罩内，四角对称平整，再铺在床上与床单中线相重叠，折30厘米；被套的侧边开口，要将带系好。注意进房间第一张床被套开口方向朝向卫生间，第二张床被套开口朝向窗户，若被套开口在床尾时，均朝向床尾。

⑤装枕（装芯、定位、整形）：先将枕芯装入枕套，使四角均匀饱满，注意不宜用力拍打枕头；然后将枕头放在床的正中，距床头约5—10厘米；注意单人床枕头2个，要将枕套口对墙；双人床枕头4个，枕套口互对，两张单人床枕头各2个，枕套口反向于床头柜。

⑥将床推回原位：注意用腿部力量将床缓缓推进床头板下；最后，再检查一遍床是否铺得整齐美观。

图 2-4-2　湖州职院旅游专业学生为乡村旅游点铺床示范操作

由于各乡村旅游点的要求不同，因而铺床的方法多少有些差异，但目的是一样的，快速地为客人换上新的床单、枕套，努力做到整洁美观，各有农家特色，一定会受游客青睐。

10)擦拭灰尘,检查设备　从房门开始,按环形路线依次把客房各家具用品抹干净,不漏擦。在除尘中注意需要补充的客用品和宣传品数量,检查设备是否正常。注意擦拭墙脚线。

房门　房门应从上到下、内外面抹净;把窥镜、防火通道图擦干净;看门锁是否灵活;"请勿打扰"牌有无污迹。

风口与走廊灯　排风口和走廊灯一般是定期擦拭。擦走廊灯时应使用干抹布。

壁柜　擦拭壁柜要仔细,要把整个壁柜擦净;抹净衣架、挂衣棍;检查衣架、衣刷和鞋拔子是否齐全。

行李架(柜)　擦净行李架(柜)内外,包括面和挡板。

写字、化妆台

——擦拭写字台抽屉,逐个拉开擦,如果抽屉仅有浮尘,则可用干抹布"干擦",同时检查洗衣袋、洗衣单及礼品袋(手拎袋)有无短缺。

——擦拭镜柜、台面、梳妆凳,从上到下,注意对桌脚和凳腿的擦拭,可用半湿抹布除尘。

——擦拭梳妆镜面要用一块潮的和一块干的抹布擦拭。操作时要小心和注意安全。擦拭完毕,站在镜子侧面检查,镜面不要留有布毛、手印和灰尘等。

——擦拭台灯和镜灯时,应用干布擦去灰尘,切勿用湿布抹尘。如果台灯线露在写字台外围,要将其收好,尽量隐蔽起来。灯罩接缝朝墙。

——写字台上如有台历,则需每天翻面。

——检查写字台物品及服务夹内短缺和破旧物品,为添补物品做准备。

电视机　用干抹布擦净电视机外壳和底座的灰尘,然后打开开关,检查电视机有无图像,频道选用是否准确,颜色是否适度。如有电视机柜则应从上到下、从里到外擦净。

地灯　用干抹布抹净灯泡、灯罩和架。注意收拾好电线,将灯罩接缝朝墙。

窗台　先用湿抹布,然后用干抹布擦拭干净。窗的划槽若有沙粒,可用刷子加以清除。再检查一下玻璃窗的滑动性能。

床头柜　用干抹布擦拭,切忌用湿抹布。有电话机的,请用湿抹布先抹去话筒的灰尘及污垢,用酒精棉球擦拭话机外壳。试听电话是否有忙音。

装饰画　先用湿抹布擦拭画框,然后再用干抹布擦拭画面,摆正挂画。如果服务员身高不够,需要借助其他物品增高,应注意垫一层干净的抹布或拖鞋操作,防止弄脏其他物品。

空调开关　用干抹布擦去空调开关上的灰尘。

11)按规定的数量和摆放规格添补客用品和宣传品。用干净托盘带进已消毒的茶水具、玻璃杯等;更换添补物品均应无水迹和脏迹。

12)清洁卫生间　按卫生间的清扫程序操作。

13)吸尘　吸尘按地毯表层毛的倾倒方向进行,由里到外,梳妆凳、沙发下、窗帘后、门后等部位均要吸到,同时拉好纱帘、关好玻璃窗、调整好家具摆件。

用吸尘器吸净卫生间地面残留的尘埃。

14)离开各房之前自我检查和回顾一遍,看是否有漏项,家具摆放是否正确,床是否美观,窗帘是否拉到位等。如发现有遗漏及时补漏。

15)关掉空调和所有灯具的开关,最后环视一下检查是否有漏做的工作(如有应补做),然后将房门锁好。

16)登记客房清洁整理情况　每间客房清扫完成后,要认真填写清扫的进出时间,布件、服务用品、文具用品的使用和补充情况以及需要维修的项目和特别工作等。

3.卫生间的清扫程序

卫生间是客房中被客人特别注意的项目之一,因为其不少设备用品都要与客人的皮肤直接接触,又是客人沐浴、梳洗化妆的场所。卫生间是饭店等级水平的重要设施和标志之一,既要清洁美观,又必须符合卫生标准。

(1)卫生间清扫"十字诀"

卫生间的清扫程序也可用十个字来概括:

①开　开灯、开换气扇。

②冲　放水冲便器,滴入清洁剂。

③收　收走客人用过的毛巾、洗刷用品,以及垃圾袋。

④洗　洗洁浴缸、墙面、脸盆和抽水便器。

⑤擦　擦干卫生间所有设备和墙面。

⑥消　对卫生间各个部位进行消毒。

⑦添　添补卫生间的棉织品和消耗品。

⑧刷　刷卫生间地面。

⑨吸　用吸尘器对地面吸尘。

⑩关(观)　观察和检查卫生间工作无误后即关灯并把门虚掩。将待修项目记下来上报。

(2)卫生间清扫的具体操作程序

①开亮浴室的灯,打开换气扇。将清洁工具盒放进卫生间,有的饭店还在卫生间入口放上一块毛毡,防止将卫生间的水带入卧室。

②放水冲净便器,然后在便器的清水中倒入便器清洁剂,注意不要将清洁剂直接倒在釉面上,否则会损伤抽水坐便器的釉面。倒入清洁剂的目的是为下一步彻底清洁便器提供方便。因为便器清洁剂需要在便器中浸泡数分后才能发挥应有的效应。

③取走用过的"毛巾"。

④收走卫生间用过的消耗品,清理纸篓垃圾袋。

⑤清洁浴缸。

将浴缸旋塞关闭,放少量热水和清洁剂,用百洁布从墙面到浴缸里外彻底清刷,开启浴缸活塞,放走污水,然后打开水龙头,让湿水射向墙壁及浴缸,冲净污水。此时可将浴帘放入浴缸加以清洁。最后把墙面、浴缸、浴帘用干布擦干。

浴缸内如放置有橡胶防滑垫,则应视其脏污程序用相应浓度清洁剂刷洗,然后用清水洗净,最后可用一块大浴巾裹住垫子卷干。

擦洗墙面时,也可采取另外一种方法,即先将用过的脚巾放入浴缸,人站进浴缸用蘸上中性清洁剂的海绵或抹布清洁浴缸内侧的墙面,随后立即抹干。

用海绵块蘸少许中性清洁剂擦除镀铬金属件,包括开关、龙头上的皂垢、水斑,并随即用干抹布擦亮、擦干。

注意清洁并擦干墙面与浴缸接缝处的残液,以免发霉。

注意清洁浴缸的外侧。

清洁金属件时,注意不要使用酸性清洁剂,以免烧坏金属镀层。

清洁浴缸方法由上至下。

清洁脸盆和化妆台(云台)。

⑥擦干镜面。可在镜面上喷少许玻璃清洁剂,然后用干抹布擦亮。

⑦清洁便器。

用便器刷清洁便器内部并用清水冲净,要特别注意对抽水坐便器的出水孔和入水孔的清刷。

用中性清洁剂清洁抽水便器水箱、座沿盖子的内外及外侧底座等。

用专用的干布将抽水便器擦干。

浴缸、便器的干湿抹布应严格区别使用,禁止用"五巾"做抹布。

⑧对卫生间各个部位消毒。卫生间消毒的方法有多种,无论选用哪种方法,对卫生间都必须进行严格消毒。

● 客人退房后,服务员的第一项工作就是卫生间消毒。

用2%～3%的苏打水液擦拭消毒。

用"八四"肝炎消毒剂进行擦拭消毒。

消毒完毕,要紧闭门窗约2个小时,然后对客房进行通风。

显然,这种方法只适合饭店的淡季或搞计划卫生的时候。

● 擦拭完卫生间卫生洁具后,将含有溶剂的消毒剂装在高压喷罐中进行喷洒消毒。

● 在清洁剂中加入适量的消毒剂,或者采用杀菌去污剂,以达到清洁消毒的双重目的。用此种方法操作比较简便,但消毒剂的腐蚀性和有毒性会对人体造成损害,故必须小心使用并注意防护,最后还必须清洁和擦干所有痕迹和残留的余液,以免损伤客人的肌肤。

⑨补充卫生间洗漱用品。

⑩洗尘。为了适应住店客人日益重视卫生间清洁卫生的需求,特别是满足某些挑剔和有"洁癖"的客人的需要,不少饭店在抹净地面后,还特别用吸尘器对地面洗尘,以保证卫生间不留一丝线头、毛发和残渣。

最后,环视卫生间和客房,检查是否有漏项和不符合规范的地方。然后带走所有的清洁工具,将卫生间门半虚掩,关上浴室灯。

4.清扫卫生间的注意事项

(1)清洁卫生间时必须注意不同项目使用不同的清洁工具和清洁剂,绝不能一块抹布抹到底。

(2)卫生间的清洁卫生一定做到:整洁、干燥、无异味、无毛发、无脏迹、无皂迹和水迹。

(3)对于浴缸的旋塞,必须时可以取出来清洁。清洁时,需彻底冲洗滤网;重新安上旋塞时,要拧紧。清洁脸盆活塞亦然。

(4)可以在卫生间金属件表面上涂上一层薄蜡,以免因脏水溅污而产生铁锈。

(5)清洁卫生间必须配备合适的清洁工具和清洁用品,了解如何使用清洁剂和消毒剂,以有效地进行清洁卫生间的工作。

(二)接待服务介绍

对客人的接待服务工作包括三大环节:迎客服务、住客服务、送客服务。

1.迎客服务

客人到达前要做好准备工作,这是使其他环节得以顺利进行的基础环节。准备工作一

图 2-4-3　大树山庄的客厅

定要充分、周密,要在客人到达前完成。

（1）了解客人的身份、生活习惯,了解客人是散客还是团队,了解人数、性别等信息。

（2）布置好房间。

在客人到达之前,对客房内的家具设备、日用品、水电设备以及门锁等再进行一次全面的检查,有损坏的及时修理更换。前一天没有人住的房间,卫生间水龙头要放锈水。

（3）客人到达时,微笑问候,帮助客人提拿行李引领入房,介绍房内的设施设备的使用方法。

2.住客服务

客人住店后,各种需要多,而且要求快。客房服务员要做大量琐碎的、看起来很不起眼的工作。但是,"饭店服务无小事",这些若做不到、做不好,就会影响接待的服务质量,甚至影响饭店的形象。

对住客的服务,包括常规性服务和针对性服务两大类。常规性服务指客人入住后的日常服务工作,做好客房清洁卫生,确保客人安全和提供各种服务给客人方便和温暖。针对性服务是在分析不同客人的旅游动机和目的的基础上,采取不同的服务方法。

客人住在乡村旅游点客房期间,要严格执行已制定的服务规范和标准,服务质量控制主要是以预防为主,发现质量问题要及时纠正,避免重复发生。

3.送客服务

客人离开客房前最后的服务是接待工作的最后一个环节。对重要客人或常客,管理者应主动征求意见,掌握客人离开的确切时间,引领客人,把客人送到车上或大门口,热情道别。

四、乡村旅游点客房劳动管理

客房劳动管理就是合理选用和培训员工,科学组织员工劳动,用最少的劳动消耗,生产出更多的劳务产品。乡村旅游点一般的客房数不多,那么它主要是用人标准和提高员工的素质问题。

(一)客房劳动的特点

客房劳动是客房经营活动的基础,如果没有客房劳动,就无法进行客房的经营活动,对客人来讲,就无法消费到优质的客房劳务产品,客房本身的商品价值也无从实现。客房劳动的特点如下:

1.客房劳动并不创造任何实物产品

客房劳动是以客房商品进行反复加工整理及为客人服务为主要表现形式的,劳动结果并没有创造任何新的实物产品,只是提供了无形效用。判断劳动的质量就是依据客人对服务的满意度,所以这往往也增加了客房劳动管理的难度,管理者要注意调动客房服务员的积极性。

2.客房劳动具有间歇性和随机性

乡村旅游点的客流量不是很稳定,容易受季节的影响,因此,客房劳动的忙闲不均,不可避免地具有间歇性。另外,住在客房的乡村旅游客人需求各不相同,即使是同一人,也会有时间和内容的变化,这就使得客房服务员要随时准备放下手边的事情去满足客人的某项要求。工作的随机性大,难以实行劳动的定额。

3.乡村旅游点客房劳动的独立性

客房劳动人员的工作是地点分散的,往往是单兵作战,这给劳动管理带来了不方便,但是由于乡村旅游点的客房规模不大,还是便于管理者随时督导的。

4.客房劳动与消费者联系密切

客房劳动主要是对人的服务。它不是简单的体力劳动的付出,还必须根据客人的心理特点提供服务,这就需要员工有较高的素质。乡村旅游点的客房服务员多数未参加过培训,因此,为提高自己的接待水平,各乡村旅游点的经营者应加强员工的培训,促使他们掌握过硬的技术和人情化的服务语言。

(二)客房劳动管理的任务和要求

1.确定适当的招聘条件,选择素质较高的服务员

招聘员工时要注意选择忠实可靠、安心工作的员工,乡村旅游点客房数量不多,应根据合理的定额比例来安排,不要造成人才的浪费。乡村旅游点的经营者可以根据自家客房的特点来制订招聘计划,确定合理适用的招聘原则。

2.制定劳动定额,科学地组织客房劳动

客房劳动的劳动强度较大,乡村旅游点的经营者要在合理控制劳动成本的基础上,科学地制定劳动强度。每间客房的整理要求和清扫时间长短,客房管理者要做到心里有数,充分利用客房的人力资源,提高劳动效率,以较少的消耗创造更多的客房产品。

3.搞好员工的薪酬福利,调动员工的积极性

要根据员工的工作量和客房服务质量来计算员工所得的报酬,不能不分季节,不论工作多少,工资都一个样,除了应制定工资与奖金的标准,也可以有一些奖惩的办法来激励员工,以调动他们的劳动热情。

4.制定规章制度,执行劳动纪律

员工素质不高,一个重要的表现就是没有组织观念和纪律观念。经营者可以先制订好有关的业务规范和操作标准,贯彻执行以岗位责任制和质量责任制为中心的劳动制度。在员工岗前培训时,就强调有关的规章制度,严肃纪律,狠抓质量,使各项制度落到实处。

5.关心员工的健康,加强劳动保护

客房服务工作是复杂的,若有些乡村旅舍的条件差,就会有较多的不安全因素;经营者一定要关心员工,在员工上岗前应强调客房劳动的安全意识教育和操作技能的培训,平时多检查,及时改善劳动条件,消除安全隐患,加强客房劳动保护。

【信息链接】

崇明"乡村旅游点"泥土味为何淡了?

《新民晚报》记者探访前卫村56户旅游接待户,发现硬件配备了、卫生讲究了,但游客的兴致却高不起来———

住进农家小院,点上几盆农家特色的小菜,跟着农家主人一起干干农家活,同享农家的快乐与欢笑,"乡村旅游点"旅游以浓浓的"农"味,吸引着城里人下乡去。

吃在农家、住在农家,卫生干净吗?走在田间、游在乡村,"农"味还足吗?本报记者近距离探访崇明县前卫村56户"乡村旅游点"旅游接待户。

农家厨房灶头和消毒间为伴

农家大灶头上煮出来的大锅饭喷香,紧挨着灶头的是有空调和消毒设施的消毒间,再过去就是冷菜准备间。前卫村大部分乡村旅游点接待户的厨房宽敞明亮,生熟食品基本做到了分开,冷菜准备大多在有空调的冷菜间里完成,部分人家保留了农家灶头,几乎家家厨房新建了消毒间,统一品牌的大冷柜放着鸡、鸭、鱼、肉等冷冻食品,操作台上是各式农家新鲜蔬菜。

537号浦文兰家的招牌菜"活杀鸡毛菜"经本报宣传后,如今已名声大噪,来的客人第一句话就是"有没有活杀鸡毛菜",而浦文兰家也是村里少部分还保留后院自留地的农户,占据着厨房显眼处的是农家大灶。"城里来的客人都爱吃灶头上煮出来的饭,特别是金黄的锅巴,"浦文兰说,"因此一直保留着农家灶头。"

"农家菜大多已不是农家自留地里的菜,而是村里现代化蔬菜园艺场里出产的时令菜,鸡也不是各家各户散养的草鸡,而是村里养殖场里散养、半散养的鸡,被称为家户鸡。"520号主人顾建平说,"如今,在前卫村农家自家吃的蔬菜也是到园艺场买来的。"环顾顾家小院,全部铺上了地砖,宅前宅后确实没了自留地,院子里摆放上了某品牌啤酒广告,顾家儿子媳妇、女儿女婿都辞掉了市区不错的工作,回家经营"乡村旅游点"。

顾建平自有一套待客术,一道简简单单的凉拌崇明金瓜,他就能从金瓜的种植、做法、如何保证脆而不烂,滔滔不绝讲上半小时,因此,这盆标价8元的拌金瓜在游客眼里也"价有所值"。

农家家户鸡和圈养鸡的区别是城里来的市民最爱听的,吃过尝过,临走前,不少市民都会兴冲冲地拎上一只鸡回市区。

56户"乡村旅游点"接待户做出的农家菜,价格家家不同,拌黄瓜、金瓜等崇明农家特色蔬菜贵的在八元,便宜的三、五元,荤菜价格上下差更大,村里表示,"不久将出台统一的农家菜价格"。

农家客房床单雪白被子清爽

农家客房床上都铺上了雪白的床单，"目的是给人一种干净卫生、一眼看得到的清爽感觉"。据介绍，以前前卫村"乡村旅游点"客房里用的是农家特色的花格子床单，虽有农家特色，但白色的床单更能赢得市区游客的信赖。而被套、枕套各家各户还保留着自家的风格，花被子、格子被子都有。

村旅游接待负责人介绍说："村里规定，每户需按床位数的 3 倍配备床单、被套、枕套。每天，村里都会派专人到各家各户收集换下来的床上用品，送到县里宾馆统一消毒清洗。"记者在采访中发现，并非所有农户都愿意集中清洗床上用品，自己用洗衣机洗的也不少，但大多表示会做到严格消毒。

目前，前卫村 56 户"乡村旅游点"经营户已全部评上了星级，其中 10 户为三星，其余为一、二星，三星有独立卫生间的客房价为每天 110 元，三星无独立卫生间的房价为每天 100 元，一、二星房价为每天八九十元，均为一个楼层同用一个卫生间。村里规定，所有"乡村旅游点"客房床上用品一客一换，三星为一天一换，卫生间一次性洗漱用品也做到了由村里统一配送，每天更换。

【知识学习】　客房基本设计种类

【信息链接】

客房基本设计种类

单人房：分一张大床或一张小床两种，面积最好 7—10 平方米。

双人房：分一张大床或两张小床两种，面积最好 10—12 平方米。

三人房：分三张小床或为家庭客人准备的一张大床加一张小床两种组合，面积最好 10—13 平方米。

四人房：分两张大床或四张小床两种，面积最好 10—15 平方米。

通铺：在休闲地区最常见，比如炕床或榻榻米。可以住 5—8 人，面积最好 20—30 平方米。

套房：隔有一间起居室，通常为重要客人设计，空间需要大一点，所以面积最好在 20 平方米以上，设备要豪华一些。

【思考作业题】

1. 客房在乡村旅游点中处于什么样的重要地位？

2. 客房有哪些种类？乡村旅游点的客房美化装饰应注意什么？

3. 客房服务员应具备怎么样的素质？

4. 分析不同住客类型的客房服务需求有什么不同？

5. 引领客人进房的服务规格是怎样的？

6. 客房清洁整理的准备工作有哪些？

【项目操作】

● 实训项目名称：乡村旅游点客房清理

● 实训项目要求：掌握走客房清洁整理的技能。

● 实训项目操作步骤：(1)布置布草车，进房；(2)开灯；(3)开空调；(4)拉开窗帘；(5)观察房内情况;(6)检查房内小酒吧和电冰箱内的饮料食品;(7)撤出房内用完的餐车;(8)撤出用完的杯子和烟灰缸;(9)收集垃圾;(10)撤下床上用品;(11)铺床;(12)抹尘;(13)补充房间用品;(14)清洁卫生间;(15)吸尘;(16)调节空调;(17)自我检查;(18)关灯、关门。

● 实训项目考核评分标准:

序号	操作内容	操作要点	评分标准	配分	扣分	得分
1	准备	将清洁用品以及所需要的客房用品整齐地摆放在布草车中	准备不充分	5		
2	清洁整理	敲门	未敲门扣2分; 未通报自己的身份和目的扣3分。	5		
		整理卧室及卫生间	未清理垃圾扣2分; 清洁方法不正确扣3分; 清洁工具使用不当扣5分; 低值易耗品不补充或补充不完整扣5分; 卫生间洁具不洁净5分。	20		
3	检查	检查有无遗漏之处或者清洁工具留下	有漏项或者清洁用具留下扣5分	5		
4	关灯、关门	关灯、关门	未关灯扣3分。	3		
5	登记	在登记表上记录	未及时登记扣2分。	2		
6	合计			40		

教学项目5 乡村旅游点餐饮服务与管理

【案例学习】

"农家乐"的泥土味

住进安吉报福的普通农家小院,点上几盆农家特色的小菜,跟着农家主人一起干干农家活,同享农家的快乐与欢笑,"农家乐"旅游以浓浓的"农"味,吸引着城里人下乡去。吃在农家、住在农家,卫生干净吗? 走在田间、游在乡村,"农"味还足吗?

农家大灶头上煮出来的大锅饭喷香,紧挨着灶头的是有空调和消毒设施的消毒间,再过去就是冷菜准备间。大部分农家乐接待户的厨房宽敞明亮,生熟食品基本做到了分开,冷菜准备大多在有空调的冷菜间里完成,部分人家保留了农家灶头,几乎家家厨房新建了消毒间,统一品牌的大冷柜放着鸡、鸭、鱼、肉等冷冻食品,操作台上是各式农家新鲜蔬菜。

报福的招牌菜土鸡经过几年的宣传后,如今已名声大噪,来的客人第一句话就是"有没有土鸡"。占据着厨房显眼处的是农家大灶,"城里来的客人都爱吃灶头上煮出来的饭,特别是金黄的锅巴,因此一直保留着农家灶头"。

农家家户鸡和圈养鸡的区别是城里来的市民最爱听的,吃过尝过,临走前,不少市民都会兴冲冲地拎上一只鸡回市区。

图 2-5-1　土鸡汤(1)

图 2-5-2　竹筒田鸡

【讨论与思考】

如何理解乡村美食旅游产品?

【提示】

报福镇位于浙江安吉县东北,天目山北麓,与杭垓镇有着极为丰富的旅游资源、一流的生态环境、独特的畲族文化与民风民情,是发展长三角地区休闲、度假区的良好场所。本世纪,政府部门因势利导,根据当地旅游资源现状,策划了一系列美食旅游主题活动,取得了良好的经济效益和社会效益,有力地推动了新农村建设,特色美食有报福的土鸡、安吉农家蔬菜、安吉竹筒田鸡、安吉船头鱼等。

【基本知识】

一、乡村旅游点餐饮服务概述

(一)乡村旅游餐饮的地位

1. 餐饮是乡村旅游基本要素

吃、住、行是乡村旅游的几个基本要素,大批游客除了领略当地农家的生活情趣外,还需要品尝当地的饮食风味。乡村旅游为游客提供原汁原味的农家菜,欣赏风景如画的优美环境和享受优良卫生的农家服务,不仅可以满足客人物质和精神方面的需求,而且乡村旅游服务者以其高超的、带有乡土气息的烹调艺术,独具特色的饮食产品,还能满足旅客求异心理方面的需要。可以这样认为:乡村旅游餐饮本身也可以成为旅游资源,能广泛吸引国内外旅游者。

2. 餐饮商品质量是乡村旅游商品质量的重要标志

客人在乡村旅游,餐饮是满足客人基本生活需要的主要服务内容。因此,乡村旅游餐饮的清洁卫生程度、口感口味、环境卫生、服务员的服务态度与效率等都会对客人产生较为深刻的影响。所以,餐饮商品质量如何,将直接关系到客人对乡村旅游的总体评价。

3. 餐饮收入是乡村旅游经济收入的重要组成部分

因为餐饮收入一般要占乡村旅游全部营业收入的 50% 以上,利润非常高。在农家,餐饮商品的原材料到处都有,成本低,而且材料新鲜并富有乡土气息,深受游客喜爱。所以,乡村旅游也可以通过推出农家餐饮品牌来带动利润的提高。

（二）乡村旅游餐饮的特点

1.原材料新鲜，口味醇正

乡村旅游餐饮往往就地取材，从而确保了原材料新鲜，对于客人来说原汁原味的土家菜口味平时很少能吃到，故在节假日、双休日城里人能到乡村换换口味，将是十分有趣的事情。

2.价格经济实惠

乡村旅游提供的菜肴大都是家常菜，所以成本比较低，价格不高，有广泛的顾客群体，男人、女人、年轻人、中老年人、小孩、工人、职员、干部、企业家、文化人等应有尽有；消费者也有各种各样的情况：有一两个人的，也有两三个人的，还有十个八个甚至几十个人一起来的；有只点几个菜的，也有包上一桌甚至几桌的；有只玩一天的，也有玩上经济实惠的三五天甚至住上十天半月的；等等。例如2010年"五一"期间一队上海游客在湖州长兴竹情山庄结账，265元一个人，1位60元一天，住了3天（包吃住）＋85元来回接送费用，十分物有所值。

3.生产条件有限，卫生质量不易控制

由于乡村旅游在烹饪原料、调料、厨师的烹调技术以及餐具、就餐环境和服务员的服务规范等方面都很难达到餐厅宾馆的水平，所以烹制出的菜肴当然更是难以令城里人满意，尤其是卫生状况不尽如人意，这与农村长期形成的卫生习惯和思想观念有关。

图 2-5-3　厨房　　　　图 2-5-4　农家灶头　　　　图 2-5-5　灶背

（三）乡村旅游餐饮的基本标准

1.厨房布局

乡村旅游点的厨房设计一般比较简单，往往厨房设备较多，而所需生产人员不多，应按U型布局，将冰箱、冰柜和加热设备沿四周摆放，留一个门或出口供人员、原材料进入，这样的布局，人在中间操作，取料操作方便，节省跑路距离，设备靠墙摆放，可以充分利用墙壁和空间，显得更加经济和整洁。

厨房环境设计的好坏直接影响厨师的工作情绪和身心健康，洁净整洁的工作环境能提高劳动效率，加快工作速度和质量。

2.厨房排烟设施

厨房最好采用自然风窗，应与夏季主导风向一致，要保证厨房油烟不四处扩散、不污染餐厅，仅靠自然通风是不行的，必须借助换气扇等通风排烟设施。

3.厨房消防设施

农村消防意识一般比较薄弱，一旦发生厨房失火事件，往往很难控制。所以厨房需要配备灭火器、防火毯、黄沙等消防设施，一旦出现险情可以马上解决。

4.厨房墙面装饰

厨房的墙壁应该平整光洁,无裂缝凹陷,经久耐用和易于清洁,以免藏污纳垢。由于厨房墙壁和天花板一样,处于湿度较大的环境,因此为了便于清洁和防止霉变,厨房墙面至天花板应铺满瓷砖。

厨房地面通常要求耐磨,能承受重压、耐高温、耐腐蚀、不吸水、不抽油、防滑、易清扫。这方面的铺面材料有钢砖、耐磨塑料砖等,另外要求地面平整而不积污垢,并有一定倾斜度,冲洗后地面不应积水。临近灶台墙面装饰宜贴瓷砖或其他易擦洗的墙面装饰材料。

5.设专用冰箱

厨房里应备具有冷藏及冷冻功能的冰箱和冰柜,用来储存需要保鲜的原材料和食品,特别是在夏季,温度高,食品和原材料容易腐坏变质,所以要配备专用的冰箱。

6.食品贮存

食品贮存生熟分开,防止食品之间相互窜味,延长原材料和食品的保质期限。

7.消毒设备

厨房里需要有专用的碗、筷餐具消毒设备,最好有专用的消毒柜。洗完碗、筷后,直接放入消毒柜中,直到第二天使用消过毒的碗、筷为客人提供服务。

8.菜肴

"三餐"食品原料做到时令新鲜,提供当地农家特色菜肴,根据客人要求可提供夜宵或加餐服务。现在农家菜的原料比较新鲜但口味一般或者质量不稳定,有部分客人的口味还是比较挑剔的,觉得不是很满意。

针对这种情况,可以统一请高档饭店的大厨给乡村旅游点的厨师上几堂课,互相讨论和学习,比如鸡怎么烧比较好吃,大家可进行探讨研究,这样可以提高乡村旅游点厨师的水平。

图 2-5-6　2009 年吴兴区农家乐烹饪比武大赛

9.服务热情、规范

乡村旅游的服务需要有礼有节,在交往时通过言、行、仪态相互表示敬重或友好。在社会生活和服务过程中,它体现了时代的风格和道德品质。这就要求我们服务人员要精神饱满,面带笑容,为客人服务时做到诚恳、谦恭、和善、行为举止有分寸。

二、乡村旅游点特色美食开发

俗话说,民以食为天,大批游客到乡村来旅游,除了欣赏当地的田园风光和山水美景,领略淳朴自然的生活情趣外,还有一个重头戏,就是要品尝各种独具风味的餐饮佳肴。都市污染越来越严重,各种添加剂和食品原料屡屡爆出"有毒"新闻,因此,长期生活在城市里的人们,对原材料新鲜、卫生、口味醇正自然的农家餐饮十分向往,这也是城市里各种"乡村旅游"、"土菜馆"越开越火的原因。但是,想要吃到原汁原味的农家菜,还是得亲自到乡村来,因为这里有优美的环境、热情的服务、实惠的价格,最重要的是,游客在这里能感受到带有浓郁乡土气息的烹调艺术,这也是一种独特的文化体验。因此,在乡村旅游的产品规划中,餐饮显得尤为重要。

乡村旅游点餐饮工作重点包括餐饮环境设计、乡村饮食的设计和乡村食俗的开发。

(一)餐饮环境设计

与所有提供餐饮的饭店、餐馆一样,乡村旅游的就餐环境首先要讲究干净、安全、卫生。在此基础上,乡村餐饮要突出"乡土性",餐饮环境的营造是突出乡土性的一个重要表现。

首先,乡村餐厅的环境营造应以农家生活为主题,如采用传统的四合院、茅草屋等造型来进行开发与设计。在餐厅内部的布置上应尽量运用农业及乡村文化特性来塑造气氛,如墙上挂上几串红辣椒、玉米棒子,在餐厅一角展示传统的锄头、牛车、斗笠、蓑衣等农耕器具,甚至连餐厅使用的桌椅餐具,也要尽量选用具有农家风味的板凳和碗筷。另外待客用的餐具和器皿也可以使用地方特色的餐具,如农家使用的碗、盆要尽量粗一些、"土"一些,土钵陶盆才能体现出浓郁的乡土气息。

(二)乡村饮食的设计

乡村饮食是指广大农村所制作的乡土风味食品,它有着原汁原味的乡土风味,是当今时尚的"绿色食品"之源。

乡村饭店的菜谱应有别于都市餐饮文化。"故人具鸡黍,邀我至田家",白鸡黄黍,颇具诗意。"夜雨剪春韭",客人也可亲为,院里瓜果桌上菜,现采现烹,绿色环保。

首先经营者在设计菜谱时要对本地的农家食物进行筛选,把那些旅游者感兴趣的食品挑选出来。根据目前的市场状况来看,旅游者或城里人比较喜欢的食品主要有以下特征:第一选用当地特色原料制作而成;第二是当地比较有名的传统食物,如洪泽湖边上的"小鱼锅贴"、东北山村的"小鸡炖蘑菇"、黎族的"竹筒饭"等;第三按照乡间做法烹制而成,例如在以米饭为主食的乡村,大多都使用铁锅、柴火烧饭,烧出来的味道特别香;第四符合现代饮食潮流。在饮食上,健康、营养、"绿色"无公害无疑是现代潮流,而一些乡间传统的食物,正越来越成为城里人的"新欢",因为这些"粗、杂、野"的食物中,含有现代健康饮食所不可或缺的成分。

其次,在对农家饮食进行筛选的同时,还要对其进行改造。如在有的乡村,人们的饮食习惯口味较重,油盐酱醋等调料放得比较多,这就与城里人追求的清淡饮食理念有些冲突,因此要适当地对一些乡下美食进行改造,使之更符合城里人的胃口。

再次,对乡间的一些食品,开发者还应该在包装方面下工夫。俗话说,人靠衣装马靠鞍,把一些常见的民间食品用城里人喜好的概念、方式包装起来,其价值就会大大提高。这种包装主要涉及以下几个问题:第一是食物的名称,要听起来别有新意,叫起来朗朗上口,如"大娘水饺"、"傻子瓜子",既"土"又韵味十足;第二是烹饪、饮食器具,同一种食品,用不同的器皿烹饪或盛装,其效果就会不一样,如云南黎族的"竹筒饭",湖南的浏阳蒸菜,端上来就能给人一种耳目一新的感觉。

(三)乡村食俗的开发

1.节令食俗

在民间,很多节令都有特殊的饮食内容,如端午的粽子、中秋的月饼、冬至的饺子。这些因为被普遍化,已经没有多少新意了。因此,开发者应该在城里人不熟悉或不知道的节令食俗上做文章,如江淮一带立春时吃的"五辛盘"和"探官茧"、杭州立夏旧俗的"三烧、五腊、九时新"。

2.待客食俗

待客食俗在我国乡村有很多丰富的花样,如在北方农村,有"女子不上桌"之俗,还有"留碗底"之俗,即客人餐毕碗中若留有剩余食物,则表示对主人的大不敬。在湖南湘西一带,有"泡炒米茶"之俗,即接待客人时首先要上一碗炒米茶,以示为客人接风洗尘。从这些待客食俗中,开发者都可以发现餐饮开发的商机。

3.礼仪食俗

礼仪食俗是指在很多乡村,在置办红白喜事或其他仪式时有一些特定的饮食习惯。如有的地方在小孩周岁的"抓周"仪式中,让小孩吃鸡蛋、面条,预兆未来健康顺利。在浙江泰顺等地,酒筵有"退筵吃"之俗,即一餐分两段吃,先吃饱,暂散席,复席后再慢慢饮酒。

【阅读材料】

1.翻盘

服务员小王自职业学校来到农家乐餐厅后,经过培训很快就成为餐厅的服务好手,人长得漂亮,身材又好,穿一双中跟皮鞋,更显婀娜多姿。可是有一次,在做服务时,小王却在众目睽睽下一个趔趄将手中的托盘打翻,造成一次重大的服务差错。

2.情人度假用餐服务

小张毕业前的实习劳动安排在某乡村的度假型饭店里服务。由于近来正逢淡季,生意清淡。这天中午,来了一对男女青年,引位员将他们带到小张值台的区域。小张非常热情地开始了服务,从接受点菜到上菜、斟倒酒水饮料、分类、派类,她始终侍候在旁。用餐完毕,男青年向小张索要留言本,小张喜滋滋地接过客人写毕的留言本一看,却是批评意见。

【课堂讨论】

阅读材料给我们的启示是什么?

【讨论提示】

1.翻盘:问题出在其脚上的中跟鞋。中跟鞋虽然能使体态增色,同时也给服务留下隐患,因此餐厅服务人员在岗时应着黑色布鞋或平跟鞋。

2.情人度假用餐服务:情人度假用餐,这是两个人的天地,不希望有许多的干扰,哪怕是出自热情、主动服务的干扰。因此在服务时,我们应了解用餐者的心理状态。

三、乡村旅游点服务常用基本礼仪

(一)餐饮服务礼仪规范

餐厅服务人员的仪表、仪容、仪态的基本要求:

1.仪表

衣服要整齐干净,注意保持衣服袖口、领口处清洁。衣服应扣的扣子要扣好,衣服的衬里不可露出,不要挽袖子卷裤腿。男、女服务员均以深色皮鞋为宜,袜子颜色要略深皮鞋颜色。

2.仪容

男服务员不留长发,后面的头发不长到衣领,不留胡须,要修面;女服务员的头发不可长到披肩,但必须化淡妆,不准佩戴首饰,不准留长指甲、涂指甲油,不准使用刺激性的香水。

3.仪态

餐厅服务人员的站姿应是端庄、挺拔,体现出优美和典雅。坐姿要端正,表现出坐的高贵和娴雅。步态应轻盈、稳健。一般要靠边行走,不能走中间,不可跑步,不可与客人抢道。接待客人时,手势的运用要规范和适度,谈话中手势不宜过多,幅度不宜过大。如为客人指点方向时应正确采用"直臂式",请客人进入时应用"横摆式"等。

同时需要注意手势运用时要和面部表情及身体各部分调节,以免显得很僵硬,给客人造成误解。

4.服务人员在接待中要热情适度、耐心周到,对宾客的态度反应敏感,虚心接受客人意见,遇事要冷静、沉着,表情要端庄大方。自控能力要强,要自己保持良好的心态。

(二)领台服务人员礼仪

客人到来时要热情相迎,主动问候。在引领客人时,应问清是否预约、几位,然后把客人引到合适的座位。这主要根据客人的身份、年龄等来判定。宾客就餐完毕离开时,要有礼貌地欢送,目送宾客离开。

(三)值台服务人员礼仪

值台人员服务礼仪主要包括开菜、点菜、斟酒、派菜、分菜时的服务礼仪。客人被引到餐桌前,要主动问好,给客人拉椅让座,递香巾。递香巾时,可双手捏住香巾递到客人面前,也可用不锈钢夹夹起香巾送给客人。

客人如点饮料,饮料应放在客人的右侧,然后打开饮料瓶盖。同时需注意要用右手拿瓶,露出商标,将饮料缓缓倒入饮料杯中,不宜倒得太满,也不可倒太快。拉开易拉罐时,不要将罐口冲向客人。如客人没点饮料,则一定要上茶,茶杯放在垫盘上,轻轻放在桌上,把茶杯把手转向客人右手方可。

客人如预先没有定菜,值台服务人员要站在主宾旁,躬身双手将菜单递上,请客人点菜。点菜时可适当地向客人推荐本地特色名菜。菜单一般先递给主宾、女宾或者长者。点好的菜名应准确迅速地记在菜单上,一式两份,一分送给厨台值班,一分送给账台。

快开席时,值台服务人员应将主宾、主人的口布从水杯内拿出,从第一道菜开始,值台服务员应为客人斟上第一杯酒。斟酒、分类的顺序是:男主宾、女主宾,从正主位左侧开始,按顺时针方向逐位斟酒,最后再斟主位。

当主人、主宾祝酒和讲话时,服务员应停止一切活动,站在适当位置。斟酒时,应先斟烈性酒,后是果酒、啤酒、汽水饮料。服务人员在斟酒、上菜、分菜时,手臂应搭一块干净餐巾,以备擦酒滴、饮料滴等用,但不可擦自己的手。

斟酒时,一般右手拿酒瓶,左手拿杯缓缓倒入,特别是啤酒,开始倒要把瓶口放到杯的正中内快点倒入,一面倒,一面把瓶口慢慢移到杯边,而且倒的速度也由快到慢,以防啤酒的泡沫上升溢杯。啤酒倒好一般以7分液体,2分泡沫为好。

（四）走菜服务人员礼仪

走菜主要指上菜、端菜、撤换餐具。

1.上菜,一般在十分钟内把凉菜送上台,二十分钟内把热菜送上台。上菜要求快,特别是午餐。主食由服务员用右手放在客人的左侧。最后一道菜是汤,饭后上茶。上菜时要轻、稳,看准方向,摆放平稳,不可碰倒酒杯餐具等。

上菜还要讲究艺术。服务员要根据菜的不同如孔雀、凤凰等主盘,以及整鸡、鸭、鱼的头部要朝着主宾。上好菜后,服务员退后一步,站稳后报上菜名。

2.端菜一定要用托盘,不可用手直接端拿,更不允许大拇指按住盘边或者入盘内。端菜的姿态是既稳又美,具体要求是用五指和手掌托起,托盘不过耳,托盘不能太低,托盘边太靠近耳朵及头发是不雅的,重托时可用另一只手扶着托盘。

3.撤换餐具时要先征询客人同意。撤换时一定要小心,不可碰倒其他新上的菜、汤。撤换的餐具要从一般客人的右侧平端出去。如果菜汤不小心洒在同性客人的身上,可亲自为其揩净,如洒在异性客人身上,则只可递上香巾,表示歉意。

（五）厨台服务人员礼仪

厨台服务人员上岗前要整理环境卫生和个人卫生。厨台卫生主要包括:厨台、砧板、刀、地面和墙壁卫生。厨台要清洁、整齐、美观。服务员要彻底洗手,梳理头发,整理面容,穿白上衣,系上围裙,工作服一定清洁。在操作时,一定要养成良好的卫生习惯。如不用袖子擦脸、擦汗,不能在操作现场打喷嚏等,也不允许边操作边吸烟等。

四、乡村旅游点餐饮服务要求与规范

（一）托盘服务的规范

操作时,要求讲究卫生、稳重安全、托平走稳、汤汁不洒、菜形不变。

轻托一般用左手,方法是左手向上弯曲,小臂垂直于左胸前,肘部离腰部约15公分,掌心向上,五指分开,以大拇指端到手掌的掌根部位和其余四指托住盘底,手掌自然形成凹形,掌心不与盘底接触,平托于胸前,略低于胸部。

左脚朝前,把左手和左肘放到与托盘同样的平面上,如果有必要,可屈膝和腰,用右手紧紧地把托盘放到左手和左肘上,使托盘最外面的边放在左手肘上,而托盘其余的部分仍留在原来所在的平面上;伸平左手和左肘,把整个托盘放在平肘上;用右手调整托盘上各种物件的位置,确保托盘安全平衡。

端托盘要严格按照操作规范的要求去做,即使是端轻的、小的托盘,也要郑重其事地对待。用大拇指按住盘边,以另外四指托盘底的做法,是对工作的轻率和对宾客不礼貌的举动,是不符合端托盘的操作规范的。

行走时要头正肩平,上身挺直,目视前方,脚步轻快,动作敏捷,精力集中,步伐稳健。随着步伐,托盘在胸前自然摆动,以菜汁、酒水不外溢为限。

一到达目的地,就把托盘小心地放在一个与已经选择好的平面相反处,千万不要在没有放好托盘之前就急于取出上面的东西,那样做容易造成不必要的麻烦。

用轻托的方式给宾客斟酒时,要随时调节托盘重心,勿使托盘翻掉而将酒水泼洒在宾客身上。

随着托盘内物品的不断变化,重心也要不断地变化,所以左手手指应不断地移动,以掌握好托盘的重心。

从托盘上取物品时,要从两边交替端下。

卸下的盘碟要摆放合理,托盘内的剩余物品要集中在一起,并要摆放整齐。

(二)餐巾折花的规范

餐巾,也称口布。由于餐巾对美化席面、渲染宴席气氛、清洁卫生等方面有很好的作用,深受宾客的欢迎,使用日益广泛,已成为不可缺少的既有欣赏价值又有实用价值的摆设。

餐巾花的种类很多,凡能叠成一定的实物形状,具有一定的欣赏价值,又适用于酒席宴会场合的花形都可采用。现在已使用的餐巾花有二百多种,常用的也有二三十种,大致上可以分为花草类、飞禽类、蔬菜类、走兽类、昆虫类、鱼虾类和实物造型类。

将餐巾花插入水杯的称为"杯花",平放在骨盘上的称为"盘花"。通常中餐用杯花,西餐用盘花。

餐巾折花的新趋势是美观大方、造型简单、叠法快捷。中西餐均倾向于大量使用盘花。

餐巾折花的基本手法:

1.折叠

将餐巾一折为二、二折为四或者折成三角形、长方形等其他形状。折叠的要求是:要熟悉基本造型,叠时要看准折缝线和角度一次叠成,避免反复,否则餐巾上就会留下一条条折痕,使餐巾不挺,影响美观。

图 2-5-7　湖州职院旅游专业学生为乡村旅游餐巾折花示范操作

2.推折

推折就是将餐巾叠面折成褶裥的形状,使花型层次丰富、紧凑、美观。打折时,两个大拇指相对成一线,指面向外。再用两手中指按住餐巾,并控制好一个折裥的距离,拇指、食指的指面握紧餐巾向前推折至中指处。用食指将折裥挡住,中指腾出去控制下一个折裥的距离。三个手指互相配合,要求均匀整齐,距离相等,每裥的高低、大小、宽度根据花型的不同需要而定。推折,可分为直线推折和斜线推折两种方法:折两头一样大小的折,用直线推折;折成一头大一头小或折成半圆形或弧圆形,则可用斜线推折。

3.卷

卷的方法可以分为直卷和螺旋卷两种。直卷时,餐巾两头一定要卷平。如采用螺旋卷可先将餐巾折成三角形,餐巾边要参差不齐。不管是直卷还是螺旋卷,餐巾都要卷紧,不然就会在后面的折花中出现软折。

4.翻拉

翻拉大都用于折花鸟。操作时,一手拿餐巾一手将下垂的餐巾翻起一只角,拉成花卉或鸟的头颈、翅膀、尾巴等。翻拉花卉的叶子时,要注意对称的叶子大小一致,距离相等。拉鸟的翅膀、尾巴或头颈时,一定要拉挺,不要软折。

5.捏

捏的方法主要用于做鸟头。操作时,先将鸟的颈部接好,然后用一只手的大拇指、食指、中指3个指头,捏住鸟颈的顶端,食指向下,将餐巾一角的顶端的夹角向里压下,大拇指和中指将压下的角捏出尖嘴。

上述五种手法是最基本的手法,掌握了这些基本手法后,经常模仿、练习和创新,就能折出多种多样美观大方的餐巾花。

(三)摆台的规范

摆台,就是为客人就餐摆放餐桌、确定席位、提供必需的就餐用具的工作,它包括餐桌的布局、铺台布、安排席位、准备用具、摆放餐具、美化席面,等等,它是一门技术,是餐厅服务中一项要求较高的基本功。

中餐零点摆台:

中餐零点摆台要根据餐别,按照服务规格摆好餐具和台上其他用品。摆放餐具时要求图案对正、距离匀称、整齐美观、清洁大方、便于使用。

桌面摆放:

1.准备桌面所需餐具、用品

餐具准备主要依据参宴人数、桌数、标准菜单等。

(1)个人席位:餐碟、筷子及筷套、筷架、调味碟、调羹、餐巾、白酒杯、啤酒杯、葡萄酒杯、口汤碗。

(2)公用餐具及其服务用具:公筷、公勺及公筷餐架、牙签盅、烟缸、花瓶、台布、台号、小毛巾、火柴、托盘、启盖扳手、口汤碗、餐碟等。

2.铺台布、放转台、椅子定位

操作前要洗净双手。检查台椅是否完好稳妥。按要求铺台布,围上桌裙;台布铺好后,再放转台,要求转台的圆心与圆桌中心和台中心三点相重合;再将椅子定位。

3.摆餐具

(1)摆餐碟定位:将餐具摆入垫有布巾的托盘内,然后左手托盘从主人座位处开始按顺时针方向依次用右手摆入餐碟定位,要求盘边距桌边为1厘米,盘与盘之间距离相等,盘中店徽等图案要对正。

(2)摆筷子架、筷子:将筷子架摆在餐碟的右上方,再将带筷套的筷子摆放在筷子架上。要求筷子的后端距桌边1厘米,距餐碟1厘米,筷套的图案要向上。

(3)摆搁碟或口汤碗、调羹:将搁碟或口汤碗放在餐碟的左前方,距餐盘1厘米,然后将调羹摆在搁碟或口汤碗上,调羹把朝左。

(4)摆酒具:中式宴会一般使用三杯,即水杯、葡萄杯、白酒杯。先将葡萄酒杯摆在餐碟的正前方,白酒杯摆在葡萄酒杯的右侧,与葡萄酒杯的距离约为 1 厘米。将折叠好的餐巾花插放在水杯中,将杯摆在葡萄酒杯的左侧,距葡萄酒杯约 1 厘米。三个杯要横向成一直线。

(5)摆公用餐具:在正、副主人酒具的前方,各横放一双垫有筷子架的筷子,用来夹菜的一端向左,手持有一端向右。

(6)摆牙签:摆牙签有两种方法:一种是用牙签桶,将其摆在主人位上公用餐具的左侧,另一种方法是把袋装牙签摆放在每位宾客餐具旁边,袋装牙签一般都印有本店标志,要注意摆放方向。

(7)摆烟缸、火柴:烟缸分别摆在正副主人的右边,位置在两个餐碟之间,或者摆放在公筷的右边,火柴摆在烟缸上,正面向上。

(8)摆放菜单、台号:在通常情况下,10 人餐台放 2 份菜单,10 人以上餐台放 4 份菜单,菜单摆在正、副主人筷子的旁边,菜单的下端距桌边 1 厘米。摆 4 份菜单时,除正、副主人旁边各放一份外,另两份放于正副主人之间位置居中的宾客旁边。菜单也可以竖立摆放在水杯旁边。高档宴会,菜单也可每人一份。台号牌放在花瓶左边或右边,并朝向大门入口。

(9)检查摆台、放上花瓶:全部餐具摆好后,再次整理,检查台面,调正椅子,最后放上花瓶,以示结束。

(四)斟酒的规范

服务员掌握一般的斟酒方法和有关知识,对做好服务工作是十分必要的。

介绍与斟酒基本技能相关的酒水的准备、酒杯的准备、酒瓶的开启、斟酒的顺序等内容。

1.酒水准备和示酒

各种酒席预定的酒品应事先备齐,服务员要了解各种酒品的最佳奉客温度,并采取升温或降温的方法使酒品适合饮用。

(1)冰镇(降温)

①冰镇的目的

许多酒的最佳饮用温度要求低于室温。啤酒最佳饮用温度为 4℃～10℃,白葡萄酒饮用温度为 8℃～12℃,香槟酒和有汽葡萄酒饮用温度为 4℃～8℃,所以要求对酒进行冰镇处理。最佳的奉客饮用温度是向客人提供优质服务的一个重要内容。

②冰镇的方法

冰镇(降温)的方法通常有用冰块冰镇和冷藏冰镇两种。冰块冰镇的方法是:准备好需要冰镇的酒品和冰桶,并用冰桶架放在餐桌一侧,桶中放入冰块,冰块不宜过大或过碎,将酒瓶插入冰块中。一般十几分钟,冰镇即可达到效果。冷藏冰镇的方法则需要提前将酒品放入冷藏柜内,使其缓缓降至饮用温度。

除对饮用酒进行降温处理外,对盛酒品用的杯具也要进行降温处理,其方法是:服务员手持酒杯的下部,杯中放入一块冰块,摇转杯子,以降低杯子的温度。

(2)温酒(升温)

①温酒的目的

某些酒品(如黄酒中的加饭酒)需要饮用前将酒温升高至 60℃左右,这样喝起来更有独特滋味,这也是一种习惯做法。有些外国酒也有经升温后饮用的。

②温酒的方法

温酒的方法有水烫、烧煮、燃烧、将热饮料冲入酒液或酒液注入热饮料中升温等四种，水烫和燃烧一般是当着客人的面操作的。

（3）示酒的方法

服务员站在点酒客人的右侧，左手托瓶底，右手扶瓶颈，酒标朝向客人，让客人辨认。示酒是斟酒服务的第一道程序，它标志着服务操作的开始。

在上台示酒前，要在工作台上拭净瓶口、瓶身，检查酒水质量，如发现瓶子破裂或酒水变质，要及时调换。

2. 准备酒杯

服务员要了解什么样的酒应配什么酒杯和酒杯的清洁卫生标准以及操作方法。备有为各种不同的酒而设计的酒杯对专门销售餐饮是非常重要的。如啤酒杯的容量大，杯壁厚，这样可较好地保持它冰镇过的效果。葡萄酒杯做成郁金香花型，是考虑到当酒斟至杯中面积最大处时，可使酒与空气保持充分接触，让酒的香醇味道更好地挥发。烈性酒杯容量较小，玲珑精致，使人感到杯中酒的名贵与纯正。无论用什么样的酒杯，清洁卫生都是首要的。服务员摆台前应仔细检查每一只杯子，擦拭酒杯时先把杯子在开水的蒸汽里熏一下，然后用干净餐巾裹住杯子里外擦拭，直至光亮无瑕为止。

3. 开酒瓶

酒瓶的封口常见的有瓶盖和瓶塞两种，开瓶指开启瓶盖或瓶塞的方法与注意事项。

（1）使用正确的开瓶器具。开瓶器具有两大类型，一类是专用开启瓶塞用的酒钻，一类是开瓶盖用的启盖扳手。酒钻的螺旋部分要长（有的软木塞长达 8cm～9cm），头部要尖，切不可带刃以免割破瓶塞。

（2）开瓶时动作要轻，要尽量减少瓶体的晃动。一般将瓶放在桌上开启，动作要准确、敏捷、果断。对于软木塞，万一软木有断裂危险，可将酒瓶倒置，用内部酒液的压力顶住木塞，然后再旋转酒钻。

（3）开启瓶塞以后，要用干净的布仔细擦拭瓶口，检查瓶中酒是否有质量问题，检查的方法是以嗅辨瓶塞插入瓶内的那部分为主。

（4）开瓶后的封皮、木塞、盖子等杂物，不要直接放在桌子上，可以放在小盘子里，操作完毕一起带走，不要留在宾客的餐桌上。

（5）开香槟酒的方法：香槟酒的瓶塞大部分压进瓶口，上有一段帽形物露出瓶外，并用铁丝绕扎固定。开瓶时，在瓶上盖一块餐巾，双手在餐巾下操作，具体方法是左手斜拿酒瓶，大拇指紧压塞顶，用右手扭开铁丝，然后握住塞子的帽形物，轻轻转动上拨，靠瓶内的压力和手拔的力量把瓶塞顶出来。操作时，应尽量避免瓶塞拔出时发出声音，尽量避免晃动，以防酒液溢出。

4. 斟酒

服务员斟酒时，要站在客人的身后右侧，面向客人用右手斟酒，左手托盘，注意身体不要紧贴客人。若徒手斟酒，左手应持一块干净餐巾放在身后，斟完酒后可擦去瓶口的酒水。

斟酒时应先向客人打招呼或示意客人选用酒水。

图 2-5-8　湖州职业技术学院旅游专业学生指导乡村旅游餐饮服务

斟酒时，瓶口不可搭在酒杯口上，以相距两厘米为宜，以防止杯口碰破或将酒杯碰倒。但也不要将瓶拿得过高，过高则酒水容量溅出杯外。

一次斟酒的量，以倒至杯的七到八成为宜，不得过满。含气泡较多的啤酒、香槟酒，斟酒时速度宜慢，并应沿杯壁缓缓倒入，以免泡沫溢出杯外。

满瓶酒和半瓶酒，其出口的速度不同，瓶内酒越少，其流出的速度越快，反之则慢，要掌握好酒瓶的倾斜度。

斟酒完毕，应顺势转动酒瓶四分之一圈，以免瓶口的酒滴在台布上。

手握酒瓶时要求握住酒瓶中部，不要挡住商标，商标应朝向宾客，便于宾客看到，同时应向宾客说明酒水特点。

凡使用冰桶的酒，从冰桶取出时，应以一块餐巾包住瓶身，以免瓶外水滴弄脏台布或客人衣服；凡使用酒篮的酒，瓶颈下应衬垫一块布巾或纸。

斟倒香槟酒时，应将酒瓶用餐巾包好，先向杯中斟倒 1/3 的酒液，待泡沫退去后，再往杯中续斟，以八成满为宜。

捧斟的方法是一手握瓶，一手将酒杯捧在手中，站在宾客的右侧，再向杯内斟酒，然后将斟酒的酒杯放在此宾客的右手处。捧斟适用于非冰镇处理的酒。

5.斟酒顺序

在一般场合，服务员可先为一桌的长者斟酒，至于一对夫妇，应为女士先斟。

中餐斟酒顺序一般开始前十分钟左右将烈性酒和葡萄酒斟好，斟酒时先斟主宾，后斟主人，然后顺时针方向依次绕桌进行。

（五）中餐常用服务方式

中餐服务方式，指的是餐厅中使用的侍应、招待客人的方式。中餐在其长期的发展过程中，兼收并蓄，逐步形成了自己的服务方式，这种服务方式是同中餐菜肴的许多特点相适应的。同时,随着大家对卫生要求的提高和对就餐方式的多样化需求,中餐的服务方式正在经历着一定的变革。目前在饭店的餐厅中,常用的服务方式有:共餐式、转盘式和分餐式。

1.共餐式服务

共餐式服务比较适用于2~6人左右的中餐零点服务。

传统的共餐式服务,由就餐者用自己的筷子到菜盆中夹取菜肴,今天的共餐式服务已在此基础上作了较大改进,就餐时客人用附加的公匙、公筷、公勺盛取喜爱的菜肴。

2.转盘式服务

转盘式服务在中餐服务中是一种普遍使用的餐桌服务方式,适合用于大圆台的多人用餐服务,既可用于旅游团队、会议团体用餐,也适用于中餐的宴会服务。

转盘式服务是在一个大的圆桌面上,安放一个直径为90厘米左右的转盘,将菜肴等放置在转盘上,供就餐者夹取的就餐服务形式。

3.分餐式服务

分餐式服务主要适用于官方的、较正式的、高档的宴会服务。

分餐式服务是吸收了众多西餐服务方式的优点并使之与中餐服务相结合的一种服务方式,人们又将这种服务方式看做是"中餐西吃"时所用的服务方式。

(六)乡村旅游餐饮服务特殊情况处理

服务员的任务是要使成千上万个来就餐的客人吃得满意,而要做到这一点是不容易的。服务员会遇到各种各样的客人,会碰到形形色色的事情;而处理每一种情况,无论如何都要从诚恳的态度出发,用所掌握的为客人服务的最好方法去照应他们。这时服务员所做的每一点努力,都会得到客人的赞赏。

1.对年幼客人的接待

(1)对小客人要耐心、愉快地照应,并且帮助其父母使得小客人坐得舒适。要端一张儿童坐的椅子来,并且尽量不要把其安排在过道一边的座位上。

(2)在不明显的情况下,把糖果缸、盐瓶等易碎的物品移到小孩够不着的地方。

(3)如果备有儿童菜单,应让小孩的父母为他点菜。

(4)不要把小客人用的玻璃杯斟得太满,不要用高脚玻璃器皿,最好用较短小的餐具。

(5)尽可能地为小客人提供围兜儿、新的坐垫和餐厅送的小礼品,这会使其父母们更开心。

(6)如果小客人在过道上玩耍或者打扰了其他客人时,要向他们的父母建议,让他们坐在桌边以免发生意外事故。

(7)不要抱逗小孩或抚摸小孩的头,没有征得其父母同意,不要随便给小孩吃东西。

2.对醉酒客人的处理

(1)先要确定该客人是否确已喝醉,然后决定是否继续为其提供含酒精饮料。

(2)如果客人确已喝醉,应该礼貌地告诉客人不可以再向他提供含酒精饮料,同时安排客人到不打扰其他客人的靠里面的席位上,或者安排在隔开的餐室内。

(3)如果客人呕吐或带来其他麻烦,服务员要耐心,迅速清除污物,不要抱怨。

(4)如果该客人住在旅馆,而没有人搀扶又不能够回房间时,应通知保卫陪同客人回去。

(5)事故及处理结果应记录在工作日记上。

3.对残疾客人的接待

在碰到残疾客人在无人照料下来到餐厅时,要理解他的不便之处,恰当地、谨慎地帮助他,使他能够享受到为他提供的美味佳肴。

(1)应将坐轮椅来的客人推到餐桌旁,尽量避免将其安排在过道上;拐杖也要放好,以免绊倒他人。

(2)盲人需要更多的照顾,但要适当,不要因过分的关照而引起客人的不愉快;要小心地移开桌上的用品,帮助他选择菜肴。上完饮料和菜肴后,要告诉他放在什么地方。

(3)接待耳聋的客人时要学会用手势示意,上菜上饮料时要轻轻地用手触一下客人,表示从这边或那边上菜服务。

(4)对突然发病的客人要保持镇静,如果客人昏厥过去或摔倒,不要搬动他,应马上通知医生和经理来处理。

4.对客人投诉的处理

我们总是努力要使客人的投诉控制在最低限度内,通常餐厅服务越好,客人的投诉也就越少。然而,一旦客人确有抱怨,应当将其作为对餐厅服务管理的反馈,用来改进今后对客人的服务。服务员应在服务工作和客人的投诉中吸取经验。有些投诉是可事先采取措施而避免的,如当客人所点的菜在厨房被延误时,要主动向客人打声招呼,表示他点的菜没有被忘记,又如当客人提出需要某种附加配料和服务,而这是另外加收费用的,你应当事先讲清楚。如此等等,要机灵礼貌,防患于未然。

图 2-5-9　石马湖山庄宽敞的餐厅

处理客人投诉的程序如下:

(1)认真倾听客人的全部意见。

(2)简要地重复客人的意见表示理解。

(3)诚恳地赞同客人提的某些意见,如"你把这个问题提出来是正确的",这就使你和客人站在一边,取得他的信任,并和他一起分析问题。

(4)及时处理客人的意见,作出纠正,对待顾客要设身处地地为其着想。若非你权力范围内所能处理的问题,应迅速向上级反映。

五、乡村旅游点餐饮管理

(一)乡村旅游餐饮管理的内容

以市场开发和客源组织为基础,以经营计划为指导,利用餐饮设备、场所和食品原材料,发扬传统特色和民族美德,科学合理地组织餐饮生产和销售,满足客人日益增长的、多层次的物质和文化生活需要,来活跃市场、促进旅游业和国民经济的发展服务。具体包括:

1.确定餐饮市场定位。即根据乡村旅游市场环境和内部条件,认真做好市场调查,选准目标市场和客源对象,搞好市场定位。并据此确定乡村旅游的经营风味、花色品种和经营方针、经营策略、产品价格,保证市场定位始终适应目标市场的需求变化。

2.合理确定餐饮管理预算目标。即根据市场定位和经营策略、经营措施,在市场调查与分析的基础上,认真做好市场预测,合理确定预算目标,编制餐饮管理经营计划,确定乡村旅游餐饮的收入、成本、费用利润目标。

3.做好食品原材料采供管理。即根据计划目标和业务需要,做好采购业务、库房管理、领料发料等工作,保证生产需要。

4.搞好厨房产品生产组织。即根据餐厅的经营风味,合理安排生产流程,继承和发扬烹调艺术,搞好厨房生产过程的组织,保证产品质量。

5.做好销售管理,提供优质服务。即根据餐饮性质、风味提供优良就餐环境,合理安排服务程序,做好餐厅服务过程的组织,确保提供高质量、高效率的服务,满足客人物质和精神享受需要,扩大销售,增加经济收入。

6.按制度做好成本核算和成本控制。即制定标准成本和消耗定额,加强成本控制,做好成本考核和成本分析,降低劳动消耗,以获取优良经济效益。

(二)乡村旅游餐饮管理的基本要求

1.掌握客源,以销定产

餐饮管理过程就是客人的消费过程。它是就地销售、就地服务。它所生产的产品容易腐坏变质,色、香、味、形都具有紧迫的时间观念。由于生产过程短,随产随销,因此,必须坚持掌握客源,以销定产。它要求管理人员必须根据市场环境、当地气候、天气变化等情况,作好预测分析。掌握客人对花色品种和产品质量的要求,并据此安排食品原材料供应和生产过程的组织,以防产销脱节,影响客人消费需求和业务活动的正常开展。

2.注重卫生,确保客人安全。

餐饮经营过程中,客人流动性大,餐饮管理过程又是一种社会化劳动过程,因此,餐饮卫生好坏,直接关系到客人的身心健康。如果发生食物中毒和疾病传染,不仅造成重大经济损失,而且严重影响乡村旅游声誉和旅游事业的发展。因此,餐饮管理必须十分重视食品卫生,确保客人安全。它要求管理人员必须从食品原材料的采购、验收、储藏到加工烹制和销售都要建立一套严格的卫生制度。

3.正确掌握毛利,维护供求双方利益

餐饮经营的毛利率高低,直接影响乡村旅游经济效益和消费者的利益。餐饮毛利率分综合毛利率和分类毛利率两种。不同产品的毛利率高低是不相同的。正确掌握毛利,维护供求双方利益,要区分不同情况,坚持因地、因店、因花色品种和因接待对象制宜。它要求管理人员要正确执行餐饮价格政策,区别不同情况,制定毛利率标准。

4.适应多种需求,提供优质服务

餐饮管理市场范围广泛,客人消费层次复杂多变,既有生理需要,又有精神享受需要。它要求管理人员必须根据客人的身份、地位、饮食爱好、消费特点和支付能力,研究不同类型客人的消费需求和消费心理,有针对性地提供优质服务。在产品质量上坚持风味特点,注重色、香、味、形。在服务质量上坚持一视同仁,做到热情、礼貌、耐心、细致、周到,以满足客人多层次的物质文化生活需要,提供优质服务。

【项目作业】

◆ 实训项目名称1:完成一次中餐摆台及服务工作

● 实训项目基本服务要求:

1.项目服务员仪容仪表、礼节礼貌的检查。

2.中餐铺台、上转盘、摆十人位。

3.折叠十种不同的餐巾杯花。

4.上盆花、为客拉椅让座。

5.为客逐位斟倒红、白酒十位。

6.托盘托送。

时间规定:前6项要求在20分钟内完成。提前完成不加分,时间到停止操作。

7.在服务桌为客分菜(或分汤)十位。

时间规定:5分钟。

● 实训项目考核评分标准:

题号	项目	要求和评分标准	满分	扣分	得分
1	礼节礼貌(5分)	表情:精神、自然 头发、指甲符合要求 淡妆,不戴首饰,不留胡子 工作服整洁、戴考生配号牌 拉椅让座、斟倒酒水时脸带笑容,有示意	1分 1分 1分 1分 1分		
2	中餐铺台摆十人(20分)	台布正面朝上 下垂四角匀称 转盘放在圆桌中心 餐碟定位:餐位均匀 转盘心与相对两个餐位三点成一线(每对1分) 餐碟、筷子尾离桌边1.5cm,餐具间间隔1cm 甜酒杯对餐碟中线、水杯在左、白酒杯在右,三杯成一直线 公座、汤勺、分勺放在第三客人右侧 汤勺把尾离桌边1.5cm	1分 1分 1分 3分 5分 3分 4分 1分 1分		

续表

题号	项目	要求和评分标准	满分	扣分	得分
3	折餐巾杯花十种(15分)	突出正、副主位 有头尾的动物造型应头朝右,主位除外 巾花观赏面向客人,主位除外 巾花挺拔 造型美观 款式新颖 操作手法卫生,不用口叼、下巴按 手不触及杯的上部	2分 2分 2分 2分 2分 3分 1分 1分		
4	上盘花拉椅让座(5分)	盆花放在转盘中心 拉椅让座时餐椅正对餐位,距离均匀 椅边离桌边1cm	2分 2分 1分		
5	逐位斟倒红、白酒十位(20分)	按主宾、副主宾、主人,然后顺时针方向的次序进行操作 不滴酒、不漏出,每滴扣1分,每小摊扣3分 每杯分量八成满(0.5分) 托盘在身的左侧 斟倒时商标向客人 酒瓶不碰杯口	2分 7分 5分 1分 2分 3分		
6	托盘(5分)	姿势正确 托送自如、灵活	2分 3分		
	备注	不轻拿轻放,视噪音大小扣1—2分 餐具掉地或打烂餐具、摆少一件餐具、折少1个餐巾花、倒少一杯酒分别扣2分,且按数量递扣 扣罚原因:			
		要求20分钟完成,超时操作每10秒扣0.5分,如此类推 实际操作时间:			
7	分菜10(分)	手法正确、熟练、优美 汤汁不滴洒,每滴扣0.5分 完整 分量均匀 报菜名清楚、音量适中,示意动作得体	1分 2分 2分 3分 2分		
		要求5分钟完成,超时操作每10秒扣0.5分,如此类推 实际操作时间:			

◆ 实训项目名称2:制作乡村美食菜谱一份

● 实训项目要求:利用图书馆、互联网以及实地调查了解乡村美食情况,并对收集的信息进行归类整理。

● 实训项目作业形式:电脑制作一份乡村美食菜谱。

● 实训项目考核标准:外观设计占25%;菜谱荤素搭配占25%;价格制定占25%;乡村特色美食占25%。

主题模块三　乡村旅游市场营销与产品策划

【教学目标】

1. 能力目标

● 能编制市场营销策划书。

● 能编制乡村旅游产品活动策划方案。

● 能组织游客参与各类乡村体验性活动。

2. 知识目标

● 了解乡村旅游客源构成。

● 熟悉乡村旅游市场营销方法。

● 掌握乡村旅游产品策划编制方法。

【工作任务】

利用图书馆、互联网以及实地调查了解，对收集的信息进行归类整理，分别完成市场营销策划书及乡村旅游产品活动策划方案各一份。

教学项目 6　乡村旅游客源市场营销

【案例学习】

千岛湖旅游市场营销有新动作

今年，千岛湖旅游加大营销力度，创新营销举措，积极拓展旅游市场。

在传统观光、度假产品的基础上，着重研发高星级酒店、豪华游艇、休闲垂钓、游船会议等高端度假旅游产品；环千岛湖骑行、婚纱摄影、蜜月度假、徒步等特种旅游产品；三清山＋千岛湖＋婺源线路、黄山＋千岛湖＋婺源线路、千岛湖＋浙东线路等周边会展及奖励旅游产品。

在市场开发上，重点推广东南湖区公交游船观光旅游，在东南湖区码头接待中心窗口开通直客接待业务，并加速拓展千岛湖观光旅游中长线市场，境外市场重点开发台湾市场。同时，做靓千岛湖乡村休闲旅游，重点推广春季千岛湖摄影节、夏季千岛湖漂流节、秋季千岛湖采摘节、冬季千岛湖民俗文化节等乡村旅游节庆活动及以葛岭为主的两个以上乡村旅游休闲社区。

此外，还制定了 2011 年《淳安县旅游企业市场营销鼓励办法（试行）》，以调动旅游企业的市场营销积极性。

（信息来源：千岛湖新闻网 2011-03-03 09：08：27　http://www.qdhxcy.com/source/show_news.aspx? id＝3977）

【讨论与思考】

谈谈乡村旅游市场营销的重要性。

【提示】

市场营销是任何一个企业或者产品都要做的功课，对乡村旅游来讲更是很有必要，2011年千岛湖为要做靓乡村休闲旅游，还制定了2011年《淳安县旅游企业市场营销鼓励办法（试行）》，以调动旅游企业的市场营销积极性。

【基本知识】

近年来，乡村旅游作为一种新兴的旅游形式，得到了人们越来越多的关注，逐渐成为旅游市场的一个重要组成部分。但是由于乡村旅游景区和企业通常都在城郊乡下，规模不大，经济实力不强，所以其客源市场营销工作也更加重要。

一、乡村旅游客源结构分析

（一）地理区域结构

旅游客源市场按旅游接待量和地区分布可以划分为一级市场、二级市场和机会市场。一级市场（也叫第一市场）是指一个旅游目的地接待的旅游者人数在接待总人数中占比例最大的两三个地区的旅游市场。在通常情况下，一级市场占旅游目的地接待总人数的40％－60％。企业在制定市场营销计划时，不论是产品策略还是价格策略或其他经营职能都应优先考虑一级市场的市场需求和消费特点。二级市场（也叫第二市场）即在旅游目的地接待总人数中占相当比例的旅游市场，一般也可以包括三四个地区。二级市场的特点是有较大的市场潜力，只是由于外部环境和企业内部营销组合的不力，市场对旅游目的地的情况不十分了解或购买动机尚未形成，因此，潜在需求还没有完全转变为现实需求，需要花大力气去开发。机会市场（也叫边缘市场）是指一个旅游目的地计划新开拓的市场。其特征是该市场的出游人数与日俱增，但前往本旅游目的地的人数很少，属于有待于进一步开发的市场。机会市场通过目的地有效经营可能成为将来的二级市场甚至一级市场，当然必须通过认真调研，确认其潜力，才能加以开发。

从宏观角度研究旅游者的流向对确定目标市场和制定市场营销策略，集中优先的人力、物力、财力，开发一级、二级市场方面具有相当重要的意义。如湖州地区农家乐的客源市场定位如下：

一级客源市场：近距离客源市场，浙江省内（湖州、杭州、嘉兴、宁波等城市）及上海、江苏等省市。

二级客源市场：中距离客源市场，安徽、江西、北京等地和港澳台、东南亚。

三级客源市场：远距离客源市场，国内其他省份和海外其他客源市场。

湖州应以一级旅游市场为开发重点，二级旅游市场为远期目标，辐射三级旅游市场，形成旅游市场的梯度开发体系。

（二）人口特征结构

旅游者的特点可以表现在很多方面，如年龄、性别、职业、受教育程度、社会阶层、种族、宗教、收入、国籍、血缘关系等。这些指标与旅游者的欲望、偏好、出游频率等直接相关，而且旅游者的特点比其他因素更容易测量。根据黄进的研究，他将乡村旅游客源市场细分为六类：①城市里先富起来的一部分人，包括商人、企业家、个体营业者；②周末工薪阶层；③城市学生；④家庭爱好乡村旅游者；⑤离退休职工；⑥入境游客。

（三）购买行为结构

根据旅游者对产品的理解、态度、购买目的、购买过程及方式等方面的不同，把整体旅游市场细分成不同的群体。一般来说，乡村旅游活动中旅游者的旅游动机主要是欣赏乡野风光、体验回归自然的感觉、乡村农事的体验与了解、参观高科技农业、寻找怀旧的感觉、品尝土特产、购买新鲜的农产品等，这对乡村旅游市场开发和产品开发有着重要的参考价值。

（四）心理结构

所谓按心理因素细分，就是指按照旅游者的生活方式、态度、个性等心理因素来细分旅游市场。旅游者的欲望、需要和购买行为，不仅受人口的社会统计特征影响，而且受心理因素影响。

【信息链接】

胡德翠在撰写其硕士论文《大城市周边乡村旅游的时空分布及市场特征研究——以上海市为例》期间，于2009年"十一"国庆长假，在上海乡村旅游景点青浦朱家角、松江五库观光农业园、崇明前卫村及宝杨码头对乡村旅游者进行了调查，结果如下：

● 上海本地人占大多数达73.1％，其中市区的居民占68％，外地人多来自江苏、安徽、浙江、北京等地。

● 上海乡村旅游客源的年龄层次主要集中在18—34岁的中青年市场，男女比例相差不大，女性稍多于男性。上海乡村旅游者主要是学生、企业管理人员、专业技术人员、公务员/事业单位人员、私营业主/自由职业者和其他一些企业员工。大专/大学本科以上学历占了72.9％。收入主要在1000—3000元的水平。

● 上海乡村旅游游客1—2次的出游率占了六成以上。回归大自然和体验乡村旅游气息是上海乡村旅游者主要的出游动机，其次品尝农家菜肴、增进亲朋感情和追求时尚的休闲方式也是出游的重要原因。与家人和好友同事一起是绝大多数上海乡村旅游者的旅游方式。公共交通工具和自驾车是上海乡村旅游者的主要交通工具。超过一半以上的游客倾向于1—2小时的车程。上海乡村旅游者选择旅游的时间主要集中在国家法定节假日和周末时间段。67.4％的上海乡村旅游者在景点停留1—2天。亲友推荐和网络信息是上海乡村旅游者获得旅游信息的主要渠道。最受上海乡村旅游者欢迎的景点的类型是古镇与古村落、农家乐类型，其次是观光农业园和森林公园。上海乡村旅游者的旅游消费层次较高，看重的是景点的吸引力以及环境和服务，对距离和交通条件以及费用相对较弱。景点的知名度、交通方便度、旅游价值和亲友推荐是上海乡村旅游者选择旅游目的地的主要影响因素，而费用、媒体的宣传以及孩子的要求的影响较小。

【讨论与思考】

乡村旅游的客源主要是哪些人群？有什么特点？

【提示】

旅游客源结构可以从地区、人口特征、购买行为等几个主要方面来划分，乡村旅游有其自身的特点，其客源结构也与一般的旅游产品有所不同。

二、乡村旅游价格策略

合理的价格决定着旅游者购买的意愿，是旅游经营者和旅游消费者双方是否交换成功、旅游产品的使用价值和价值是否能够实现的重要影响因素,旅游价格策略直接影响旅游需求、市场竞争、企业盈亏等。

(一)影响乡村旅游产品定价的因素

1.旅游产品成本

旅游产品成本是由旅游产品的生产过程和流通过程所花费的物质消耗和支付的劳动报酬所形成的,它是构成旅游产品价值和价格的主要组成部分。旅游企业在确定旅游产品的价格时,要使总成本得到补偿并获取利润,旅游产品的价格就要超过旅游产品的成本,所以,旅游产品的成本是影响旅游产品价格最直接、最基本的因素。

2.旅游产品供求关系

当旅游产品的供求关系发生变化时,旅游产品的价格也要发生变化。一般来说,在旅游旺季时,旅游产品的价格呈上涨趋势;而在旅游淡季,旅游产品的价格呈下降趋势。

3.旅游市场竞争状况

旅游市场的竞争越激烈,对旅游产品定价的影响就越大。在完全竞争的市场中,旅游企业没有定价的主动权,只能被动地接受市场竞争中形成的价格,旅游企业依靠提高管理水平与服务质量去扩大市场占有率;在完全垄断的市场中,某种旅游产品只是独家经营,没有竞争对手,所以就可以完全控制市场价格。

4.旅游市场需求

旅游市场需求与旅游产品价格的关系主要通过旅游产品的需求弹性来反映,不同类型旅游产品的需求弹性也不同。一般来说,旅游景点产品、旅游购物、旅游娱乐的需求弹性相对较高,旅游企业可用降价来刺激旅游者的需求,扩大销售;而旅游餐饮、旅游住宿、旅游交通的需求弹性相对较低,价格的变动对旅游者的需求变化无太大影响。

5.旅游企业营销目标

旅游企业在市场营销中总是根据不断变化的旅游市场需求和自身实力状况,并出于短期或长期的发展考虑,来确定旅游企业的营销目标和旅游产品的价格。若旅游企业为了尽早收回投资,则往往把获取利润作为营销的首要目标,因而所确定的旅游产品的价格就远远高于成本;若旅游企业为了在旅游市场上占有较大的市场份额,则往往又会把提高市场占有率作为营销的首要目标,因而所确定的旅游产品价格对旅游者要有吸引力,甚至表现为优惠价等特殊价格形式。

(二)乡村旅游产品定价方法

乡村旅游产品的定价方法可根据定价时侧重考虑的因素不同,分为成本导向定价、需求导向定价和竞争导向定价等方法。

1.成本导向定价法

成本导向定价法是指旅游企业以旅游产品成本为基础的定价方法,最常用的是成本加成定价法,是指在单位旅游产品成本的基础上加上预期利润而制定的旅游产品价格,用公式表示为:

$$旅游产品价格 = 单位产品成本 \times (1 + 加成率)$$

乡村旅游产品的成本主要由门票、餐饮、住宿、交通、各色休闲项目的收费(如垂钓、采摘、滑草、射击等项目)、农产品等组成,加成率是单位产品的预期利润率,把相应成本代入上面公式即可计算出乡村旅游产品的价格。成本加成定价法的优点是计算简单、简便易行,能使旅游企业获得预期的利润；缺点是未考虑旅游市场的需求和竞争因素，缺乏灵活性。

2. 需求导向定价法

需求导向定价法指的是旅游产品的价格不是以其成本，而是以旅游者对旅游产品的需求强度、对旅游产品价值的理解和可支付的价格水平为依据，来确定旅游产品价格的定价方法，理解价值定价法就是以需求为导向的定价方法。

理解价值定价法是指旅游企业以旅游者对旅游产品价值的感受和理解程度作为依据来制定旅游产品价格的方法。理解价值是指旅游者在观念上对旅游产品价值的认同程度，而不是旅游产品的实际价值。旅游企业采用这种方法定价时，关键在于通过深入的旅游市场营销调研，对旅游者所理解的旅游产品价值有正确的判断。为了加深旅游者对旅游产品价值的理解，旅游企业要搞好旅游产品的市场定位，并通过各种营销手段，加深旅游者对旅游产品的印象，使旅游者感到购买旅游产品能获得更多的附加价值，从而提高旅游者愿意支付的价格水平。

乡村旅游产品的价格也必须适应旅游市场的需求，根据旅游市场的供求关系，制定合理的淡季、平季和旺季的旅游价格，根据旅游者的购买方式、数量不同，分别给予不同的优惠，以使旅游产品更具有竞争力。对于需求弹性系数大的乡村旅游产品，即需求受价格因素影响明显的乡村旅游产品，如水乡风光、田园风情等一般的乡村旅游观光型产品，可采取低价格以吸引客源；对于需求弹性系数小的乡村旅游产品，即需求很少因价格变化而变化的乡村旅游产品，如高尔夫农庄等乡村旅游产品，可采取高价格以提高乡村旅游产品品位，提高收入。

3. 竞争导向定价法

竞争导向定价法是指旅游企业以旅游市场竞争对手的价格为基础的定价方法。这种定价方法是以旅游市场竞争为中心，同时结合旅游企业的自身实力状况、发展战略等因素的要求来制定价格，主要包括率先定价法和随行就市定价法。率先定价法是一种主动竞争的定价方法，是指旅游企业根据自身旅游产品的实际情况以及与竞争对手旅游产品的差异状况来制定旅游产品价格的定价方法。具有较强的规模与实力，在竞争中处于主动地位的乡村旅游产品即可采用率先定价法。随行就市定价法是指旅游企业根据旅游市场上同类旅游产品的平均价格水平来确定旅游产品价格的定价方法。在激烈的旅游市场竞争中，生产同类旅游产品的企业，若旅游产品的价格高于竞争对手，市场销售额就可能减少，若价格低于竞争对手，就会减少利润。而平均价格被旅游者认为是合理的价格，旅游者易于接受，又可以避免旅游企业之间的价格竞争，故大多数乡村旅游产品采用随行就市定价法。

（三）乡村旅游产品定价策略

乡村旅游产品的生产企业在确定了基本定价的方法后，由于竞争和旅游者的需要，企业还必须运用一定的定价策略和技巧，灵活地运用价格手段，使其适应旅游市场的不同情况，从而实现旅游企业的营销目标。

1. 新产品定价策略

旅游新产品定价是旅游产品定价策略中一个非常重要的问题，它关系到该新产品能否顺利地进入旅游目标市场，并为以后占领旅游目标市场打下基础。旅游新产品定价策略主要有撇脂定价策略、渗透定价策略、满意定价策略。

（1）撇脂定价策略。撇脂定价策略是一种高价格策略，即在旅游新产品进入市场的初期,将价格定得高些,以求在短期内获取较高的利润。新的乡村旅游产品刚上市时,在旅游市场上没有竞争对手或竞争对手很少,企业把旅游新产品的价格定得高一些是可行的,能满足那些求新、求异且对旅游产品价格不是很敏感的旅游者的需求。

(2)渗透定价策略。渗透定价策略是一种低价策略,即旅游企业在旅游新产品投入市场时,以较低的价格吸引旅游者,以便迅速占领旅游目标市场的一种策略。这种定价策略适用于特色不突出、技术简单的乡村旅游产品,如仅是吃吃农家饭、欣赏下田园风光的乡村旅游产品。目前,我国开发的乡村旅游多是处于城市近郊或者景区(点)附近,其客源以城市周末、节假日休闲度假游客为主,家庭出游的比例大,主要出游形式为散客旅游,需求弹性大,对价格敏感性较强,所以在价格方面以低价为主,采取慢速渗透策略。

(3)满意定价策略。满意定价策略是一种折中价格策略,它是介于撇脂定价策略与渗透定价策略之间的一种价格策略,即旅游企业所制定的旅游新产品的价格比撇脂定价低,比渗透定价高,旅游企业与旅游者都能接受,因而被称为满意定价策略。

2.心理定价策略

心理定价策略是指旅游企业运用心理学原理,根据不同类型旅游者在购买旅游产品时的不同购买心理对旅游产品进行定价,以诱导旅游者购买。

(1)尾数定价策略。尾数定价策略也称为非整数定价策略,即旅游企业给旅游产品制定一个以零头数结尾的非整数价格,从而使旅游者产生经过精确计算的最低价格的心理,同时,旅游者会觉得旅游企业定价认真,对旅游者负责。这种定价策略一般适用于价格低的旅游产品。

(2)整数定价策略。整数定价策略是指旅游企业把旅游产品的价格定为整数的一种策略。在旅游市场上,旅游者难以了解旅游产品的性能和质量,往往只能凭借旅游产品的价格来认识。在这种情况下,旅游企业采用整数定价,可以提高旅游产品本身的价值,可以满足旅游者高消费的心理,从而促进旅游产品的销售,提高旅游企业的经济效益。这种定价策略适用于高档、名牌旅游产品的定价。

(3)声望定价策略。声望定价策略是指旅游企业针对旅游者"价高质必优"的心理,对在旅游者心目中有较高信誉的旅游产品制定较高的价格。旅游企业采用声望定价不仅能使旅游企业获得单位旅游产品的最高利润,而且有利于提高旅游产品的形象,从而进一步提高旅游企业的声望,同时也满足了旅游者通过购买旅游产品来提高其社会地位的求名心理和炫耀心理。这种定价策略适用于知名品牌的旅游产品。

(4)招徕定价策略。招徕定价策略是指旅游企业有意将某种或某几种旅游产品的价格定得很低,甚至低于成本,以低廉的价格迎合旅游者的求廉心理而吸引旅游者,借机带动和扩大其他旅游产品的销售。如有些农家乐为吸引旅游者,每天都有特价菜,以吸引旅游者来品尝农家风味。一般情况下,采取招徕定价策略应与相应的广告宣传相配合。

3.折扣定价策略

折扣定价策略是指旅游企业为了吸引旅游者,扩大旅游产品的销售,或为了加强与旅游中间商的合作关系,在既定的旅游产品价格基础上,对旅游者或旅游中间商实行折扣价格的一种策略。

(1)数量折扣策略。数量折扣策略是指旅游企业为了鼓励旅游者或旅游中间商大量购买其旅游产品,对达到一定购买数量的客户给予一定的价格折扣的优惠策略。一般来说,购买数量越多,价格折扣就越大。

(2)季节折扣策略。季节折扣策略是指旅游企业在旅游产品销售淡季时,为鼓励旅游者购买旅游产品而给予一定的价格折扣的优惠策略。在旅游淡季,旅游企业客源不足、服务设施闲置,为吸引旅游者,旅游企业就制定低于旺季时的旅游产品价格以刺激旅游者的消费欲望。

【案例学习】

武义新荷模式农家乐像十里荷花蓬勃红艳

7月3日开业的新荷农家乐,在不到1个月时间里已像十里荷花一样盛开得蓬勃红艳。每个周末5户农家70个床位全部住满,有时住不下只有介绍到其他农家乐住宿,新荷村已接待了多批回头客,每批客人返回时都表示非常满意。国家旅游局、上海新民网等众多网站都转发武义新荷农家乐相关信息,目前多批城市客人已向新荷村订购8月和9月中旬客房,看到农家乐发展红火势头,新荷村又有多户农户准备申请加入农家乐发展队伍。

然而,新荷农家乐之所以一开局就红火呈现成功态势,原因是多方面的。新荷村地处柳城畲族镇十里荷花景区核心地带的上松线省道边,区位交通优势明显。新荷村农家乐开业正赶上宣莲盛开,新莲上市,十里荷花、牛头山景区和小黄山等旅游资源黄金组合助推新荷农家乐发展,来自沪杭大城市的游客钟情新荷村美景美食合情合理。当然,更重要的是,新荷村农家乐发展坚持统一接团分配客人、统一吃住服务标准、统一结账收费、统一经营管理的"四统一"经营模式,服务水平和服务质量出手不凡。吃住每人统一收费60元一天,还可以免票游览十里荷花物种园。农家乐除提供棋牌娱乐,还提供上海等地客人体验农活机会,譬如和客人一起摘莲蓬,剥莲子,新莲上市70元1公斤,给参与体验农活的客人64元1公斤,让客人切身感受到莲农丰收的喜悦和自己的劳动成果。而农户自身的积极性和较高的思想觉悟,是新荷村农家乐发展红火的决定因素。发展农家乐一定要有一盘棋思想全村统筹,严格执行"四统一"经营管理,干部要带头先人后己有高姿态广胸怀。并且要从莲子、畲族文化、宣平地域风情、民俗等方面着手深入挖掘和发展莲文化及农副特色产品。新荷农家乐不但要提供每个客人很有特色的美景美食,还要让每位客人感受和品味到富有民族特色的文化大餐。

(资料来源:资讯提供:zhenlei　日期:2010-09-07 0:28:38 网址:http://www.9tour.cn/info/53/279314.shtml)

【讨论与思考】

乡村旅游产品通常会采取哪些定价策略?

【提示】

新荷村农家乐发展坚持统一接团分配客人、统一吃住服务标准、统一结账收费、统一经营管理的"四统一"经营模式,吃住每人统一收费60元一天,还可以免票游览十里荷花物种园,新莲上市70元1公斤,给参与体验农活的客人64元1公斤。价格合理,游览免门票,农产品让利给游客。

三、乡村旅游市场营销策略

(一)乡村旅游市场营销存在的问题

目前,随着我国乡村旅游的迅猛发展,旅游需求的增长和客观环境的改善使得乡村旅游业既充满机遇又面临挑战。然而面对旅游市场需求不断更新和日益多样化的趋势，乡村旅游发展也面临着市场营销问题，使乡村旅游难以适应目前激烈的旅游市场竞争，一定程度上影响了乡村旅游的可持续发展。这些问题主要体现在：

1.乡村旅游产品开发缺乏特色

我国幅员辽阔，各个地区的自然景观存在较大的差异，但目前各地的乡村旅游产品主要采用农业观光园和采摘果园的形式，产品雷同，重复较多，许多乡村旅游活动只是"吃农家饭、干农家活、住农家房"，导致游客在乡村的滞留时间短，消费水平低。虽然已经注意到产品开发的参与性，但对其深度的挖掘不够，活动形式过于单调，缺乏特色，落入了"春季赏花，秋季摘果"的套路，不能满足游客多层次、多样化的旅游需求。对于我国乡村旅游资源的保护不利，并且制约了乡村旅游的长远发展。

2.营销主体单一

由于发展模式不同，乡村旅游景区营销主体构成差别很大。无论哪种发展模式，目前营销主体均较单一，区域营销理念与全员营销理念尚未形成。在乡村旅游早期发展阶段成长起来的乡村旅游景区，多以农户自发式经营为主要的运营模式。农户在经营过程中认识到营销的重要性，开始通过人际传播、招募经销商等手段扩大自己在市场上的影响力，逐渐培育属于自己的客源群体。在这种运营模式下，农户成为乡村旅游营销的主体，景区本身对农户的约束力薄弱，很难在营销中发挥应有的作用。

3.营销渠道不够通畅

由于乡村旅游起步较晚，目前还没有形成完善的营销渠道体系，尤其是乡村旅游企业与周边大城市的旅行社、附近的知名景区没有建立密切的联系，严重制约了乡村旅游的发展。目前乡村旅游市场营销指向直接对准营销终端——游客，而有关景区的营销信息很难在众多的旅游宣传信息中脱颖而出，获得游客的重视。要想取得有效的营销效果，乡村旅游景区须畅通营销通道，通过各种路径，对游客进行营销。

4.缺乏促销手段

旅游促销的实质就是要实现旅游营销者与旅游产品潜在购买者之间的信息沟通。然而目前乡村旅游企业在营销手段的运用上非常单一，操作得最多的还是媒介广告。偶尔利用推动作用较大的节事活动与公关活动进行宣传推广，但方案的策划设计与执行尚显单薄，缺少整体性和连贯性。很多地方其实并不深谙市场运作的妙处，只管抄袭照搬别人的模式，或者在自己管辖的地盘里"鼓吹"一番，结果并没得到想要的效果，达不到促销的真实目的。

(二)乡村旅游市场营销策略

1.乡村旅游产品策略

旅游产品是吸引旅游者、开拓旅游市场的基础。在实施产品策略时，必须采用新思路、新方法，才能提升产品的质量。(1)改善基础设施，交通工具安全、卫生、快捷、价格合理，旅游饭店以经济型为主；(2)开发互动项目，增加游客的参与、体验和娱乐性，如开展乡村艺术节、舞蹈、射击、歌曲、植树和体育等活动；(3)增设休闲环境，增加景区周边的休息、娱乐地，如草地、桌椅、体育设施、免费游戏等；(4)突出"农家乐"的特色，以乡村景区为中心，各乡村以农事活动、农村聚落、农民生活、农业生态和农业收获物、农家饮食等作为旅游资源的凭借，开发乡村旅游的潜力；(5)创造优质服务，在行、食、住、游、购、娱的服务中，服务者体现出乡村精神，以实际行动感化游客，超越那些凭借独特资源的普通旅游服务，树立"乡村"服务形象;(6)突出新主题,根据各地资源,组织研究适应当今游客的心理需求的乡村文化,挖掘和突出适宜新时期的乡村本质内容。

2.乡村旅游价格策略

旅游价格制定得是否合理,直接关系到旅游产品的竞争力,影响旅游市场开拓的效果。在制定旅游价格时,首先,要明确定价目标,根据旅游目标市场顾客群的实际情况以及竞争对手的价格,有针对性地确定自己的旅游价格,避免定价的盲目性,避免不顾市场情况的定价倾向。其次,根据定价目标选择适当的定价方法和灵活的定价形式,要注意降低直观价格,尤其要注意价有所值,确保质量兑现。最后,要注意保持价格的相对稳定,频繁的价格变动将使市场无所适从,也不利于市场稳定。

3.乡村旅游产品销售渠道策略

旅游产品必须通过一定的销售渠道才能实现交换,毫无疑问,旅行社仍然是销售渠道的主体。旅游产品销售渠道选择是否合适,直接影响着旅游产品的销售,应当发展与旅行社的业务关系,在价格、促销等方面给予对方必要的支持与合作,以发展和壮大销售渠道网络。

4.乡村旅游促销策略

旅游促销是促进旅游产品销售的多种手段的综合。比如广告、宣传、公关、参加或举办各种旅游博览会等。首先,要保证足够的促销经费;其次,要加强促销的针对性,提高促销效果,要针对主要客源市场加强促销,促销内容要有的放矢;再次,促销形式要多样化,突出地方特色;第四,在继续加强统一的形象宣传的同时,还要进一步加强产品促销;最后,要加强促销的计划性和稳定性,保持一定的促销力度。

图 3-6-1

(资料来源:上海崇明,江南三民文化村网站促销,http://www.sanminwenhua.com/index.aspx)

(三)乡村旅游市场营销的趋势

随着我国乡村旅游业的飞速发展和走向成熟,乡村旅游市场营销方式也正在发生着重要的变革,并直接决定了乡村旅游产业的发展,这种变革所体现出的趋势主要有以下几个方面:

1.产品开发的个性化发展趋势

随着乡村旅游市场需求不断更新和表现出日益多样化的趋势,乡村旅游的产品开发也逐渐向个性化方向发展,以满足旅游消费者的不同层次的需求。

2.品牌化营销趋势

在经济全球化时代的今天,经济的竞争就是品牌的竞争。现代旅游产业的竞争同样也是旅游品牌的竞争。在现代营销理念当中品牌可以说是营销的核心和灵魂,品牌作为吸引消费者购买的重要因素之一,应该全面简洁地向消费者传递本身所代表的独特形象和旅游产品吸引力。乡村旅游的竞争也突出表现为品牌的竞争。

3.营销理念紧扣可持续发展主题

目前,乡村旅游发展已越来越重视旅游资源的开发与生态环境的协调发展,以实现真正的绿色生态旅游。在市场营销方面,绿色营销观念开始引起经营者的重视。在进行旅游产品的宣传和促销时,通过充分的信息传递,来树立乡村旅游产品的绿色形象,使之与旅游者的绿色需要相协调。传统的分发传单、制作大幅广告标语等宣传手段,不仅效果欠佳,而且很不环保,就逐渐遭到淘汰。

4.营销策略更注重与游客的沟通和协调

乡村旅游发展到一定阶段后,各方面的沟通协调就显得尤为重要,特别是游客与旅游从业人员的沟通和协调。乡村旅游是为了满足城市居民回归大自然的心理需求,并为他们提供一个理想的双休日、节假日度假旅游目的地而出现的,因此如何通过沟通准确地了解并把握住乡村旅游者的旅游需求,争取他们做回头客,这才是乡村旅游开发设计的最终目的,也是其营销的侧重点。

5.营销模式开始向网络化延伸

随着乡村旅游的进一步发展,以农户为基本生产单位的方式很难适应农业和农业旅游日益发展的社会化、知识化、规模化甚至网络化的需求。区域旅游网络体系逐渐形成,这样的体系要求形成整体规划,进行联合促销。在现代旅游营销理论的指导下,营销模式开始出现新的发展。运用先进的网络技术,开展旅游电子商务服务,成为很多乡村旅游企业进行营销的首选,乡村旅游的营销模式开始逐渐向网络化延伸。

【信息链接】

2011成都乡村旅游节开幕

华西都市报讯(记者邓宇)　昨日,以"现代大都市,魅力新田园"为主题的2011中国·成都乡村旅游节在青白江区凤凰湖开幕,会上发布了"中国乡村旅游发展——成都宣言"。

"成都宣言"倡导积极向上的乡村旅游方式,在切实保护好农民自身利益的同时,积极采用低碳的生产方式和消费方式,实现乡村资源的永续利用;并且妥善处理好乡村文明传承和创新的关系,促进乡村人口素质提升;积极推动乡村旅游和一、二、三产业融合发展,促进乡村旅游品牌化、规模化、集群化发展。

据了解,2010年,全省乡村旅游收入达489.6亿元,占全省旅游总收入的27.2%,为全省5100余万农民人均增收960元。乡村旅游已经发展成为四川最具潜力和活力的旅游经济增长点。

在历时一个月的时间里,除了整合成都19个区(市)县近期开展的一系列乡村旅游活动外,旅游节还将精心推出"田园成都·乡村印象"拍客大赛、"乡村之夜"主题音乐会、"陌上花开·驿路向前"休闲骑游月、"乡里·香味"2011成都乡村美食月以及首届网上田园美食节暨十佳田园丽人大赛等十大活动。

开幕式上,成都市旅游局还授予青白江杏花村、双流县黄龙溪、温江万春镇等乡镇 2010年度成都十佳"最美乡村"荣誉称号。

(资料来源:http://news.sina.com.cn/o/2011-03-23/084022165012.shtml)

【讨论与思考】

怎样做好乡村旅游的市场营销工作?

【提示】

近年来,很多地区都会定期举办乡村旅游节,这既是对乡村旅游知识的一个普及机会,也是乡村旅游的一种很好的营销方式。

四、乡村旅游市场拓展策略

(一)准确定位目标市场

乡村旅游市场主要是选择城镇区域或者经济发达地区中具有回归自然、享受自然甚至是保护自然等需求的旅游者。但由于各乡村旅游产品所处地理区位环境、资源特性、知名度、种类及其生命周期、主体经营实力及市场营销战略等的不同,在具体选择目标市场时也是不同的,所采用的策略也不一样。在实际操作中,要依据各地方经济状况、发展水平、交通状况等来确定目标客源市场区域和开拓市场的先后顺序。与乡村旅游产品距离近的市场和富裕起来的地区和人群都可以作为潜在目标市场。要改变由空间距离一种因素决定目标市场的做法。在目标市场选择过程中,要从营销主体资源、目标、竞争优势和市场规模等方面对细分市场进行评估,所选择的目标市场必须与乡村旅游市场营销主体的经营目标、产品形象、所拥有的经营资源等相符合。

(二)创建乡村旅游品牌

乡村旅游市场竞争十分激烈,只有创建鲜明的乡村旅游地品牌才能在激烈的市场竞争中立于不败之地。结合市场调查和资源调查确定乡村旅游地的主题形象和目标顾客群,选择多种渠道宣传乡村旅游产品。充分发挥广播、电视、互联网、移动通信广告等电子媒体和报纸、杂志、户外广告、交通广告、地址簿、直接邮寄广告、包装广告等印刷媒体的作用,大力展示乡村旅游发展成果,动员全社会共同关心和支持乡村旅游的发展,形成发展乡村旅游的良好氛围,鼓励有实力的企业"走出去",通过直接投资、品牌输出、企业并购等形式向外扩展,在更大空间配置资源,提高乡村旅游企业的竞争力,利用各种节庆活动扩大乡村旅游地的市场知名度。定期举办乡村博览会,扩大乡村旅游的影响,提高乡村旅游的知名度。

(三)采取市场渗透策略

大多数游客都是每年多次进行乡村旅游活动,因此,乡村旅游市场的开拓首先应实施市场渗透策略,提高游客对乡村旅游的忠诚度,增加旅游频率及提高人均消费水平。乡村旅游区别于其他旅游类型的显著特征就是它对回头客的依赖程度较高,从调查的结果看,大部分游客都多次进行了乡村旅游活动,4次以上的占到了 44.28%。客户关系的建立,顾客忠诚的创造对稳定与开拓乡村旅游市场具有重要意义。因此,对于开发回头客市场,除了进行新产品开发以外,还要引入客户关系管理概念,提高游客对乡村旅游目的地的忠诚度,是政府与企业必须考虑的问题。比如让游客在乡村拥有自己的一份土地、在乡村拥有第二个家等形式就是创造顾客忠诚很好的办法。

(四)乡村旅游企业加强合作

乡村旅游企业之间加强区域协作与联合,是乡村旅游资源开发与乡村旅游未来发展的一项重要举措。从今后一段时间看,探索开拓和扩大乡村旅游客源市场的新途径就是加强区域内和区域间各主要乡村旅游企业之间的联系与协作,合理安排,整合线路。

【信息链接】

阳谷县阿城镇闫庄成立我市首家乡村旅游合作社
以开展农家乐旅游服务为主

本报讯　2010年12月28日,我市首家以开展农家乐旅游服务为主的农民专业合作社在阳谷县阿城镇闫庄村挂牌成立。它的成立为我市农民专业合作社的发展开辟了新的领域,解决了我市乡村旅游业发展水平低、规模小、实力弱、带动能力不强等问题,拓展了新的旅游服务形式,加快了我市乡村旅游业的发展进程。

闫庄村位于阳谷县阿城镇,农业旅游资源丰富,民风民俗多姿多彩。近年来,该村因地制宜发展庭院经济、环村经济林,发展民俗文化旅游,出资100万元成立乡村旅游专业合作社,并先后建成了14个"乡村民俗文化"展厅,展出近30个系列民俗展品,大力发展农家垂钓、瓜果采摘等农家乐旅游项目,还建有钓鱼台、运动场、棋艺台、东西龙潭和儿童乐园等旅游配套设施。相继被国家、省市主管部门评为省级文明村、山东省绿化示范村、中国民俗文化村、山东省旅游特色村、全国特色景观旅游名村等荣誉称号。

据相关专家介绍,随着近年以来周末游的逐渐兴起,越来越多的城市人群到城郊乡村休闲观光,体验乡村生活。闫庄村旅游专业合作社作为一个农民发展乡村旅游的合作互助组织,为我市乡村旅游发展带来了新的机遇,对加快我市乡村旅游资源整合开发,壮大乡村旅游经济规模,增加农民收入具有重要作用。

(资料来源:http://www.lcxw.cn/news/liaocheng/yaowen/20110105/53244.html)

【讨论与思考】

乡村旅游企业或地区如何联合开拓市场?

【提示】

区域协作、企业联合是当前旅游发展的一大趋势,开拓和扩大乡村旅游客源市场的新途径就是加强区域内和区域间各主要乡村旅游企业之间的联系与协作。

【项目作业】

- 实训项目名称:乡村旅游市场营销策划书
- 实训项目作业形式:以当地某乡村旅游产品为例,从乡村旅游产品经营者的角度撰写一份乡村旅游市场营销策划书。
- 实训项目内容考核要求:

旅游市场营销策划书一般有以下内容:

1. 产品分析(20%):包括产品的现状、特色、优劣势分析、机遇挑战分析等。
2. 市场分析(20%):包括这个区域的游客特点、周边的旅游景点竞争对比、本旅游产品的客源市场定位等。

3.营销方案(30%):包括产品、价格、促销、销售等策略。

4.对方案提出经费等预算(15%)。

5.对方案的不定因素(风险)提出防范建议或措施(15%)。

教学项目7　乡村旅游产品策划

【案例学习】

三张王牌:锻造美丽章村

这里是2008安吉·中国美丽乡村节章村分会场。据章村镇主要负责人介绍,章村镇对外打出了"畲族牌、源头牌、高山牌"三张王牌,把章村建设成中国美丽乡村精品示范带和休闲旅游经济先行镇。畲族牌是指以特有的畲族生产与生活体验活动吸引游客为主体的旅游品牌。主要内容包括:竹乡伐竹乐、魃猴舞等一批乡土节目亮相舞台,三月三对歌等民间歌会向游客开放;游客进入畲村,可以吃乌米饭、喝山哈酒、赏畲族舞,回归生态乐园;可以打糍粑、包青团、放竹排,体验古老的民俗活动;可以跳竹竿舞,唱山歌,感受山民的狂欢与乐趣。源头牌是指以黄浦江探源、登山览胜、避暑休闲、观光购物为主体的旅游品牌。主要内容包括:赏源头美景,玩源头漂流,买高山特产,住特色农家乐,喝黄浦江源头活水。高山牌是指以高山村有机蔬菜为载体吸引游客开展各类自摘型娱乐活动为主的旅游品牌。主要内容包括:观蔬菜休闲观光园、摘无公害蔬菜、赏高山人间仙境、住高山农家,使游客既能回归自然,又能修养身心。

(资料来源:安吉旅游网)

【思考与训练】

如何理解乡村旅游产品?

【提示】

黄浦江源头章村镇位于浙江安吉县西南、天目山北麓,东北与报福、杭垓镇相连,西南与安徽省宁国及浙江省临安市相接,有着极为丰富的旅游资源、一流的生态环境、独特的畲族文化与民风民情,是发展长三角地区休闲、度假区的良好场所。上个世纪末,随着上海师生在章村龙王山探索"黄浦江源头"活动演绎成功以后红火了起来。随后,政府部门因势利导,根据当地旅游资源现状,策划了一系列旅游主题活动,取得了良好的经济效益和社会效益,有力地推动了新农村建设。

【基本知识】

一、乡村旅游产品的概念与特点

(一)乡村旅游产品的概念

1.旅游产品

(1)旅游产品定义

目前关于旅游产品的概念表述比较多,综合而言,学者是从不同的角度对旅游产品进行不同的解释。经过搜索与整理，可以看出蔡碧凡等人(2007)的综述与分析比较中肯。

旅游产品是一个复合概念，它在理论上是指旅游者出游一次所获得的整个经历。吴必虎(2001)认为，景观(吸引物)、设施和服务是构成旅游产品的三个主要要素，它们之间的不同组合分别构成了广、中、狭义的旅游产品。

夏林根在《乡村旅游概论》(2007)一书中也有相似的提法："对旅游目的地而言，旅游产品是指旅游经营者凭借旅游吸引物、交通和旅游设施，向旅游者提供的以满足其旅游活动需求的全部服务，而对旅游者而言，旅游产品是指旅游者花费一定的时间、费用和精力所换取的一段经历。作为一个整体概念，旅游产品的构成要素包括六个方面，即满足旅游者吃、住、行、游、购、娱等精神需求和物质需求的实物和服务。"

旅游产品是指为满足旅游者审美和愉悦的需要而被生产或开发出来以供销售的物象与劳务的总和。谢彦君等人(1999)认为，最典型、最核心的旅游产品形式就是旅游地。旅游产品从构成上看可以分成两种：一种是核心旅游产品；一种是组合旅游产品，或称整体旅游产品。前者是旅游产品的原初形态，具有满足旅游者审美和愉悦需要的效用和价值；后者是旅游产品的终极形态，是旅游企业和旅游相关企业围绕旅游产品的核心价值而作的多重价值追加，从而使旅游产品具有几乎可以满足旅游者旅游期间一切需要的效用与价值。

唐代剑、池静(2005)在《中国乡村旅游开发与管理》一书中也写道："旅游产品是为了直接向旅游者出售而开发的愉悦产品或劳务，它可以从旅游资源开发而获得，也完全可以在没有旅游资源的情况下创造出来。"

另外，李天元(2001)从"需求与供给"两个方面提出了自己的认识，即所谓的总体旅游产品层次和单项旅游产品层次。"从需求角度看，总体旅游产品就是旅游者离家外出开始直至完成全程旅游活动并返回家中为止这一期间的全部旅行经历的总和。""从供给角度看总体旅游产品是指旅游目的地为满足来访者的需要而提供的各种旅游活动接待条件和相关服务的总和。""所谓的单项旅游产品就是指旅游企业所经营的设施和服务，或者说旅游企业借助一定的设施而向旅游者提供的项目服务。"

综上所述，研究者对旅游产品的定义表述是站在不同的立场上分别给出的，我们称之为过程体验说、资源产品说与媒介组织说。

过程体验说是从旅游者的角度来说，旅游产品就是指旅游者的一段游历与过程体验。

资源产品说是从旅游资源供给的角度来说，旅游产品就是指旅游目的地为了愉悦游客，根据旅游资源状况而创造的旅游服务设施或旅游服务项目。

媒介组织说是从旅游中介机构的角度来说，旅游产品就是指针对旅游客源市场需求，以满足旅游者吃、住、行、游、购、娱等要求而设计的旅游线路，它由旅游目的地、活动内容、后勤保障等要素构成。

(2)旅游产品的文化层次与种类

旅游产品的内容是极其丰富的，范围是相当广泛的。从内容上来看它具备了文化结构的三个层次：

最外层是旅游产品的物质层。这一物质是人类在历史发展过程中利用自然所创造的具有观赏价值或能满足人们精神需求和物质需求的实物和服务。如吃、住、行、游、购、娱六大要素，是人类的劳动成果，人们看得见摸得着，所以是人们最易于认识的外在层面，也易于评判其优劣。

中层是隐含在旅游产品中的思想层。这一层面包括隐藏在创造旅游产品实物和服务层里的人们的思想、感情和意志。如旅游观赏景物的设计理念,建筑物装潢、旅游服务方式中内含的人的思想感情和寓意。如以2010年上海世博会为例,设计主题是:城市让生活更美好,而各主题馆均有不同的设计理念。这一层面还包括旅游企业文化、行为规范和各种各样的规章制度。旅游产品的这一层面是精神与物质相结合的部分,是旅游产品内容中最具有权威性的因素,它往往规定着一个国家、地区和旅游企业的整体性质。

而旅游产品的核心层是指人的心理因素。包括人的价值观念、思维方式、审美情趣、道德情操、宗教信仰、旅游动机,等等,它们存在于旅游者、旅游建设与服务者的内心世界,一旦表现出来就转化为外层和中层。

从范围上来看旅游产品相当广泛,种类繁多。它可以从旅游资源开发而获得,也完全可以在没有旅游资源的情况下创造出来。也就是说,凡是能吸引游客眼球的东西都能成为旅游产品。而旅游产品的类型是多种多样的,分类方法也不尽相同。国家旅游局将旅游产品分为四种类型:观光旅游产品,度假旅游产品,专项旅游产品和生态旅游产品。有些学者将旅游产品分为传统旅游产品与新兴旅游产品两大类。在实际工作中,应根据具体需要按不同的标志进行分类。

若按旅游时间长短的不同可以分为:一日游、二日游、多日游。

若按旅游国别不同可以分为:国际旅游与国内旅游。

若按旅游者外出方式的不同可以分为:自助自驾旅游、散客旅游与组团旅游。

若按旅游者旅游活动内容和性质的不同可以分为:观光旅游、探险旅游、宗教旅游、休闲度假旅游、商务旅游、业务旅游、乡村(生态)旅游、购物旅游、民俗旅游、养生保健旅游、红色旅游、民国旅游等。

2. 乡村旅游产品

在分析了什么是旅游产品的基础上,我们自然而然地得知乡村旅游是旅游产品的重要组成部分。

从旅游者的旅游动机来分析,美国旅游学家罗伯特·W.麦金托什认为:人的旅游动机有四个方面,即身体、文化、人际及地位(声望);日本学者田中喜一认为:人的旅游动机有四个方面,即心情的动机、精神的动机、身体的动机和经济的动机;而我国学者屠如骥则把旅游动机划分为求新、求美、求知、心情、精神、身体、经济、访古寻友、追宗归祖九个方面。无论是哪种划分,对文化的追求总是第一位的。联合国教科文组织在关于"21世纪的关键问题"的国际专家圆桌会议上界定并预测了旅游未来发展的优先地位,着重指出:要把文化作为旅游的核心和灵魂,文化和旅游的关系应当受到长期的密切的关注。无论对政府、企业还是对旅游者而言,文化动机是一种多主体的、多重的、更高层次的动机。就旅游者这一主体而言,旅游动机是维持和推动旅游者进行活动的内部原因和实质动力。因此,从旅游者的角度来说,乡村旅游产品就是指旅游者为了实现自己求新、求美、求知、心情、身体等多方面的文化旅游动机,选择乡村作为旅游目的地,感受和体验乡土特色鲜明的旅游过程。

由于乡村旅游是以乡村空间环境为依托,以乡村特有的生产与生活方式、风土民俗、乡土建筑、乡村文化为对象,集观、游、购、娱、体验、度假、养生为一体的旅游形式,所以,唐代剑、池静认为:乡村旅游可以被理解为提供给乡村旅游者的一切吸引物及其他必需品,并可将其划分为三个层次:核心产品层、形成产品层、扩张产品层。其中核心产品层是游客选择乡村的目的所在,是游客追求的效用,即长期被禁锢在城市钢筋水泥、车水马龙间的人们已开始突破城市中的生活氛围,非常渴望去感受大自然的真山真水,以寻求返璞归真、回归自然,到乡间呼吸新鲜空气,接触充满生机的绿色世界,体验乡村悠闲自在的生活,在宁静、自然中彻底放松自己。形成产品层是乡村旅游产品的实体,即游客在乡村旅游过程中可以感官认知到的事物,如乡村景观、餐饮和接待服务、工艺品、土特产品和诸如栽果、舞龙等乡村活动。扩张产品层主要是指交通网络、信息服务网络或营销网络。

由此可见,从乡村旅游资源供给的角度来说,乡村旅游产品就是指乡村旅游目的地为了满足旅游消费者多方面的文化旅游动机需求而提供的旅游服务设施或旅游服务项目。它由旅游吸引物、旅游服务设施和旅游服务三大要素构成(参见下表)。

乡村旅游产品构成要素

乡村旅游产品要素名称	乡村旅游产品要素内容
旅游吸引物	包括自然和人文两大要素内容。含山水景观、生产与生活方式、乡土建筑、风土民俗、特有的乡村文化等。
旅游设施	包括交通条件、乡村饭店(农家乐)、购物场所、医疗卫生及娱乐设施等。
旅游服务	包括旅游接待、食宿服务、信息发布、营销手段等。

在乡村旅游产品三大要素中,旅游吸引物是最为重要的因素,因为它是能否吸引潜在的旅游消费者产生旅游动机的关键。乡村旅游之所以在我国能悄然兴起并成为我国旅游业中的一大亮点,是因为这一旅游活动顺应了在全面小康建设阶段人民群众对农业休闲观光旅游的新需求。由于我国地域广阔,各地生产方式、民风民俗、文化背景不同,所以也就形成了各具特色的乡村旅游活动。

从旅游中介机构的角度来说,乡村旅游产品就是指旅游企业(旅游公司、旅行社等)针对旅游客源市场需求及乡村旅游资源的特点而精心设计的乡村旅游线路。这条旅游线路主要由乡村旅游景区景点、乡村旅游接待设施、乡村旅游活动内容和服务及交通要素等串联而成。由于乡村旅游资源具有多样性、季节性、地域性、综合性等多种特性,所以也就出现了诸如农事体验(如摘果、捕鱼、农产品加工等)、田园风光赏析、乡村特色美食品尝、养生休闲(如农家乐、渔家乐等)、民风民俗(如舞龙、龙舟竞赛、农事节日、少数民族风俗等)、探险学习等不同内容的旅游线路。

(二)乡村旅游产品的特征

乡村旅游产品不仅具有一般旅游产品的共同特征,也具有本身特有的个性特征。

1.综合性

乡村旅游产品的综合性主要表现在以下三个方面:

(1)构成乡村旅游产品要素的综合性

由于旅游是一种综合性的社会、经济、文化活动,其主体是旅游者,旅游者的需要是多方面的,不同旅游者的需求是有差异的,因此,旅游产品包含的内容要素必然是综合的,范围是十分广泛的。同理,从乡村旅游产品构成的要素来看,它是由乡村旅游吸引物、乡村饮食与住宿、乡村交通条件、旅游纪念品与购物、娱乐场所等多项旅游要素组成的综合性产品。在实现这一旅游产品过程中,业主既要满足游客的精神需要,也要满足游客的物质需要。

(2)涉及乡村旅游产品行业的综合性

乡村旅游产品涉及的部门和行业是多种多样的,它不仅包括向旅游者提供乡村旅游产品信息服务的中介者、乡村旅游景区景点、提供餐饮和住宿服务的乡村饭店、交通运输部门、娱乐场所,还包括通信部门、农业部门、医疗卫生部门、海关部门等。

（3）提供乡村旅游产品服务的综合性

如果我们将乡村旅游产品的各个要素进行肢解,那么就可以看出,构成乡村旅游产品的要素是相对独立的:旅行社（旅游公司）、乡村旅游景区景点、农家乐、乡村饭店、购物、娱乐场所等都是独立的法人或经济主体,他们都是通过服务来取得自己的经济利益的,所以,乡村旅游产品就是由一条综合服务链所组成的,乡村旅游产品质量的高低也就取决于他们的综合服务水平了。

2. 无形性

无形性是服务性产品的共同特征。乡村旅游产品的无形性主要表现在以下两个方面:

（1）乡村旅游产品体验过程的无形性

乡村旅游产品和其他制造类产品不同。一般产品只要通过直接观察产品的外形、规格、颜色、大小等方面就能决定是否购买,因为其价值和使用价值是凝结在具体的产品身上的。而乡村旅游产品则主要表现为旅游服务,其价值和使用价值不是凝结在具体的实物上的,旅游消费者是通过乡村旅游活动来体验一系列旅游服务而获得的感受,游客体验的过程就是乡村旅游产品价值和使用价值实现的过程。

（2）旅游企业为游客提供服务的无形性

旅游者购买乡村旅游产品后,由不同的企业为其提供服务。而服务是没有形态的,服务质量的好坏取决于乡村旅游消费者的感受和体验。

3. 不可储存性和不可转移性

乡村旅游产品是不能存储的。由于旅游服务和旅游消费在时空上的统一性,所以,当没有游客购买和消费时,以服务为核心的乡村旅游产品就不会产生出来,也就无法像一般产品那样,在暂时销售不出去的时候可以存贮起来,留待有人购买时再销售。这一特性是形成旅游企业在经营中根据市场需要实行浮动价格的特殊现象的主要因素之一。

乡村旅游产品是不能转移的。因为乡村旅游产品不同于一般物质产品可以运输并在交换后发生所有权转移,旅游者购买乡村旅游产品,得到的并不是旅游对象资源或旅游设施本身的所有权,而是"欣赏和体验"或"表现和劳作"的权利,获得的仅仅是一种"接受服务"和"旅游经历"的满足感。所以,在旅游活动过程中,发生空间转移的不是乡村旅游产品,而恰恰是购买乡村旅游产品的主体——旅游者。

4. 生产与消费的同步性

乡村旅游产品作为一种服务性产品,其生产与消费是同步进行的,乡村旅游产品的生产过程就是消费过程。乡村旅游产品的生产必须以旅游者的旅游为前提,一旦旅游者直接介入了乡村旅游,那么乡村旅游产品的生产与消费也就开始了。可见,乡村旅游产品的生产与消费在空间上表现为同时并存。

5. 民族性与地域性

每个民族都生活在特定的地域环境,有着特定的经济状况、语言和生活方式,在历史发展过程中形成了民族所特有的心理,构成了与其他民族不同的具有自身特色的民族文化。另外,由于中国地域辽阔,全国各地在地貌、土壤、水文、气候、动植物自然环境上存在着较大的差异,各要素之间互相联系、互相制约、互相作用就形成了形态各异、千姿百态的自然景观旅游资源。不同的自然景观环境又孕育了不同的地方民族文化。因而各地开发的乡村旅游产品也就具有了民族性与地域性的特征。如广西壮族自治区红岩村的瑶族农家乐生意做得红红火火。现在,村里一共有50多户村民开起了农家乐,在这里游客可以住住瑶族风格的小别墅、采摘瑶家的水果、享受富有特色的瑶族油茶、呼吸清新甜美的空气,尽情体会瑶族农家悠闲自在的生活。而贵州村寨乡村旅游却另有一番滋味,在巴拉河流域的村寨各有旅游内容:古驿道、古朴的村寨建筑和历史文化、苗族歌舞与建筑群、芦笙艺术、特色农业、三斗(斗牛、斗鸡、斗鸟)等。

由此可见,同一国家、不同民族和不同地域的文化差异,又形成了乡村旅游产品的多样性和丰富性。

【案例学习】

乡村休闲度假型——浙江省安吉县报福镇农家乐

◆ 基本情况

安吉县报福镇位于浙江省北部,安吉县西南,天目山主峰龙王山在本镇境内,是上海母亲河黄浦江发源地,报福镇由此闻名遐迩。报福距安吉县城20分钟、杭州1小时、上海3小时车程。境内有两条一级公路04省道、11省道与沪杭高速、104国道、318国道贯通,交通便捷。申苏浙皖、申嘉湖杭高速公路即将通车。

报福镇自然条件优越,物产丰富。盛产天目笋干、白茶、高山有机茶、山核桃、中草药等。是素有“中国竹乡”美称的安吉县主要竹产区,全镇辖区151.3平方公里,其中山林面积20.66万亩,竹林面积8.9万亩,毛竹蓄积量1568万枝。

境内水资源丰富,雨水充沛。黄浦江源头龙王山居其上游,镇西老石坎水库蓄水量达1.5亿立方米,小型水库6座。1958年被国务院命名为“小水电之乡”,周恩来总理亲笔题词。境内原始森林、高山沼泽、溪涧飞瀑、奇峰异石、古树怪松皆有,生态极具多样性,有“植物王国”之称,是著名的生态旅游区(省级自然保护区),是湖州市仅有的少数民族(畲族)聚居区,是近年来生态旅游开发投资热点区域。

◆ 农家乐分布

报福镇农家乐于20世纪90年代后期起步,至今已形成五个农家乐度假区,分别坐落在著名的黄浦江之源——龙王山支脉的群山环抱之中。户户农家乐所在之地,推门可见群山叠翠,流水飞瀑,美景如画,清幽宁静。室内设计尽显简约自然,舒适整洁,配备淋浴等卫生设施,提供农家风味绿色菜肴。

报福镇农家乐休闲娱乐以体现绿色、自然、健康为主,突出田园特色:一是参与农事活动,如挖笋、采茶、摘菜、农耕,等等;二是享受农家传统娱乐项目,如棋牌、垂钓、竹筏、豆磨、水车等,内容丰富,可供随意选择。节日期间,还可欣赏到貔貅舞、花灯、龙灯、腰鼓等民俗风情表演。

报福镇不仅山高水远,环境幽雅,而且人文资源蕴藏丰富,境内还有在江南迅速崛起的著名风景旅游胜地——神秘、峻峭、幽深的“大汉七十二峰”和生态型构造、充满自然野趣的“锦业农业观光园”。另外还有石浪、古寺庙遗址、千亩田等众多天然景观,是喜爱生态、度假养生旅游人士的最佳选择。

图 3-7-1　传统与现代相结合的鱼干溪

图 3-7-2　环境一流的清风寨

　　根据五个农家乐度假区的不同特色,报福镇农家乐服务中心精心设计,分别推出老年游、休闲游、娱乐游、探险游等不同活动项目,适合不同类型团体及零散游客自由选择,服务中心主要为游客提供组织、后勤等各种服务工作。

(资料来源:李海平:《农家乐旅游与管理》,浙江大学出版社 2006 年版)

【课堂讨论】

　　从浙江省安吉县报福镇农家乐成功的经验来看开发乡村旅游产品需要具备哪些条件?

二、乡村旅游产品的资源要素及其合理组合

乡村旅游产品的内涵是极其丰富的，外延是极其广泛的。许多自然和人文资源经过整合设计都可以成为富有乡土特色的旅游产品，这与乡村旅游资源的多样性是相一致的。

（一）乡村旅游产品的资源要素

乡村是与都市相对的一个空间概念，是指以农业为经济活动内容的聚落的总称，又称农村。在当代称之为非城市化地区，通常指社会生产力发展到一定阶段上产生的，相对独立的，具有特定的经济、社会和自然景观特点的地区综合体。

乡村旅游是依托乡村的自然景观、田园风光、农业资源等要素开展的一切游憩、休闲、参与、娱乐、体验、科普活动。近年来，随着人们休憩时间的增加、生活水平的提高和思想观念的转变，乡村旅游越来越受到城市居民和游客的青睐。针对这一顾客群体的乡村旅游产品，除了必备的常规旅游要素（如知识、游客参与活动、娱乐性等）外，还须具备一些特定的旅游要素，比如乡村特定的地理生存环境、乡村特有的自然旅游景观、乡村特有的人文生活气息等。或者说，构成乡村旅游产品核心内容的应该是：富有乡村地方特点的、原汁原味的农家（渔家、牧家）饮食、起居方式、生产模式、风俗习惯、自然风光等。这是设计与开发乡村旅游产品的前提条件，也是吸引城市旅游消费者的亮点。

乡村旅游有别于农业旅游，前者是按旅游的地域空间来分的一种旅游形式，后者是按旅游对象来分的一种旅游形式。

要正确区分乡村旅游与民俗旅游之间。民俗旅游指的是以特定民族的传统风俗为资源加以保护开发的旅游产品。两者含有公共部分——乡村民俗旅游的关系。乡村旅游不仅能观光游览，亦可度假休闲，游客还能亲自参与体验农家生活与生产以及购买时新农产品和其他土特产品。乡村旅游的特色是乡土性，其市场目标是生存环境与乡村有较大差异的城市居民，所以，田园风味是乡村旅游的中心和独特的卖点。

在有关乡村旅游论坛上，中国专家学者普遍认为我国的乡村旅游产品设计应考虑三个方面的因素：一是以独具特色的乡村旅游民俗文化为灵魂，以提高乡村旅游品位的丰富性；二是以农民为经营主体，充分体现住农家屋、吃农家饭、干农家活、享农家乐的农家特色；三是乡村旅游的目标市场应主要定位为城市居民，以满足都市人享受田园风光、回归淳朴民风民俗的愿望。

（二）乡村旅游产品资源要素的合理组合

乡村旅游的吸引力在于能唤醒人们对农耕文明的记忆，其核心旅游资源在于乡村的自然人文风貌和生产、生活及生态环境。因此乡村旅游产品所要研究的就是在城乡互动结构下，乡村发展中如何对乡村资源和生产要素进行重新配置，进而形成推动新城镇、新农村建设的力量，打造田园化、花园式的都市，为乡居村民与乡村旅游接待提供更舒适便利的居住环境，为新农村的建设增添切合实际的动能。

1.以农为本，合理布局

乡村旅游，尤其是都市周边的休闲农业、生态林业的发展以及乡村旅游目的地的打造，并不是单一独立的项目，而是布局有序的区域群体，是区域乡村旅游形象的塑造、区域整体竞争力的提升。因此，各地乡村旅游产品的打造，既要考虑农业旅游及休闲旅游的宏观趋势，又要前瞻城市发展趋势，对区域内乡土旅游资源进行通盘考虑、整合梳理相关的要素，形

成乡村旅游产业集约化的发展,以乡村休闲连绵带、乡村度假区块为目标,构建乡村旅游的综合体,多元产品的复合体,从而形成区域整体的竞争力。以浙江省湖州市乡村旅游发展空间布局为例,在十二五规划中明确提出了构建"一带"(环太湖渔家风情乡村旅游带)、"两片"(西部自然生态乡村旅游片、东部水乡民俗乡村旅游片)、"十区"(打造"十大乡村旅游示范区")的建设思路,充分体现了以农为本,合理布局,盘活区域内乡村旅游资源的要求。

2."一区(县)一色"、"一村一品",乡村旅游产品差异化发展

在"以农为本,合理布局"的基础上,优化配置区域内乡村旅游资源,按照"一区(县)一色"、"一村一品"的整体开发思路,对休闲农业、生态林业、海洋渔业、牧业带内的各个组成部分实行差异化发展。

"一区(县)一色"、"一村一品"是近年来中国乡村旅游中"北京模式"的成功典范,值得借鉴和学习。自 2007 年以来,北京市 10 个郊区县围绕自身的资源特征,实施"一区(县)一色"、"一村一品"差异化发展战略。目前,各区(县)依托自身优质资源,分别打造了一批本地所独有的"一区(县)一色"的品牌产品。比如门头沟开发了五大主题旅游系列产品,依托灵山、龙门涧、百花山、妙峰山等原生态山水景观和丰富的生态植物资源,开发休闲度假旅游产品;依托古村落,开发民俗风情体验旅游产品;依托区域内的山、水、庄、园景观和农业生产生活生态资源,开发都市农业旅游;依托潭柘寺、戒台寺,开发宗教文化旅游产品等。再如通州形成了以乡野游憩、垂钓娱乐、民俗风情、古迹游览为主的生态观光型乡村旅游,以葡萄等特色果蔬、花卉为主的采摘观赏型乡村旅游,以吃住农家、娱乐农家、农事参与为主的体验型乡村旅游,以宠物犬、观赏鱼等观赏买卖为主的休闲型乡村旅游和以宋庄画家村为主的现代创意文化欣赏型乡村旅游五大类乡村旅游产品等。

"一村一品"中的"品"具有两层含义:其一是品种的意思。即根据各村自然生态条件、建筑风格、农产品的特色、风俗习惯等,打造旅游活动内容不同的旅游产品。其二是精品的意思。各村挖掘本地可引用的文化主题,赋予旅游目的地合适的文化脉络,围绕农业主题形成精品园区和精品村庄。比如从 2008 年起,北京市旅游局以现有民俗村为基础,选择旅游要素丰富、特点鲜明的 30 个特色乡村民俗旅游村进行了创意策划,形成了海淀区的"法兰西乡情·管家岭村"、丰台区的"地热温泉·南宫村"、门头沟区的"生态养生休闲·韭园村"、房山区的"穆桂英故里文化·穆家口村"、通州区的"宠物犬休闲文化·大邓村"、顺义区的"红色经典·焦庄户村"、昌平区的"边城文化·长峪城村"、大兴区的"采育人家,葡萄酒坊·东营二村"、平谷区的"边关山寨·玻璃台村"、怀柔区的"长城壁画·北沟村"、密云县的"体验古镇魅力、寻访边关文化·古北口村"、延庆县的"奶牛风情,魅力新村·大柏老村"等。

【案例学习】

民族风情依托型——青海省互助县土族民俗村

◆ 基本情况

互助县是全国唯一的土族自治县,位于青海省东北部,县域面积 3423.9 平方公里,平均海拔 2500 米,人口 37.5 万人,其中土族 6.5 万人,占总人口的 17.3%。西部土族故土园位于威远镇,被国家旅游局评为 AAAA 级旅游景区。整个景区分为土族民俗旅游、自然生态旅游、宗教文化旅游、青稞酒文化旅游四大块。民俗村是土族民俗旅游景区之一,是互助 AAAA 级旅游景区的重要组成部分,2004 年以其完善的设施、优质的服务被国家旅游局评

为"农业旅游示范点"。全村主要开展土族民俗风情旅游、土族花儿、土族婚俗、土族歌舞、轮子秋、民俗风味餐、纪念品销售、家访等服务项目,所有服务项目都按照土族传统文化风格进行,真实地反映了土族人的生活风采,土族民俗旅游在全省乃至全国都有了一定影响。

图 3-7-3　特色鲜明的土族民俗文化村

◆ 发展现状和主要做法

民俗村是一个仅有 126 户、540 人的小村,全村有劳动力 264 个。过去多年以农业为主,农民人均年收入只有 500 多元,人均生活水平较低。20 世纪 90 年代初,民俗村从当初的接待型逐步转向经营型,建起了以家庭为单位的土族民俗旅游接待点。经过多年的发展和大胆尝试,逐步形成了"农家乐"形式的旅游接待点,从事旅游的人越来越多。目前,民俗村有民俗旅游接待户 26 家,上规模的风情园 5 家,近 90% 的村民从事民俗旅游业。

其主要做法是:

1. 依托资源,明确定位。即在政府部门的支持和配合下,确定以旅游带动就业和乡村经济发展的思路,积极引导农户结合自己特点发展旅游业。

2. 立足品牌,狠抓景区建设。一是加大投资;二是大力挖掘土族民俗文化;三是加快配套设施建设。

3. 结合实际,规范发展。在县旅游局的指导下,组织成立了民俗旅游协会,制定服务标准,定期检查,从而实现了行业自律,提高了服务质量和市场竞争能力,从无序竞争向规范化转变。

（资料来源:国家旅游局编:《发展乡村旅游——典型案例》,中国旅游出版社 2007 年版,第 251 页）

【课堂讨论与训练】

从青海省互助县土族民俗村旅游发展中可以了解到哪些信息?

三、乡村旅游产品配套活动与旅游商品开发

乡村旅游"乐"在何处？是环境、餐饮、住宿、购物还是活动？应该说兼而有之。其中，乡村旅游产品中的配套活动安排与购买旅游商品（纪念品）是乡村旅游活动中的重要组成部分，尤其是乡村旅游产品中的配套活动应该成为乡村旅游活动过程中的重中之重。各地在乡村旅游活动内容与旅游商品的开发上，要因地制宜，应不能千篇一律，应不断创新。应充分发挥各地自然资源和人文资源优势，积极倡导自助农庄、民俗民风、观光游览、休闲养生等多种形式，合理安排各类活动，尽量延长游客逗留时间，使游客"乐"而忘返。

（一）乡村旅游产品配套活动安排

由于我国地大物博，各地地理位置、地形、气候、土壤、水文、矿藏、植物、动物等自然条件和社会经济条件存在很大差异，从而导致了人类的生产、生活活动类型多样，具有明显的地域性特征，特别是农业生产在这方面更为突出。因此，在乡村旅游产品配套活动安排上也应体现地域特色。

就太湖南岸的湖州而言，长期以来素有"鱼米之乡，丝绸之府"之称。由于湖州优越的地理位置、气候、土壤等各种条件，特别是太湖之滨的东部平原，一片水网平原地带，是种植水稻、养鱼、栽桑养蚕的好地方。这里勤劳的人民用他们的聪明智慧，在长期改造自然的过程中积累了丰富的养鱼、栽桑、养蚕的经验。

湖州栽桑养蚕究竟始于何时，现无从查考。但据1958年在湖州南郊钱山漾所发掘出的织品绢片考证，已有4700多年历史，证明丝绸起源于湖州。原始社会就开始的栽桑养蚕，到隋朝初年，湖州已是桑树遍野，户户养蚕，"湖丝遍天下"了。唐朝，以湖州丝绸为贡品。清朝光绪年间直隶省蚕桑局《蚕桑萃编》中提到天下桑树以湖桑为最优，河北保定、湖北武昌一带的人都来湖州聘师指导。

湖州是养鱼的好地方。据史书记载，中国养鱼起源于春秋战国之前，是世界上养鱼业发展最早的国家之一。湖州南浔有范庄，据说是越国大臣范蠡（晚年称陶朱公）养鱼之处。汉朝时，有人以他的养鱼经验写出我国第一部有关养鱼之书《陶朱公养鱼经》。唐朝，湖州即有盛誉"鱼米之乡"，有诗云："春水龙湖（湖州菱湖的别名）绿满天，家家楼阁柳吹丝。菱秧未插鱼秧小，种出明珠颗颗圆。"湖州养鱼业，尤以菱湖为最。

湖州还是著名的"中国竹乡"。湖州西部安吉山区，是一个"山山岭岭毛竹林，绿竹一片似海洋"的竹子集中产区，竹林面积达130万亩。

湖州又是中国茶叶文化的发源地。世界上第一部茶叶专著《茶经》，就是被誉为"茶祖"的唐朝陆羽隐居湖州时所著。陆羽通过在湖州一带茶乡广泛的茶事活动所记载的栽种、制作、饮用茶叶的经验，流传域外，成为中华文化宝库的一颗灿烂的明珠。此外，湖州物产丰富，如银杏、莲藕、百合、板栗、青梅等均属湖州地方特产，其栽培历史之悠久，也可上溯千年以上。

根据湖州不同地区农事活动丰富多彩的特点，近年来，湖州各区县分别推出了不同类型的乡村旅游活动，生意红红火火，并已成为我国乡村旅游的典范。

乡村旅游产品配套活动安排大致上有以下不同类型：

1. 农事生产活动

农事生产活动对城市旅游消费者有一定的吸引力，在乡村旅游产品整合过程中，可以整

体推出,也可以分段推出。即根据农事生产活动的时间、季节不同,灵活安排适当的农事劳作体验活动。

(1)"茶事"活动

凡是茶叶产区均可以安排游客参与与茶叶生产有关的农事活动。

中国制茶历史悠久,自发现野生茶树,从生煮羹饮,到饼茶、散茶,从绿茶到各种茶类,从手工制茶到机械化制茶,其间经历了复杂的变革。各种茶类的品质特征形成,除了茶树品种和鲜叶原料的影响外,加工条件和技艺是重要的决定因素。游客通过采茶、制茶等一系列活动,从中可以学到很多知识。比如茶叶的分类、茶叶的品质、茶叶的历史、中国茶艺和茶文化的发展,等等。同时,旅游者还可以将自己制作的茶叶作为旅游纪念品带回家,慢慢品尝、慢慢回味。

(2)"养蚕"活动

中国服饰发展历史久远、形式多样、千姿百态。而在这个多彩的"衣冠王国"中,最能让人陶醉、最能体现中华民族文化卓越内涵、最能代表中华民族服饰文化的,当推丝绸服饰。丝绸服饰具有美的特性。首先,丝绸服饰能体现人体的美,所以,古代女子,尤其是舞者最善用丝绸服饰。柔软、细腻、滑爽的丝绸服饰,最能表现女性的曲线美。其次,丝绸服饰华贵飘逸,能使衣着者倍添风韵,显得潇洒轻盈。少女穿后轻盈活泼、楚楚动人,妇女穿后更显雍容华贵、典丽非凡,男士着后则显得俊逸雅儒。然而,丝绸服饰的原料是怎么来的?很多城里人并不知晓,尤其是长期生活在城里的青少年朋友。为此,从事养蚕生产活动的农家乐在养蚕季节里可以辟出一定的与"养蚕"活动有关的场所,并收集有关与养蚕生产活动相关的图片、资料、丝绸服饰展示等,以供游客参观和参与"养蚕"活动。

游客通过参观、询问和参与"养蚕"活动就能了解和掌握许多知识。比如:蚕的生长发育过程。蚕的一生经过四个生长发育阶段:蚕卵、蚕、蚕蛹、蚕蛾。蚕蛾是成虫,蚕是蚕蛾的幼虫,蚕蛹是从幼虫到成虫的变化阶段。简单说,蚕的一生经过卵、幼虫、蛹、成虫四个阶段。蚕能吐丝、用蚕丝可以织成漂亮的丝绸,这是我国最早发现的。早在4700多年前,我国古代劳动人民就会利用桑树上天然的蚕吐出的丝织绸做衣。大约在3000年前,我国人民又发明了人工养蚕,使养蚕、织绸有了很大发展。当时世界上其他国家还不知道养蚕,也不会织绸。后来,随着商业的发展,各国间的交流多了,一些商人把我国的丝绸传到了阿拉伯、欧洲等地。外国人特别喜欢,也特别惊讶,他们不知道怎么会有这么美丽的做衣服的材料。大约1500年前,我国养蚕的技术传到了欧洲。以后,世界各国才逐渐学会了种桑、养蚕、织绸。现在,我国的丝绸仍是世界人民非常喜爱、在国际市场上畅销的纺织品。因此,江南地区的农家乐适当开展一些"养蚕"生产活动,不仅能够提高中老年旅游者的乐趣,而且还可以向青少年朋友进行爱国主义教育。所以,"蚕事"活动是一举多得的好活动。

(3)"摘果"活动(或果树认养活动)

乡野田间摘果是乡村旅游的一大特色。

游客在领略乡村景观风情的同时,远离都市的喧嚣,到乡野田间采摘桃子、柑橘、杨梅、葡萄等水果;去山里林间收获板栗、白果、山核桃等干果;让游客近距离接触大自然,到农家分享农家丰收的喜悦。但由于受各地地理环境、气候条件、土壤等多种因素的影响,摘果活动具有明显的地域性和季节性。

乡村旅游经营者还可根据自身的资源情况及旅游者的年龄、职业、爱好等因素,推出一些果树、菜地、林地、牧地等供城市旅游者认养,使旅游者亲身体验农事活动的整个过程,亲身体验农家生活。

图 3-7-4 蜜橘

(4)"钓鱼"与"捕鱼"活动

"钓鱼"与"捕鱼"是渔民谋取生存的重要手段。

"钓鱼"与"捕鱼"同其他生产一样,历史悠久。我国"钓鱼"与"捕鱼"约出现于旧石器时代,考古发现距今四五十万年前猿人遗址中,就存有各种鱼骨,古书《尸子》早存有燧人氏教民以渔的记载;后随着生产力的提高,祖辈们相继以石卡、骨钩、铜钩、铁钩来钓鱼。可见,"鱼类是最早的一种人工食物"。

在"钓鱼"与"捕鱼"生产活动中,垂钓是人类精神生活的高级延伸。

钓鱼作为文化行为渗透到物质生活中,最晚在商、周之时,史载姜太公钓鱼遇文王可作佐证,更早的有龙伯国人钓鳌、詹何钓千岁鲤等神话传说,尔后庄周、严光、韩信、张志和、陆游、查慎行等钓鱼名人都已志不在鱼,而各有所期,加之垂钓特具怡情、健身的功能,致使历代钓者广泛,帝王将相、才子佳人、僧尼道士、布衣百姓,皆有所好,溪旁荷间,艇上矶头,深涧幽潭,烟波洞天,隐逸着世代豪杰的夙愿,人们追求精神意念的升华,必然导致垂钓文学(艺术)的出现。

江南是著名的水乡,河流、湖泊、水塘密布,是钓鱼爱好者首选的旅游目的地。历史上有不少文人墨客喜欢选择江南作为休闲、隐居的理想场所。比如唐代隐逸诗人张志和(约730—810)曾归隐于湖州西塞山,朝夕泛舟徜徉于景色清丽的西苕溪一带,迷恋于湖州的青山绿水,过着早出晚归、风雨垂钓的田园生活,从而留下了脍炙人口的《渔父》诗五首,其中至少有两首描写了湖州山水风光,而最负盛名的是"西塞山前白鹭飞,桃花流水鳜鱼肥。清箬笠,绿蓑衣,斜风细雨不须归"。诗人以其真实的感受,将西塞山的迷人景色描绘得淋漓尽致,使西塞山自然山水的诗情画意得到了人化和升华,以至成为千古绝唱。

而作为现代人休闲、娱乐、健身、养性的主要形式之一的"钓鱼"活动也已越来越受到中老年人的喜爱。所以,具备垂钓条件的乡村旅游景点应安排一定的时间让游客参与这一有意义的活动。但在具体安排活动时应注意以下几个问题:

其一是环境适宜。要选择地势比较平整,适宜坐稳观看,空气清新,温度适中,出入方便,安全可靠的地方作为垂钓场所。

其二是渔具选用。应购置一些手竿较轻,竿架易于插立,浮漂醒目,以便识别鱼的动态钓竿备用。

其三是备足相关用具。如板凳或坐椅、遮阳伞具、饮用水、食物、必备药品等。

其四是合理安排垂钓时间与次数。尤其是老年垂钓者,应叮嘱其不可流连忘返,不可过于疲劳。

其五是建立安全措施。当垂钓者较多时,应不断派员巡视,保证游客人身安全。

乡村旅游垂钓活动应与专业钓鱼活动相区别,主要以休闲养心、锻炼身体和陶冶情操为主。而在沿海地区的渔家乐则可以适当安排一些拉网"捕鱼"活动,捕获的鱼虾由游客自主安排。

此外,乡村旅游经营者还可以根据自身条件适量地安排一些其他的农事活动,比如种菜、挖笋、采菱、纺织等,以增加游客的体验乐趣。

2.民俗活动

民俗是指流行于民众社会生活各方面中的那些没有明文约定的(不成文的)、程式化的、民众群体的规矩,民间一代代传下来的传统风俗习惯,民间俗称"老黄历"、"老规矩",包括生活民俗、岁时习俗、家族民俗、信仰禁忌民俗等。

(1)礼仪活动

一切民俗活动,无论是衣食住行、社交礼仪、娱乐游艺、婚丧嫁娶还是民间信仰,无一不是人的活动、人的情感与客体对象的交流与融合。它充分记录了人情生活中的每一个细节,真实地传达了人们交往的情感体验,包含了人们的期望和情感的交流。民俗的存在,为人际交往构造起了一座桥梁,使人们感受到人情的熏陶。在众多的人生礼仪活动中,祝寿的礼俗和婚嫁习俗应成为农家乐旅游的重要组成部分。因为在人一生中有几个重要阶段是难于忘怀的,如诞生、成年、结婚等。所以,乡村旅游经营者按当地风俗主动为客人举行"做寿"活动及演绎婚嫁习俗活动是很有意义的。首先能使旅游者了解当地的风土人情并亲身体验当地人民的生活。其次是增进了游客与主人之间的友谊。再次从市场营销的角度来讲,是吸引"回头客"的好策略。

寿礼,即祝寿的礼俗

通常五十岁以下的诞生礼,称为"做生日",五十岁以上的诞生礼称为"寿庆",俗称"做寿"。浙江人喜欢过"生日"与"做寿"。每年一次生日称小生日,"逢十"为大生日,有"三十不言寿,四十不祝寿,五十受礼不开庆,六十始行庆寿"之说。到寿日,子孙铺设寿堂拜祝,亲友送贺礼庆贺。寿礼有寿面、寿桃、寿嶂、寿轴、寿糕、红烛之类。礼品上置"福、禄、寿"等字样,或放一把用红头绳扎好的万年青、松柏枝条,以祈吉祥。寿桃在民间被看做仙桃,寓长生不老;寿面,以其绵长寓意长寿;寿糕寓寿高;万年青、松柏寄托长青不衰。寿轴多是"松鹤图"、"福禄寿三星图"、"百寿图"。寿联多写"寿比南山,福如东海"之类。寿辰前一日,布置好寿堂,将亲朋所送寿礼按序陈列,悬挂所赠贺联、贺嶂。

湖州人很重视寿庆,习惯以农历生辰为准。湖州及郊区做十六虚岁生日,曰"满罗汉"。

安吉曰"做十六岁"，俗称"罗汉酒"。孩子满十六岁，外婆家要送孩子新衣服、鞋子、帽子，亲朋好友致贺仪。喝过罗汉酒，就表示孩子已经长大成人。年至三十六岁，要做三十六岁生日，湖州人认为三十六岁是人生的一道关口。一般，岳家要赠女婿新装，新装必备双份（女儿一份）。出嫁女也由娘家来做生日，但一般人家为出嫁女做三十六岁的较少。

庆寿诞可提前，以当年为限，但一过生日，即使是当年，也不能举行寿庆活动。畲族居民及湖州地区有"做九不做十"的习俗。

婚嫁习俗

古往今来，结婚礼俗最为人们看重。婚礼的整套礼仪极为完备，洋洋大观。

图 3-7-5　农家婚礼习俗——农家乐，游客也乐

从浙江婚嫁习俗来看，除畲族居住的地区和海岛渔区略有差异外，大部分地区基本相同。旧时婚姻，讲究门当户对、明媒正娶，婚姻必奉父母之命、媒妁之言，男女双方绝无恋爱自由。从提亲到完婚，手续、礼仪十分繁复。在婚姻的缔结过程中，除了遵循周代形成的"六礼"礼制规定以外，还有民间特色的习俗内容。比如说媒、相亲、换帖（交换生辰八字）、送聘（订婚）、过门（迎娶）、回门（结婚后三天新郎陪新娘回娘家拜望父母）等。其中最为精彩的是"迎娶"，俗称"拜堂"。迎娶前一两日，男方要送女方置办酒席的礼物。是日中午，女方盛设"别亲酒"（或称"辞家宴"）宴请贺客和男方迎娶人员。新娘上轿前要辞别祖宗并向父母行跪拜礼，上轿一般通行由女方兄弟抱或背新娘入花轿。浙江许多地方还流行"哭嫁"习俗，上轿时，新娘和母亲都要哭几声，新娘表示不愿意离开父母，母亲则表示不忍女儿出嫁。花轿由四人杠抬，这也是浙江女子出嫁的特殊风俗，相传系宋高宗赵构为感谢宁波女子救命之恩而特地封赠的"半副銮驾"。举行结婚仪式步入洞房后，便开始"闹洞房"。据此，在条件成熟的地区，可由农家乐服务中心牵头，在旅游旺季时定期组织人员演绎这种具有民族特色的活动并积极组织和吸引游客参与该项活动，以达到宣传地方民俗文化之目的。

（2）岁时节日民俗活动

岁时节日民俗是指在一年之中的某个相对阶段或者特定的日子，它在人们的生活中形成了具有纪念意义或民俗意义的社会性活动，并由此所传承下来的各种民俗事象。一般有周期性，有特定的主题，有群众的广泛参与。

我国主要的岁时节日有：春节、元宵、清明、立夏、端午、七夕、中秋、重阳、冬至、除夕等。在这些岁时节日里，民间都举办形式多样的庆祝祭祀活动，闪烁着古老的华夏民族礼仪之邦的文化传统。但活动内容各地有所不同，为此，乡村应根据各地的不同特点，充分利用岁时节日民俗文化活动，以吸引国内外旅游者的兴趣。其中可以组织游客积极参与的岁时节日活动主要是春节、元宵、端午、重阳节等。

春节

春节俗称过年，指农历十二月下旬至翌年年初这段时间的生活内容、欢庆活动，历来十分隆重。旧时"过年"始于腊月二十三，止于正月十五。其实浙江农村从小雪就开始准备了：农户自酿米酒；腊月自磨米粉、打年糕、宰牲口、备年货；直至除夕夜合家团聚欢饮，俗称"吃年夜饭"。除夕夜，有通宵不睡之俗，称作"守岁"，古人云"一夜连双岁，五更分两年"。因此，守岁既有对旧岁留恋之情，又有等待新年良好开端的意思。而后从正月初一开始一直至正月十五为止，你来我往，上门拜年，彼此互道"恭喜发财"等。浙江各地的风俗与全国一样，春节为最隆重的传统节日，庆祝活动以吉祥为核心。主要有掸尘、祭祖、守岁、贴春联、放鞭炮、拜年、吃年糕等吉祥风俗。安吉报福农家乐服务中心已在上海成功地推出了"到农家过年"的系列活动，报名人数不少。

图 3-7-6　长兴百叶龙

元宵节

元宵节又称"上元节"或"灯节"。一般是农历正月十三上灯，十八落灯，为期六天，以十五元宵节为高潮。其产生与道教有关。道家把正月十五、七月十五和十月十五分别称为上元、中元和下元,合称"三元"。

我国元宵节约始于汉代,在东晋南朝之时,各地已开始形成"闹元宵"的风俗。"闹元宵"期间,浙江各地的活动内容相当丰富,主要有灯会、猜灯谜、调龙灯和吃元宵(即吃汤圆)等习俗。

传统元宵灯会,一般分两种,一为挂灯,各家各户扎各式各样彩灯高悬门前,供众人观赏;一为迎灯,有组织地结成舞队游街串户和广场表演,如龙灯、狮子灯、花灯、马灯等。

元宵之夜,以舞龙最为热闹。龙是中国老百姓崇拜的对象,舞龙具有悠久的历史。湖州城乡的舞龙,或以粗犷豪放见长,或以细腻柔美闻名。尤其是以"长兴百叶龙"最具特色。百叶龙的龙头像荷花,龙尾则由蝴蝶灯变化而成,可谓别具一格。

端午节

农历五月初五为端午节,是我国夏季最重要的传统节日。

浙江端午节的主要活动有四个方面,即赛龙舟;吃粽子、五黄、六白等饮食习俗("五黄"指黄鱼、黄瓜、黄鳝、雄黄酒、雄黄佛豆。"六白"指豆腐、茭白、小白菜、白条鱼、白斩鸡、白切肉);挂艾草、菖蒲;亲友之间互送礼品的习俗。

重阳节

九月初九俗称"重九",古人认为九是阳数,所以又称这一天为"重阳节",又称"登高节"。民间有吃重阳糕、喝菊花酒、登高的习俗。特别是登高活动大有文章可做。

登高:九月,秋高气爽,登高一望,草木山川,尽收眼底。这实际上是一种野游,为我国人民传统的体育活动。比如湖州人喜登毗山、道场山;杭州人一般登城隍山、玉皇山、宝石山、葛岭初阳台;德清人在莫干山已经连续举办了几届重阳节国际登山比赛;等等。

赏菊:菊花,又叫黄花,属菊科,品种繁多。重阳时节,正值菊花怒放,当饮菊花酒。《艺文类聚》引《续晋阳秋》说:"世人每至(九月)九日,登山饮菊花酒。"据说古时菊花酒,是头年重阳节时专为第二年重阳节酿的。九月初九这天,采下初开的菊花和一点青翠的枝叶,掺和在准备酿酒的粮食中,然后一齐用来酿酒,放至第二年九月初九饮用。传说喝了这种酒,可以延年益寿。从医学角度看,菊花酒可以明目、治头昏、降血压,有减肥、轻身、补肝气、安肠胃、利血之妙。

吃重阳糕:重阳糕,又叫"菊糕"、"花糕",即古时的"蓬饵"。因"糕"与茱萸、"高"谐音,故重阳佳节,不能登高而吃点糕,也可聊以自慰。据说封建时代,皇帝在重阳日还以花糕赐宴群臣并开展骑射活动。

3.娱乐活动

娱乐活动是旅游过程中的六大要素之一。我国的娱乐形式多种多样,内容丰富,流行广泛,并具有强烈的乡土色彩。

娱乐主要是指流行于民间的各种游艺和竞技活动。一般来说,娱乐活动具有一定的季节性、竞技性、节日性和文化性。即不同的季节有不同的娱乐活动,不同的节日有不同的娱乐活动,且含有一定的竞技特点和文化内涵。比如"正月里来踢毽子,二月里来放鹞子,三月里来淘米包粽子","元宵舞龙观灯,端午龙舟竞渡;秋天斗蟋蟀,重阳爬山登高比赛"等。所以,乡村旅游经营者应认真研究我国的娱乐民俗文化,从中汲取营养,并加以充分利用。要尽量选取一些具有文化性、娱乐性和可操作性的娱乐项目,合理安排好游客的娱乐活动。

图 3-7-7　流行于畲族的体育娱乐活动——押架

(1)组织观看和参与具有地方文化色彩的娱乐活动

这类娱乐活动集表演性、观赏性、游客参与性于一体,故应成为乡村旅游娱乐活动的主要内容之一。比如二人转、走高跷、腰鼓、花灯、舞龙、少数民族的民歌对唱、少数民族的舞蹈等。

畲族山歌:生活在广东、福建、浙江等地的畲族是个能歌善舞的少数民族。他们常以歌为乐,以歌代言,以歌叙事,以歌抒情。畲族山歌基本上是七字一句、四句一首,有时第一句也有三字或五字。按歌的首数可分为短歌和长联歌,单独一首的为短歌,由几首、几十首甚至上百首组成一个整体内容的叫长联歌。畲歌有真嗓和假嗓两种唱法,叙事歌、劳动歌、情歌用假嗓唱,原因是在山中假嗓传得远,唱上三天三夜也不伤喉;仪式歌、哀歌用真嗓唱。

貔貅舞:貔貅是畲族人崇拜的灵物。所以,每到节日期间,长期居住在大山里的畲族人就会跳起这种舞蹈,以乞求神灵的保护。

舞龙:龙是中国老百姓崇拜的对象,舞龙具有悠久的历史,我国南北舞龙各有特色。德清县城关镇民间自古有舞龙习俗,每当喜庆节日,他们进村入户,自娱自乐,保留了淳朴丰厚的传统民间文化。而享誉全国的"长兴百叶龙",则演示了粉荷碧莲瞬间化作烈性蛟龙的神奇故事。

"轧蚕花":清明前后,江南各地尤其是南浔、含山、善琏、练市等地的蚕户人家都要到含山走一走,俗称"轧蚕花",以求养蚕丰收。是日,含山山下河港里,大船小船摩舷撞艄,各种民间技艺表演争相上演。来自各地的标杆船、打拳船、踏白船、划龙船等竞技献艺,精彩纷呈,极具地方文化韵味,同时,又有很强的娱乐性。

(2)定期组织一些民间竞技活动

民间竞技活动具有较强的刺激性,也能吸引旅游者积极参与。比如斗牛、斗蟋蟀、斗鸡、斗羊、斗鸭、射箭、攀爬、拔河,等等。

斗蟋蟀:蟋蟀又名"促织","蟋蟀鸣而知天下秋"。

斗蟋蟀风行大江南北。据说,我国古代曾经有位"蟋蟀皇帝",即明代宣德皇帝。民间有"蟋蟀瞿瞿叫,宣德皇帝要"的童谣。明清时的一些大户人家甚至有被封为"大将军"的蟋蟀,死后甚至不惜用金棺厚葬。此风刮向民间,以致"京人至七八月,家家皆养促织"。斗蟋蟀是人们小时候经常玩的游戏。因此在一年一度的中秋时节,安排几场斗蟋蟀比赛,能使人回想起幸福的童年生活。

斗牛:牛是农民主要的生产资料。牛好斗,但不像西班牙的人牛相斗,而是挑选黄牯牛在水田相斗分输赢,所以,具有赛牛和观赏性质。比如浙江金华斗牛就很有特色。

攀爬:攀爬是一项很好的体育活动,尤其对青少年具有较大的吸引力。

欧美国家有愈来愈多的中小学校,已在体育课中导入攀岩和爬山活动,并把攀爬作为一种训练学生身心发展的绝佳工具。显然,攀爬活动能够鼓励青少年面对挑战、克服困难,培养不畏挫折、奋勇向上的精神。同时,适量的攀爬运动对中老年人的身体也大有益处。因此,我们认为,地处山区的农家乐可选择一些安全系数较高的地方,开展一些攀爬活动必将受到游客的欢迎。

(3)搞好民间游戏和杂耍活动

民间游戏和杂耍种类繁多,生动有趣,客人参与性很强,所以必须组织好这类活动。若按活动性质的不同大体上可以分为以下几种类型:

游客活动型:比如烧烤、篝火晚会、击鼓传花、打牌、麻将等。

智力型:比如猜谜、填字、下棋等。

观赏型:比如看社戏、皮影戏、小魔术等。

(二)乡村旅游商品开发原则

乡村旅游商品是指具有乡村特色的、供旅游消费者购买的旅游商品或旅游纪念品。乡村旅游商品的开发不但能促进农村经济结构调整、扩大农民就业增收,还能提高农副产品的附加值,弘扬乡村民俗文化和丰富旅游商品市场,意义极其重大。

1.乡村旅游商品开发对乡村旅游产业发展的作用

在世界上凡是旅游业发达的国家和地区,旅游商品购物收入一般占到旅游业总收入的40％至50％。就国内而言,浙江、海南省旅游商品购物占旅游总收入比重已经达到35％以上,而上海、深圳甚至占到50％左右。国家旅游局近年来也特别重视这一工作,2009年、2010年连续两年在义乌举办了中国国际旅游商品博览会,旨在推动旅游购物业的发展。

在吃、住、行、游、购、娱旅游六大要素中,购物是乡村旅游必不可少的重要一环,为此,乡村旅游商品开发对乡村旅游产业发展具有举足轻重的作用。

(1)发展乡村旅游商品产业是乡村旅游产业可持续发展的重要条件。乡村旅游商品是乡村旅游六要素中"购"因素发展的重要支撑点,是发展乡村旅游的重要吸引物。不断开发出新的乡村旅游商品,不仅可以满足旅游者的需求,而且能够创造出新的旅游消费,从而增强地区旅游市场生命力。

(2)发展乡村旅游商品产业是新农村建设的重要举措。新农村建设,产业发展是基础,新型农民的塑造是关键。在开发乡村旅游商品产业的过程中,传统意义上的农民已经转型成为有自信、有技术、有文化、懂市场的新型农民。现在全国各地乡村旅游发达地区正在涌现一些以从事乡村旅游商品生产为主导产业的专业村和专业户,传统民间手工艺正在焕发出新的生机。比如安吉竹乡以竹制品工艺生产为主导的专业户、专业竹坊、专业工厂大量涌现,有些乡镇旅游工艺品收入已经成为乡村经济收入的重要来源。

（3）发展乡村旅游商品生产是增加农民就业和发家致富的有效途径。乡村旅游拓宽了农民参与市场的思路,激发了农民对旅游业的热情,乡村旅游商品生产是增加农民就业及致富的有效途径。从事乡村旅游商品生产的农民离土不离乡,就地利用当地资源,开发旅游商品或旅游纪念品,不仅乐了游客,还乐了从业的农民,又增加了农产品的附加值,小村庄联结大世界,小经营开拓大市场,小投入争取大回报。长兴八都岕古银杏长廊依托农家乐旅游加工销售白果、茶叶、吊瓜等,仅土特产的销售收入就达到了2500多万元。

2. 乡村旅游商品开发中存在的问题

乡村旅游是一个新兴产业,乡村旅游商品受消费需求的拉动,正在呈现非常快速的发展态势。但是从产业发展来看,在乡村旅游商品开发中存在的问题仍然不少。

（1）政府扶持力度小,旅游商品开发资金短缺。由于各地政府部门对乡村旅游商品开发、生产、销售的引导和扶持力度不够,不能为农户提供更为优惠的经济政策、行业信息引导、宣传服务等,致使一些农民具有了深度开发旅游商品的想法,然而缺乏启动资金,从而制约了乡村旅游商品制造业的发展。

（2）科学管理不够,生产层次不高。现在从事旅游商品开发的农户由于缺乏对市场预期的经验和科学的规划与管理,很难形成产业化发展。同时,乡村旅游商品开发缺乏统筹规划和宏观指导。既没有一个像样的科研开发队伍,又没有一个健全的行业管理机构,产供销体系不全,专业人才短缺,这就直接影响到乡村旅游商品市场发展的后劲。目前,我国乡村旅游商品生产、加工主要以个体、私营为主,生产规模相对较小,生产工艺传统但相对落后,特别是一些传统特色乡村旅游商品,大都是手工操作。通过调查发现,乡村旅游产业没有形成集聚效应和产业集群,旅游商品生产龙头企业太少。相关部门虽然开展了一些活动引导产业发展,但总的看,政策引导缺乏连续性、系统性、科学性,特别是对产品开发、龙头培育、市场营销环节的支持力度不够。

（3）新颖商品不多,品牌商品更缺。乡村旅游商品是创意产业,新颖、个性、有特色的创意是产品畅销的根本。但我国乡村旅游商品同质化现象相当严重,缺乏明显的地方特色,使不少有购买欲望的游客望而却步。即传统商品多,新颖有创意的产品较少,品牌商品更缺。为此,如何通过政策引导,调动主创人才的积极性,并通过一种机制,将有创意的作品与各地独特的地域乡村历史文化与农业资源进行整合,开发出既有乡村特色、又有历史与民俗文化内涵的品种丰富的乡村旅游商品和品牌商品是各级政府应该重视的问题。

（4）商品质量参差不齐,价格无序。由于人们对乡村旅游商品缺乏系统、全面、深入的了解,其理论研究更是缺位。因而相应的管理制度、技术检测手段、相关的商品质量检测体系不健全,缺乏行业管理,市场准入及监管不严格,导致乡村旅游商品质量参差不齐,价格无序。

为此,如何开发有创意、有个性、有特色、有质量保障的乡村旅游商品和纪念品,已成为当前乡村旅游发展的当务之急,必须引起政府主管部门和旅游经营者的高度重视。

3. 乡村旅游商品开发原则

（1）创新原则。由于我国乡村旅游的发展时间不长,乡村旅游商品开发相对滞后。旅游商品或旅游纪念品开发始终停留在浅层次上,只有少数地区开发出了对游客极具吸引力的旅游商品或旅游纪念品,所以必须要有所创新。只有不断创新,市场才有生命力。通过深度挖掘各地乡村自然资源、民俗文化、民间工艺等特色,逐渐扩大产业链条,才能够开发出更具吸引力的乡村旅游商品和旅游纪念品。

(2)市场导向原则。乡村旅游商品开发与营销都应该以市场为导向,离开了市场,旅游商品无法具有较强的吸引力,不能带来经济效益、社会效益和生态效益。我国乡村旅游商品开发应牢固树立以游客为中心的营销理念,时刻把握市场脉搏,深入洞察游客需求,并以此作为旅游商品开发的基本原则,根据游客的消费偏好开发具有一定的地域特征、文化内涵和新颖实用的旅游商品和纪念品,以满足游客的多样化需求,必然会促进我国乡村旅游的良性发展。

(3)打造精品原则。目前,我国乡村旅游商品的开发尚处在粗糙、低层次阶段,有些地区甚至还停留在裸装阶段,商品质量无法保证,这就制约了游客的消费欲望,回头客少,也影响了乡村旅游业的可持续发展。因此,各地乡村旅游经营者应在保留原田园风光、自然景观、乡村风情的基础上,按照高标准、高品位、精品化的原则,充分挖掘特色旅游商品资源的文化内涵,精心打造与包装,按照精品原则开发我国的乡村旅游商品和纪念品,并营造良好的购物环境,使游客玩得开心,购得放心。

(4)地域性原则。乡村文化由于是在不同的地域环境中形成的,所以既有相似性,又有差异性。比如内蒙古草原地区由其环境特色而形成的草原文化特征;江南水乡地区由其环境特色而形成的水乡文化特征等。即使是在同一个国家、同一民族文化类型中,在同一主文化条件下,由于地域环境的差异也会形成地域文化差异,因而我国古代就有"五里不同风,十里不同俗"一说,指的就是不同地域的民俗文化差异。同理,反映在旅游商品(纪念品)的开发上也应体现地域性的差异,形成不同地区具有不同的旅游商品(纪念品),充分体现我国乡村旅游商品文化的多样性与丰富性。比如北京乡村旅游商品(纪念品)开发就很有特色,根据北京乡村资源特点,相继开发了地域特色鲜明的农产品、民间工艺品和农村生产生活用品三大类旅游商品,深受游客喜爱。

(5)有序开发原则。我国乡村旅游商品的开发,应该遵循有序开发原则。即应树立"保护资源为主,有序开发与合理保护相结合"的科学发展理念,在保护自然资源的基础上进行科学、合理和适度的开发,并规范乡村旅游商品市场。乡村旅游的发展,主要是依托农业资源,假如在旅游商品开发的过程中,不注重对自然与人文资源的保护,不加强对乡村生态环境的保护和建设,急功近利,鼠目寸光,就会给我国乡村旅游的发展带来致命打击。政府对各种所有制的经营实体要进行严格的规范,防止短视行为的出现。

四、乡村旅游产品案例分析与策划

(一)乡村旅游产品案例分析

【信息链接】

太原市上兰村:土雕不土还值钱

土雕是用以普通黄土为原材料,经过加工硬化而成的类似于焙烧砖的雕刻材料来雕刻各种主题的造型,从而建成大规模的土雕艺术园。土雕是世界范围首次将普通黄土作为雕刻材料,与冰雕、沙雕一样,具有易雕、快速、低成本的特点,是继冰雪雕、沙雕之后又可制作大型和大规模雕塑群的新的雕塑材料与雕塑模式。

【专家指点】

太原市上兰村农民用土雕建景区,开展乡村旅游,获得成功。

他们经营的成功在于:一是借鉴邻村汉代土雕保存至今的先例,大胆试验。成功后,筹集资金,选聘能人,用土雕建成千佛洞,成为旅游新景区;二是在景区附近找客源后,主动多次拜访旅行社,通过旅行社扩大客源;三是景区建成后,延伸经营,掏窑洞,让游客白天看土雕,晚上住土窑,体验乡土气息。景区开发后,上兰村名气越来越大,景区使30多个村民就业,还带动本村果品销售。

在发展乡村旅游中,不仅要注意已有的旅游资源,而且要创造性地开发旅游资源。上兰村的村民借鉴邻村汉代土佛保存至今的先例,用本村的土、荒山搞土雕,建成新的旅游景区,应当肯定。当然,土雕群的内容可以多种多样,可以雕成山西古今名人,可以雕成山西各地名景缩影。在雕塑方面可以延伸产业:优惠接待美术院校师生,用原土让他们实习,挑选有价值的精品陈列展示;可以请泥人张传人左习庭教授泥塑、土雕给村民,泥塑土雕产品作为旅游纪念品出售。这样,使上兰村的土雕更值钱。

(资料来源:CCTV"致富经"栏目组:《专家指点乡村文化旅游》,上海科学技术文献出版社 2007 年版)

北京市怀柔区:泡的就是"山吧"

北京市怀柔区大山生态旅游观光项目:经济果林带;畜牧养殖带;珍禽、动物观赏带;生态林带;绿化苗木培育带;蔬菜栽培带;观光居住带;健身、娱乐、休闲中心带;水上娱乐带。

【专家指点】

北京城市居民刘滨等到怀柔区投资乡村旅游。他将营销对象定位于都市年轻白领,依托雁栖镇的山水林木,以城市年轻游客的喜爱为导向,设计出既回归自然,又时尚时髦的山吧。住宿是木屋,造在山上称氧吧,餐厅在半山称餐吧,嬉水的水池为水吧,荡秋千的地方为荡吧,为都市青年提供休闲放松、回归自然的良好场所,获得游客追捧,游客盈门。

乡村旅游是人们回归自然、放逸身心,感受自然野趣、体验乡村生活,进行休闲娱乐的主要方式之一。乡村旅游的特色就在于要"土",纯朴的自然风光是最基本的旅游资源,在此基础上,用时尚的理念和独具匠心的设计深度挖掘旅游资源才能突出重围,获得游客的青睐。乡村旅游住宿不一定要搞高层建筑、多星级宾馆,但是生活环境要卫生,住宿处要清洁,有卫生间,能洗澡。餐饮可以是粗粮野菜,但一定要精工细做。

将市民休闲需求和乡村自然风光巧妙结合,用时尚的理念包装纯朴的天然景观,山吧获得了成功,山吧的经验值得借鉴。

(资料来源:CCTV"致富经"栏目组:《专家指点乡村文化旅游》,上海科学技术文献出版社 2007 年版)

贵州南花苗寨

"三里不同风,十里不同俗",贵州黔东南苗族侗族自治州以古朴浓郁、绚丽多姿的民族文化著称。这里的苗、侗等少数民族人口占总人口的大多数,其中苗族人口约占中国苗族人口的一半,被称为"中国苗族的大本营"。距州府凯里市 16 公里的南花村,就是一个供游客参观、居住着 180 多户苗族人家的古老村寨。

【专家指点】

贵州是我国人均收入最低的省区之一。8 年前,贵州省就决定旅游扶贫。

贵州省南花苗寨、布衣族音寨、天龙屯堡都是贫困农村。这三个旅游脱贫的村寨启示人们:旅游扶贫,天地广阔。当地人依托独特的民族风情、优美的自然环境发展旅游,收入明显增加。特别是天龙屯堡,依托600年前汉民习俗开发旅游。6位村民发起组织旅游公司,村民组成旅游协会,协会入股旅游公司,公司运作旅游活动,使旅游与全屯堡村民利益紧密相连。屯堡发展旅游内部得到村民支持,外部得到旅行社青睐,迅速成为旅游热点。一半以上村民参与旅游服务工作。旅游公司在效益较好后回报村民,为全屯堡村民上医疗保险,为适龄儿童代缴全部学费,形成了农民支持旅游,旅游富裕农民的良性循环。

贵州省旅游扶贫的典型经验有很多可以借鉴学习的地方。当然,这些村寨要注意保护环境,保持纯朴、有特色的民风民情,持续发展,努力创新,争取打造出国家级的乡村旅游精品。

(资料来源:CCTV"致富经"栏目组:《专家指点乡村文化旅游》,上海科学技术文献出版社2007年版)

(二)乡村旅游产品策划

1.什么是乡村旅游产品策划

从历史上来看,策划一词最早应该出现在《后汉书·隗器传》中"是以功名终申,策画复得"之句。其中"画"与"划"相通互代,"策画"即"策划",意思是计划、打算。策最主要的意思是指计谋,如决策、献策、下策、束手无策。划指设计,工作计划、筹划、谋划,意思为处置、安排。

策划又称"策略方案"或"战术计划"。关于什么是策划,不同的人有不同的见解。其中日本策划家和田创认为:策划是通过实践活动获取更加效果的智慧,它是一种智慧创造行为;美国哈佛企业管理丛书认为:策划是一种程序,"在本质上是一种运用脑力的理性行为";而更多的人士认为:策划是一种对未来采取的行为作决定的准备过程,是一种构思或理性思维程序。可见,策划是指人们为了达到某种特定的目标,借助一定的科学方法和技巧,为计划和决策而构思、设计、创作的过程。

在当代社会中,策划已广泛运用于各行各业,如广告策划、市场策划、产品策划、营销策划等。

策划常用的理论和方法也较多。如二八法则、CIS理论系统、USP理论、SWOT分析法、5W2H法、马太效应、马斯洛需求理论、麦克尔·波特竞争理论、蓝海战略、长尾理论、定位理论、品牌形象论、木通理论、羊群效应、4P理论、4C理论、果子效应、魏斯曼营销战略学说及竞争四种手段等。

策划具有以下几个主要特点:第一是目的性;第二是前瞻性和预测性;第三是不确定性和风险性;第四是一定的科学性;第五是可操作性;第六是创意性,即是人们思维智慧的结晶。

在理解了策划这一基本概念后,我们就能清晰地得出什么是乡村旅游产品策划了。

所谓乡村旅游产品策划是指为了满足旅游者多样性的旅游需求和实现购买目的,旅游产品策划者在充分调研乡村旅游资源的区域分布、可进入性、旅游者对资源的感知、认知度以及市场需求情况的基础上,借助一定的科学理论和方法,设计出能满足客源市场需求并有独特竞争力的乡村旅游产品的过程。

乡村旅游产品策划从目的上来看可以分为旅游内容策划和旅游产品营销策划两类:乡村旅游内容策划,主要是旅游经营者针对市场需求,以细分市场为基础,形成一个乡村旅游产品开发的整体思路,以期拓展新的旅游经济增长点。比如如何办好农家乐、农庄、渔庄、民俗村、乡村采摘活动等。乡村旅游产品营销策划,即旅游经营者谋划通畅的销售渠道、持续的销售态势和维持乡村旅游产品设计的理想化售价,通俗讲,就是如何能更好地将产品卖掉,并在销售过程中,塑造新的品牌形象。

乡村旅游产品策划从操作上来看可以分为策略方案思考与计划编制两个过程。乡村旅游产品策略方案思考指的是为达成某种设计,编制具体行动计划的思考过程,或为达到某种特定的目的,所需采用的方法思考与设计。计划编制是指按照已经确定的方法与思路编制操作程序的过程。

2. 乡村旅游产品策划的支撑要素

四川大学旅游学院杨振之、陈谨认为:旅游策划是旅游规划的灵魂。规划是比策划更庞大的工程,它是对社会、经济、环境效益的最优化进行预测,它比策划更讲综合效益和协调发展,但规划的可操作性是由策划来作保证的。规划更多地指向政府行为,而策划指向的是市场需求。

乡村旅游产品策划的支撑要素主要包括:乡村旅游目的地的环境条件、乡村旅游吸引物的空间分布、乡村旅游服务设施、乡村旅游服务机构、乡村旅游时间与旅游线路、乡村旅游市场分析等(参见下表)。

乡村旅游产品策划的支撑要素

要素名称	支撑要素分类	支撑要素内涵
乡村旅游产品策划基础要素	乡村旅游吸引物	乡村旅游名称、乡村旅游景观特色、乡村旅游活动内容、旅游商品特点、民俗文化
	乡村旅游目的地环境条件	自然条件如天气状况、地理位置、动植物、地貌等;社会条件如语言、社会治安、民风等以及当地经济状况
	乡村旅游服务条件	餐饮、住宿、购物、娱乐、配套活动、交通条件、卫生安全等
	乡村旅游其他支持条件	信息服务、地方政策、医疗保健等
乡村旅游产品策划市场要素	乡村旅游市场需求状况	客源地基本情况、客源富裕度与当地物价水平分析、客源爱好、客源文化层次等
	乡村旅游市场细分	购买者(消费者)的需要和欲望;购买者态度;购买者行为特征等
	乡村旅游竞争者研究	与周边乡村旅游供给者的活动内容分析、价格分析、差异分析等

在乡村旅游产品策划的支撑要素中我们需要重点把握乡村旅游吸引物这一核心要素(即乡村旅游内容策划是重点)。首先要不断挖掘乡村旅游资源的独特性。乡村旅游产品策划的过程就是不断挖掘有价值、有特色的乡村旅游资源的过程。旅游策划的最高境界就是"化腐朽为神奇"。在别人认为是腐朽的东西,你却发现了神奇之处,你的策划才有神来之笔,也才能传之后世。策划者需要科学地分析与评价乡村旅游吸引物价值的大小,要正确判断这些资源开发为旅游产品对市场的吸引力和市场的需求。比如青海省互助县土族民俗村、太原市上兰村、贵州省南花苗寨、布衣族音寨、天龙屯堡的成功策划与开发就是很好的例证。其次要善于对各类资源要素进行巧妙整合。由于乡村可开发为旅游产品的旅游资源种类繁多,如山林、竹海、农家、果林、海滩、山中的温泉、民俗风情、整体环境等,所以如何合理

整合这些资源就成为乡村旅游产品策划能否成功的关键。

3.乡村旅游产品策划书的编制

乡村旅游产品策划书即对乡村旅游未来的旅游活动(项目)进行策划,并以文本的形式展示给读者。乡村旅游产品策划书是旅游开发者和经营者的行动指南,是实现未来旅游目标的指路灯。

乡村旅游产品策划书编制的基本要素:

(1)策划书名称

乡村旅游产品策划书名称应尽可能具体地写出策划名称,并置于页面中央。如"2010年3月安吉朗村畲族文化周活动策划书"、"2010年4月湖州乡村(生态)旅游节活动策划方案"等。

(2)策划背景

乡村旅游产品策划背景首先应重点阐述以下内容:本产品基本情况简介、历史经济因素、旅游资源、组织部门、旅游活动开展的历史沿革、社会影响力等。其次应对本产品的优势、劣势、机会及威胁等因素进行分析(SWOT分析),并通过对旅游市场的预测制订计划。

(3)策划目的、意义和目标

乡村旅游产品策划目的表述要简洁明了,词义表述清楚。

乡村旅游产品策划意义(包括经济效益、社会利益、媒体效应等)都应该明确写出。

乡村旅游产品策划目标要具体化,并需要满足重要性、可行性、时效性等要求。

(4)资源要求

乡村旅游产品策划书中应尽可能列出所需资源要求,包括人力资源和物力资源。

(5)活动内容

乡村旅游产品活动内容是策划书的核心部分,也是旅游营销成败的关键。作为策划的正文部分,表现方式要使人容易理解,文字表述要力求详尽。在具体活动描述中,要考虑到每个细节,不得遗漏。

(6)经费预算

乡村旅游产品活动的各项费用应根据实际情况进行具体、周密的计算后,用清晰明了的形式列出。

(7)应注意的问题及细节

由于受内外环境的变化影响,不可避免地会给方案的执行带来一些不确定性因素,因此,当环境变化时是否有应变措施,损失的概率是多少,造成的损失有多大,应急措施等也应在策划中加以说明;旅游活动项目负责人、组织人及主要客源应予注明;需要注意的事项也要详细列出。

(8)策划书文本要求

策划书文本力求页面美观、内容详尽、图文并茂等。

策划者可以专门精心设计制作亮丽的封页。如有附件可附于策划书后面,也可单独装订。

【作业题】

1.如何理解旅游产品及乡村旅游产品?

2.乡村旅游产品有哪些特征?

3.如何合理安排乡村旅游配套活动？

【项目作业】

● 实训项目名称：某乡村旅游产品活动策划书

● 实训项目作业形式：调研当地某家乡村旅游企业，并根据其类型、特征等情况，为其制作一份"乡村旅游产品活动策划书"。

● 实训项目考核要求：

1.基本格式（20％）；

2.活动内容安排（50％）；

3.可行性（30％）。

主题模块四　乡村旅游的安全卫生与服务质量

【教学目标】

1. 能力目标
- 能编制乡村旅游安全管理手册。
- 能编制乡村旅游卫生管理手册。
- 能够处理乡村旅游过程中发生的安全、卫生事故。

2. 知识目标
- 了解乡村旅游的安全与卫生由哪些要素构成及其重要性。
- 掌握乡村旅游活动过程中的安全防护措施。
- 掌握乡村旅游环境和饮食卫生要求。
- 掌握处理乡村旅游过程中发生的安全、卫生事故的方法和法律依据。

【工作任务】

利用图书馆、互联网以及实地调查了解,对收集的乡村旅游中安全与卫生信息进行归类整理,完成乡村旅游的安全与卫生的管理手册编制。

教学项目 8　乡村旅游的安全与卫生

【案例学习】

乡村旅游存在众多的卫生和安全隐患

休假制度调整之后,小长假正为乡村旅游展现出前所未有的发展前景。这些土味十足的村庄或农家乐小饭馆刚开始时,游客还觉得挺新鲜:住茅草屋、坐竹椅竹凳、拿陶碗盛饭、吃土鸡野菜。城市里住久了,大酒店小饭馆吃腻了,偶尔改改口味、透透新鲜空气的想法让乡村游火了起来,但发展乡村旅游时也存在着众多的卫生和安全隐患。

◆ 乡村旅游点的客房床单长时间没换洗

在西安秦岭野生动物园前,空地上,有一大片柿子树,树下阴凉处停着七八辆小轿车,但树底下总有人们扔下的塑料袋等垃圾。某记者跟卖胶卷的一打听,附近的农家乐还不少。就走进村边的"红卫农家乐",称想午休,老板说:"5块钱一个人,能休息两小时。"当记者来到二楼一看房间,发现房间里的双人床床单看上去长时间没换了。

◆ 乡村旅游使城里麻将"搬"下乡,赌博之风盛行

乡村旅游最大的特点是把城里的麻将"搬"下乡,据观察,除了初次去体验乡村旅游新鲜感的人外,绝大多数人是到农家乐打麻将、斗地主、诈金花,且绝大多数都带有赌博性质。一位开农家乐的女老板对记者说,现在的人原本都是俗人,哪里有那么好的雅兴跑大老远来喝清茶哟!不带点彩,纯粹打耍耍牌,几乎还找不到。人们之所以都喜欢到乡村旅游点去打牌,除了比城里清净、空气新鲜、饭菜可口、价格便宜外,最主要的原因是公安机关、纪检监察部门一般是不会去查赌的,除非有人检举揭发,在乡村旅游点赌博安全。乡村旅游的最大特点是吸引了一大批城里人前去安安心心地去打牌。

【讨论与思考】

1. 乡村旅游中为什么要把卫生和安全放在重要位置?

2. 不准赌博,乡村旅游拿什么吸引游客?

【专家观点】

旅游安全涉及吃、住、行、游、购、娱旅游六要素各个方面的安全,很多部位和设施需要专业人员把关,因此,要联合各部门对旅游景区、星级宾馆饭店、旅行社等旅游企业的消防、交通、餐饮、游乐设施等进行安全检查督查。对乡村旅游的安全管理要做到以下内容:乡村旅游民俗村(户)要按照公安部门的相关规定,严格执行住宿登记制度,特别要加强对火源、电源、防盗的安全管理;客房内要张贴安全须知,禁止使用明火(煤炉、煤气、电炉子等),并确保取暖安全;要遵守燃放规定,确保燃放烟花爆竹安全;要加强食品安全管理,按相关部门要求执行进货索证索票制度,确保食品安全。

要着重对包括农家乐在内的乡村旅游景点的卫生环保、体验参与、促进就业、服务质量、交通设施等明确量化指标,对乡村旅游组织管理、文化注入、人员培训、品牌宣传等方面提出更高的要求。乡村旅游优势还在"农"字,农村风光、农舍民情、农家饭菜、农事活动,这些才是吸引城里人的法宝。因此,乡村旅游转型升级,必须在创意上下工夫,突出乡村旅游的闲趣、农趣、乐趣。依据不同的乡村旅游资源特色,深度开发乡村风光观赏游、乡村风情欢乐游、乡村生活体验游、城村文化互动游等系列产品。

【基本知识】

乡村旅游景点一般都具有美丽的自然或田园风光,去乡村旅游景区可以舒缓现代人的紧绷的神经,因此受到很多城市年轻人的欢迎。在乡村旅游中,既能享受到农家菜的纯香自然,又能保证吃得放心、玩得舒适,以其吃的"绿色"、玩的新鲜,得到了广大旅游者的认可,但与此同时,乡村旅游可能因为安全和卫生问题让游客乐不起来,例如:安全没有保障而出现治安事故,因卫生原因而导致食物中毒等都将影响当地乡村旅游的进一步发展。

一、乡村旅游安全与卫生的重要性

近年来乡村旅游发展迅猛,但服务质量、环境卫生、安全保障、特色服务等方面还不尽如人意,仍然存在消防设施不足、卫生环境较差、食品管理不规范、接待服务不周到、证照不全等直接威胁到游客生命健康的隐患。在接待服务设施方面,对厨房、餐厅、厕所、公共信息图形符号还没有具体规定;在环境保护方面,空气、噪声、饮用水、污水排放、油烟排放等还达不到国家强制性标准。很多顾客到农村最发怵的就是当地的卫生条件,他们看不惯苍蝇飞舞

的餐厅，更不能容忍的是农村的厕所。

（一）乡村旅游安全的重要性

有人认为，乡村旅游的安全工作是依附于服务而产生的，它不直接产生利润，属于非生产部门，因而将之作为"二线"部门而轻视之。实际上乡村旅游安全工作的好坏，不仅直接关系到乡村旅游的正常运转，也在很大程度上影响乡村旅游的效益。乡村旅游作为人们食宿及娱乐休闲等各种活动的公共场所，乡村旅游的安全贯穿全过程，不仅关系到当地的声誉和效益，也关系到游客的人身财产安全与健康，因此，乡村旅游的安全就显得非常重要。其主要作用表现如下：

1.乡村旅游安全是提高客人满意度的重要保证

安全是人类的一个最基本的需求，乡村旅游的客人和其他人一样，具有免遭人身伤害和财产损失，要求自身权利得到保障，正当需求受到保护和尊重的安全需求。而且，游客身处异地他乡，他们对自己的生命安全、财产安全和心理安全的关注与敏感，其期望程度比平时更甚，因此，从乡村旅游经营者的角度而言，为客人提供安全的环境以满足客人的安全期望是乡村旅游开展正常经营管理工作和提高服务质量的一个基础。

2.乡村旅游安全工作直接影响当地的社会经济效益

游客来乡村旅游景点消遣，乡村旅游经营者有义务制定出能保证消费者安全的服务标准，具备能够保证消费者安全的服务设施，否则，乡村旅游经营者将面临因安全问题而引起投诉、索赔甚至承担法律责任，从而影响当地的社会效益和经济效益。

3.乡村旅游安全工作有助于提高员工积极性

安全工作不仅是对客人人身安全、财产安全的管理，同时也包括对乡村旅游员工安全的管理。如果乡村旅游员工在生产过程中缺乏各种防范和保护措施，将不可避免地产生工伤事故，使乡村旅游员工的健康状况受到影响，很难使乡村旅游员工积极而有效地工作。

（二）乡村旅游卫生的重要性

到乡村去旅游、去消费，总是希望能得到等值的享受。比如吃饭，希望能吃上农家做法的饭，以野菜、野味来换换口味，体会一下农家风情，但如果在乡村旅游时端上的饭菜跟城市饭店别无二致，照样大鱼大肉，则乡村旅游将失去其绿色、健康的意义。在人人追求健康长寿的今天，乡村旅游餐饮业的卫生安全问题的重要性是不言而喻的，它无论是对于广大的农家乐餐饮消费者来说，还是对于农家乐餐饮经营者而言都是至关重要的一个环节。在乡村主要要体现的纯天然、绿色、健康的特色，当然也可以在菜名上做点小文章，如在乡村旅游中，"忆苦思甜"是红烧肉，"曹操献大刀"是回锅肉，"红掌拨青波"是枸杞汤，等等。归结起来，可从如下几个方面来认识乡村旅游餐饮卫生安全的重要性。

1.乡村旅游卫生是成功经营的基本保证

从宏观意义上讲，乡村旅游餐饮企业所提供的产品是"服务"，而构成"服务"这一产品的内容是包含很多具体项目的，其中最基本的部分是菜品、饮料等食品。到酒店、餐厅就餐的客人，首要的目的是为了食用各种各样的菜品、饮品，以满足生理上的需要，那么食品中任何对人体有害的因素都是不应该存在的。否则，人们如果在食用菜品时造成了对身体健康，乃至生命的威胁，那么进食也就失去了延续生命活动的意义，所以，餐饮业加工销售的菜品、饮料等食品，首先必须是干净卫生、安全无害的，这是乡村旅游餐饮生产经营的基础，是乡村旅游餐饮企业能够得到发展的基本保证。如果，一个乡村旅游餐饮企业连基本的餐饮卫生都保证不了,还怎么去谈企业的发展呢?

2.乡村旅游卫生是维护乡村旅游消费者的利益的需要

乡村旅游餐饮消费者到餐厅进餐时,最关心的问题就是菜品等食品是否卫生安全,这在前文已有论述,对于乡村旅游餐饮经营者来说,要想赢得广大客人的信赖,首先的问题是要维护乡村旅游餐饮消费者的人身利益,这就要求乡村旅游的餐饮企业生产销售的食品卫生干净、安全可靠,不会给乡村旅游就餐者带来任何不安全因素。而有一些乡村旅游餐饮企业对自己产品的卫生往往用马马虎虎的态度来对待,使就餐中时有食物中毒等不安全的事件发生,给消费者造成了不应该的人身伤害和财产损失。因此,需要食品防疫部门、卫生部门等对乡村旅游餐饮企业的食品卫生实施监督,以确保乡村旅游餐饮的卫生安全性,维护广大餐饮消费者的利益。

3.乡村旅游卫生是维护乡村旅游员工的卫生健康的需要

如果是在乡村旅游卫生条件欠佳、环境污染严重的场所内加工制作餐饮食品,不仅会对乡村旅游餐饮产品的卫生形成威胁,同样也会对食品加工人员的自身带来不安全的因素,甚至会影响企业员工的身体健康。所以,保证餐饮的卫生安全,不仅是餐饮企业发展的基本保证、维护餐饮消费者利益的需要,同时也可以在很大程度上维护从事菜品加工制作员工的卫生安全与身体健康。

4.乡村旅游卫生是保障乡村旅游企业的利益的需要

如果乡村旅游餐饮企业加工销售的菜品等食品含有对人体有害的因素,一旦给消费者造成伤害,企业就要承担一定的道义责任,甚至法律责任。轻者对受害人进行必要的经济赔偿,重者会受到法律的制裁。因此,从有效保障乡村旅游餐饮企业的利益方面来看,餐饮产品卫生也是不可忽视的,必须把任何不卫生、不安全的因素控制在最低水平,以确保乡村旅游消费者、餐饮企业、企业员工等各方面的利益。

【信息链接】

食物中毒让乡村旅游心有余悸

桂林市郊区、农村的"乡村旅游"旅游项目蓬勃发展。但是,由于缺乏政府有关部门规范、有效的管理,食物中毒事件在"乡村旅游"的宾馆饭店不时发生。据卫生部门统计,不到半年的时间里,桂林"乡村旅游"的饭店共发生3起食物中毒事件,中毒人数多达119人。

据了解,目前桂林各县开办的"乡村旅游"休闲旅游项目,大都是当地村民在自家经营的,普遍没有办卫生、工商等部门的许可,缺乏卫生、工商等执法管理部门的日常的监管与培训,卫生条件较差,这是导致"乡村旅游"饭店易发食物中毒事件的主要原因。如在龙胜各族自治县龙脊旅游景区一家饭店发生重大食物中毒事件,共有94人细菌性食物中毒。卫生部门抽样检验发现,当天的鸡鸭等食物中含有大量致泻性大肠杆菌等数种致病菌,经现场检查得出结论,是宾馆食物生、熟食不分,粪便污染所致。

(信息来源:新华网广西频道)

【提示】

乡村旅游中的食品安全问题突出。不少旅游者比较乐于成群结队或结伴在旅游中选择"吃农家饭、品农家茶"。一些旅游者甚至现场购买"农家乐"里还在饲养的猪、羊、狗、鸡、鸭等畜禽,要求现场宰杀后烹饪。这种做法实际上隐藏着不少问题,现场宰杀的畜禽没有经过检验检疫部门的检疫,其中暗藏的疾病游客和经营者是无法分辨出来的。而"农家乐"中的厨房、碗筷也缺乏正规的消毒措施,没有卫生防疫部门的监管,很难达到与城镇餐馆相提并论的消费要求和卫生标准。有的经营点甚至还出售明令禁止销售的国家保护野生动物,如野猪、蛇类、青蛙等动物。

【思考与讨论】

1. 如何预防食物中毒事故的发生?

2. 发生食物中毒应采取什么急救措施?

【专家指点】

各级旅游主管部门要提高对旅游安全宣传教育培训重要性的认识,增强领导干部"没有安全就没有旅游"的思想观念,积极组织并督促检查企业开展安全宣传教育培训工作。一是加大安全培训力度。企业负责人要强化安全生产工作主体责任意识,提高自觉贯彻执行安全生产法律法规的自觉性。加大对旅游从业人员的安全知识教育和技能培训,使旅游行业全体员工具备必要的安全生产知识,熟悉有关安全生产规章制度和安全操作规程,掌握必要的旅游安全常识和本岗位的安全操作技能,提高员工的整体安全素质,努力减少各类事故的发生。二是加大安全生产知识宣传力度。以"安全生产月"、"11·9"宣传日等为平台,充分运用电视、报纸、网络等多种媒体和宣传方式,面向旅游企业广泛开展宣传教育,努力培育旅游从业人员的安全理念,倡导和推进安全文化建设。

二、乡村旅游的安全措施

安全不仅包括客人的人身、财产安全,而且包括客人的心理安全及员工的安全。一般来说,乡村旅游安全工作中不安全的因素可以分为两类:一类是乡村旅游企业内部存在的不安全因素;另一类是乡村旅游住宿客人自身存在的不安全因素。乡村旅游应当采取措施,防止客人放置在客房内的财物灭失、毁损。由于乡村旅游企业的原因造成客人财物灭失、毁损的,企业应当承担责任;由于客人自己的行为造成损害的,企业不承担责任;双方均有过错的,应当各自承担相应的责任。

为了保护客人的人身和财产安全,乡村旅游客房房门应当装置防盗链、门镜、应急疏散图,卫生间内应当采取有效的防滑措施。客房内应当放置服务指南、住宿须知和防火指南。有条件的乡村旅游住宿点应当安装客房电子门锁和公共区域安全监控系统。

(一)乡村旅游的客房安全方面要求

1. 乡村旅游应当保护客人的隐私权。乡村旅游经营户要告知入住游客妥善保管好自己的贵重物品。乡村旅游员工未经客人许可不得随意进入客人下榻的房间,除日常清扫卫生、维修保养设施设备或者发生火灾等紧急情况外。

2. 所有门锁均应安装规范,固定牢靠,确保锁舌、锁库、门、框配合严密,安全可靠。住店客人领取房间钥匙,要严格检查其住房卡或钥匙领取凭证;客房钥匙要专柜存放,专人管理;领取钥匙要办理严格的登记手续,严禁工作人员将客房钥匙携带出外;住客退房时,要及时收回房间钥匙;发现钥匙丢失要迅速查明原因并要采取及时更换锁芯的措施。

3. 乡村旅游服务人员要有明确的责任,不得擅自动用客人物品。打扫房间要"开一间,做一间","完一间,锁一间"。客房卫生间须采取有效防滑措施,浴缸应配备防滑垫,并有提醒客人小心滑倒的标志。

4.住客退房离店后,服务人员要认真检查房间内有无遗留的火种,有无有害物品及客人遗忘物品,完成上述工作后方可再搞卫生。

5.农家乐服务人员不得把住店客人情况向外泄露,对要求会见住店客人的宾客,要验看证件并征求被会见人同意后方可允许进入。来访客人必须在23点前离开客房。

6.服务人员要注意发现可疑情况,迅速通报危险信息,随时提醒客人照看好钱、物,防止盗窃活动。

(二)乡村旅游餐饮卫生安全方面的要求

俗话说"病从口入",人们的日常饮食卫生直接关系到身体的健康。饮食卫生是餐厅提供饮食服务非常重要的组成部分,餐厅必须提供给客人安全、卫生的饮食。它不仅关系到餐厅服务的好坏和信誉,更重要的是直接影响到顾客的健康。有的餐厅虽然菜肴很可口,但餐厅的环境很差,连日常消毒都达不到卫生要求,这就直接影响餐厅服务的质量。所以餐饮经营者要特别重视餐厅服务的环境卫生,无论设备、条件多么有限,要把好卫生关,为顾客提供饮食安全,创造良好的用餐环境。卫生是餐厅生存下去的基本条件,若不注意餐厅卫生,不仅会影响个人的健康,也可能波及整个社会,其中的严重性及重要性,是每个餐厅经营者都不可轻视的事情。清新幽雅、整洁卫生的饮食环境给顾客一种温馨的感受,并能给餐厅带来更多的回头客。

(三)基础设施安全的要求

乡村旅游经营户对于自家的道路应该平整便于行走,有必要的路灯设施,对于周围环境的安全应加以注意,特别是要提防毒蛇、毒蜂及恶犬对游客造成伤害。同时室外电闸要有保护箱,木质箱须包衬铁皮,拉临时电线要经安全保卫部门同意,由指定电工安装并限期拆除。乡村旅游接待户在游客入住前,应对水、电及房屋内设施进行安全检查。

(四)乡村旅游娱乐项目方面的安全要求

乡村旅游主要的娱乐项目有:棋牌、游泳、草靶场、荡竹排、骑马、垂钓、羽毛球、乒乓球、秋千等娱乐设施,此外还有参与性的活动,如采摘果实、干农活、种菜等。对于可能对游客人身造成伤害的项目要事先提醒客人注意安全,并有明确的警示标志。对可能损害客人人身和财产安全的场所,应当采取防护、警示措施。例如秋千的最大承受力,竹排的最大承载重量应有明确的说明,对于可能对游客造成伤害的活动要有相应的人员在场给予必要的指导。乡村旅游中有些简易的秋千、睡袋及小木桥等都要及时地进行检查,避免因木材、绳索的老化而给游客造成人身伤害。

(五)消防安全方面的要求

火灾直接威胁乡村旅游内客人和员工的生命财产安全,会使乡村旅游在声誉和经济上付出沉重的代价。虽然火灾的发生率很低,但由于后果严重,所以必须花气力去认真对待防火问题。乡村旅游要按消防设计规范要求配备数量充足、选型正确的轻便灭火器材,灭火器材要码放位置明显,易取,完好,有效。要设有程控电话,灭火器不少于2个,消防设施有灭火器、黄沙等。

(六)治安安全方面的要求

维护乡村旅游正常经营秩序,查禁和打击卖淫、嫖娼、赌博、吸毒、贩毒等违法犯罪的活动,协助配合公安机关查破案件。加强工作人员的安全教育工作,要警惕不法分子混进乡村旅游点进行偷盗行为,防止外部偷盗、内外勾结和旅游者自盗行为的发生。

【知识学习】

农家乐消防安全管理制度

一、营业期间确保安全出口、疏散通道畅通。

二、按规定配备灭火器应急照明灯和疏散标志等消防设施,确定专人负责,加强维护保养,确保完整好用。

三、严格用火用电管理,严禁超负荷使用电器、私拉乱接电气设备,严禁在客房内使用明火。

四、严禁存放过量易燃易爆化学物和其他危险物品。

五、做好值班巡查工作,发现事故苗头,及时消防。

六、全体员工必须熟悉灭火疏散预案,会报警、会使用消防器材、会组织引导顾客疏散,积极向游客宣传消防安全知识和森林防火知识。

七、积极整改上级监督部门检查中发现的火灾隐患。

【课堂讨论】

1.谈谈乡村旅游中消防安全的重要性。

2.如何防止火灾的发生?

【专家指点】

要加强消防安全管理。特别是冬季,冬季是火灾的多发季节,各旅游镇乡、旅游企业和乡村民俗旅游村要认真分析本地区、本单位消防安全工作中存在的突出问题,有针对性地制定冬防实施方案,集中开展火灾隐患普查整治工作,推进火灾隐患整改工作,预防火灾事故,保障公共安全。一要加强对疏散通道、安全出口、消防车通道的检查,确保通道和出口畅通;二要加强对用火用电设施的检查,确保用火用电设备符合消防安全要求;三要加强对防火分隔设施、自动消防设施和消防器材的检查,确保消防设施齐备、完好、有效;四要加强对旅游从业人员掌握各类安全应急预案、防火安全工作技能的检查;五要加强旅游节庆活动期间的消防安全检查,做到提前部署,强化措施,确保消防安全。

三、乡村旅游的卫生要求

有人认为,乡村旅游嘛,就应该土一点、灰一点、脏一点,这样才能体现乡村旅游的本质,所以个别乡村旅游经营户不太注意自己的个人卫生,湿衣服、湿的内衣到处乱挂,脏鞋子、臭袜子四处可见,动物大小便也不进行去除,"乡下曲辫子"也不太梳理,坐下来马上脱鞋、跷起个二郎腿等不雅观的事项、情况时有发生,有的还理直气壮地说,我们是农民、农村嘛,当然是这个样子了。实际上,乡村旅游虽然是要体现农民、农村的特色,但也不能不强调卫生工作。要培养员工的卫生意识,只有全体人员具有了高水平的卫生素质,才能搞好乡村旅游的全面卫生,所以,必须使乡村旅游员工具有卫生意识,只有做到这一点,才能谈得上全面提高员工的卫生素质。

为了使乡村旅游保持较高的卫生标准,真正做到整齐清洁,使客人生活在一个干净优美的环境之中,乡村旅游卫生管理主要应抓好以下几个方面:

(一)抓好个人卫生

家庭成员有健康证,衣着整洁,个人卫生好。餐厅服务人员的健康必须符合规定,患有皮肤病或手部有创伤、脓肿者，及患有传染性疾病者应待其病好后才能上岗工作。

1.服务员的外表形象

服务员的外表形象就像餐厅的一面镜子，通过他们可以看出整个餐厅是否达到卫生方面的标准。试想一下，餐厅里的服务员蓬头垢面，个人卫生都不能保证，更何况整个餐厅的卫生，所以，餐厅服务员应注重自己的外表形象，从而给顾客留下良好的印象。乡村旅游从业人员身兼农民和服务人员两个职务，应注意角色的转换，提高个人的修养，以纯朴、真诚和热情的状态去为游客服务。

对服务人员的整体要求是着装整洁，符合规范；剪指甲，保持手部、面部的清洁卫生；加强锻炼，保持健康的身体，展示良好的精神风貌。

2.服务员的语言卫生

有些餐厅服务员虽然形象很好，无论是从相貌上来看，还是从穿着打扮上来说都是人见人爱，但是一听到这个服务员开口说话就会对这个服务员的形象大打折扣，因为他（她）的语言不文明。污言秽语、恶语伤人，当然是不卫生的，具有这方面"特长"的服务员也确实存在。况且，即使不说非常过火的话，但其不恭的语言同样也会给顾客造成语言差的印象，从而使乡村旅游的形象受损。

（二）抓好公共卫生

乡村旅游要注意门前卫生，搞好绿化，人多的地方容易脏，特别是沙发、茶几、烟缸等随时清洁整理，注意维护乡村旅游卫生，每一个地段、每一道走廊楼梯都要随时清扫，保持公共场所各部位的干净整洁。

1.具有固定生产经营场所及与接待能力相适应的面积。远离污染源，距暴露垃圾堆（场）、坑式厕所、粪池25米以上，环境整洁。

2.具备符合卫生要求的消毒、更衣、盥洗、防鼠、防蝇、防尘、洗涤、污水排放、存放垃圾及废弃物设施，具有消除苍蝇、老鼠、蟑螂和其他有害昆虫及其孳生条件的措施。

3.厨房最小使用面积不小于8平方米，有1.5米以上瓷砖或其他防水、防潮、可清洗材料制成的墙裙，水泥地面，洗碗、洗菜分池。

4.贮存食品的场所、设备应保持清洁。食品应分类、分架、隔墙、离地存放，并定期检查。配备必要的冷藏设备，及时处理变质或超过保质期的食品。

5.乡村旅游原则上不得经营凉菜，若经营凉菜应设专用房间。凉菜间设置及凉菜加工应符合《餐饮业食品卫生管理办法》要求。

6.卫生间必须为水冲式，且有流动水的洗手设备，旱厕必须置于生产经营场所的25米以外。

（三）抓好客房卫生

客房被罩床单一客一换，保持干燥、整洁。客房内天花板光洁明亮，无蜘蛛网、灰尘等，墙面整洁卫生美观。注意消毒工作，物品无破损，床上无毛发、污迹，表面干净，无客人消费使用过的痕迹。厕所使用方便，清洁无异味。镜子、画框明亮，各种物品摆放在规定、方便客人使用的位置。摆设品要保持清洁、干净，如有损坏，应立即更换。桌面、椅子要每日擦洗，如有损坏，则应立即更换，以免造成人员伤害。

（四）抓好餐饮卫生

提供合乎卫生标准的餐点及饮料是餐饮业的重要职责。人们饮食的第一要求是"卫生",其次要求食品营养均衡,再次是对食品"色、香、味"的要求。

1.乡村旅游餐厅的清洁

对于乡村旅游餐厅来说清洁卫生是非常重要的,乡村旅游餐厅必须保持清洁,柜台上的各种饮料及酒水必须保持整齐。餐厅保持清洁应做到地面经常打扫,并用拖把擦拭干净。如铺设地毯,则每月应做彻底的吸尘2次,并加以消毒处理。台布要每日换洗、消毒,如有破损,则应立即更换,不可继续使用。

2.乡村旅游菜单清洁

保持菜单清洁同样是餐厅卫生的一个重要组成部分,必须给予足够重视。在乡村旅游餐厅进餐,经常会碰到这样一种情况,当你拿起菜单准确点菜时,却发现菜单上沾满了灰垢和油渍。由此可见,菜单不清洁是一种普遍存在的现象,而这恰恰是许多经营者在卫生方面的一个弱点。要知道,尽管菜单不是用来吃的,只是用来点菜用的,但沾满油渍和灰垢的菜单同样会使就餐者对餐厅的卫生状况观感大打折扣。

3.乡村旅游厨房清洁

厨房干净,布局合理,餐具卫生,防蝇防鼠措施好,餐具必须有消毒措施,有消毒水池和冷藏设施。所有的饭菜都是在厨房里做出来的,所以,厨房卫生直接反映整个餐厅卫生水平的高低,厨房卫生是餐厅里一切卫生的基础。

厨房卫生应做到以下基本要求:

(1)厨房内应保持清洁、干净,不可堆放杂物。

(2)保持空气流通,照明亮度适中。

(3)工作台不可坐卧,厨房内禁止吸烟、饮食。

(4)厨房内不应有灰尘及油垢堆积,垃圾应分类处理,并紧封垃圾袋口,以防虫害及鼠、猫扰乱。

(5)加强消毒工作,防止食物中毒。

(6)厨房灶台照明要使用防潮灯,使用筒灯(俗称牛眼灯)要有融热、散热条件。灯泡限41瓦以下。

(7)液化气罐不得露天存放,不许在楼内使用,点燃煤气灶要用点火棒,操作时不能离人,离人必须关闭阀门。

此外,只有加强对厨师及厨房其他工作人员的管理,才能达到厨房卫生的标准。这必须做好以下工作:

首先厨房工作人员应注重个人卫生,养成良好的卫生习惯。必须严格要求厨房工作人员,经常向他们灌输搞好厨房卫生的思想和理念,让他们明确地认识到自己所做工作的重要性。其次厨房工作人员患有传染性疾病时,应立即中止工作。

4.乡村旅游餐厅设备清洁

设备清洁对餐厅来说至关重要。有些设备是顾客能够直接看见的,若不注重卫生,会影响顾客的食欲和餐厅的形象;有些设备顾客虽然看不见,若不注重卫生,不仅会影响顾客的身体健康,同时也是餐厅经营的隐患。设备清洁包括以下几个方面:

(1)为了使空调设备达到合格的清洁标准,最好的办法就是制定每周清洗过滤系统计划。一套完善的空调系统,应能将可溶性物质、细小固体、悬浮物沉淀,并达到除去多余水气和恒温的目的,使相对湿度达到一定标准。

（2）炉灶、烹饪器具应保持清洁，最好的办法就是用后立即清洗干净，每天至少清洗一次。

（3）冷藏设备应定期除霜、清理，不要储存过期物品。

（4）垃圾处理设备及抽油烟机也应定期清洗、保养。洗碗盘前，先用橡皮刮刀将多余的油污残肴刮到馊水槽内，再放进洗碗机内清洗。注意洗洁精的剂量，太少洗不干净，太多则会使碗盘残留清洗剂，伤害人体。因此，可先试洗几次，找出最佳的洗洁剂量，作为清洗标准。

从实际情况来看，大多数餐厅经营者在硬件卫生方面往往做得比较好，相比之下，在软件卫生方面表现较差的则比较多。这主要是因为餐厅的软件卫生还没有引起经营者足够的注意，很容易被忽视。所以，为了全面提高餐厅人员的卫生素质，努力做好餐厅软件卫生是必不可少的一个重要条件。

5.饭菜酒水新鲜无变质

乡村旅游餐厅要尽量少做凉菜，不加工皮蛋等高危菜品，避免可能造成的食品卫生问题。在食品卫生方面具体应做到不得违反以下几点：

（1）不得出售腐败变质、油脂酸败、霉变、生虫、污秽不洁或感官性状异常的食品。

（2）不得出售法律、法规禁止的使用高毒农药或使用农药后尚未超过安全期采摘的蔬菜、水果及其他可食农产品。

（3）不得出售病死、毒死或者死因不明的禽、畜、兽（包括野味）、水产动物及其制品，未检验或检验不合格的肉类及其制品。

（4）不得出售野蘑菇、河豚鱼等有毒动植物及被有毒有害物质污染的食品。

（5）不得出售国家禁止食用的野生动物食品。

（6）不得出售无产地、厂名、生产日期、保存期限、配方或主要成分等商品标识的定型包装食品和超过保存期限的食品。

（五）抓好检查督促等管理工作

1.加强卫生管理

只有通过有效的管理才能养成良好的卫生习惯。为了使乡村旅游里的每一个工作人员都能意识到卫生的重要性，乡村旅游经营者必须时时进行监管和督促。乡村旅游管理人员必须经常检查餐厅内外的卫生状况、服务员的卫生状况，以及厨房和厨师的卫生状况。一旦发现问题，就责令其立即改正。

2.乡村旅游员工之间相互监督

人天生就有惰性，时间久了容易放松自己，特别是那些在乡村旅游工作过的员工，会因为自己"资格老"而忽视自己的卫生。所以，餐厅经营者应该在员工中灌输"卫生素质，人人有份，互相监督，共同提高"的思想，使每一个员工都能既监督别人，又接受别人的监督。

3.应注重提高员工卫生素质的培训

餐厅卫生需要长期保持下去并不断得到提高，稍不注意，就会出现卫生状况下降的现象。而只有时时刻刻教育员工在这方面加以注意，才会使良好的卫生习惯得以维持下去。所以，加强员工的卫生素质培训，是提高餐厅卫生的一种行之有效的方法。

【信息链接】

乡村旅游的卫生状况令人担忧

◆ 案板和垃圾桶挨得紧

"进来吧,烤肉烤鱼啥都有!"在西安雁塔区杜陵塬上的"户县机场老孙烤肉"摊前,车刚停在路边,摊主就热情地上来拉客。这家室内烤肉摊南北毫无遮拦。放烤肉的案板有一半用布盖着,露着的案板上还落着苍蝇。老板说:"浆水鱼面、臊子面、酸汤面都有,想吃啥你说。"但是,距案板不到一米的地上有两个垃圾桶,烤肉摊南边的草地里,扔着塑料袋、废纸等杂物。

◆ 洗菜池边绿头苍蝇乱飞

在西安杜陵塬上的"东龙苑"乡村旅游点,这里的面积相当大,可以钓鱼,能吃烤肉。草地里摆着塑料桌椅,不远处奶牛在吃草,田园味很浓。记者在洗菜池边洗手时,两个桶盛着鱼的内脏。人往那一走,绿头苍蝇"轰"的一阵飞起。洗菜池南边两三米处放的桌子上,碗和烤肉钎子露天摆着,有苍蝇起落。

【讨论与思考】

如何提高乡村旅游点的环境卫生与饮食卫生?

【专家指点】

乡村旅游的基础设施简陋,卫生状况不尽如人意,环保与安全问题也日益凸显。目前多数乡村旅游景点管理水平落后,服务档次不高,随着接待人数的增多,污水垃圾处理以及消防安全隐患增多。部分农家乐大多临河、沟、渠,靠近公铁路,大多没有固定的安保人员,缺乏重点部位的提示性标牌,存在安全隐患。

【知识学习】

乡村旅游的食品卫生制度

一、卫生许可证悬挂于显目处,从业人员应持证上岗。

二、从业人员每年体检一次,凡患有传染病者不得参加直接接触食品的工种。

三、工作人员应穿戴工作服,并保持个人清洁卫生。

四、保持室内外环境清洁卫生,做到每餐一打扫,每周一次洗扫。

五、食用工具应洗净,保持洁净,食具做到"一冲"、"二洗"、"三消毒"、"四保管"。

六、不购进、不加工出售腐烂变质、有毒有害食物。

七、生、熟食,成品、半成品的加工和存放要有明显标记,不得混放。

八、搞好操作间卫生,冷荤配餐所用工具必须专用,并有明显标志。

九、保持仓库整洁,食品应做到有分类、有标志、离地离墙保管。

十、及时处理好垃圾,垃圾桶应有盖和标记,搞好"三防"工作。

四、乡村旅游安全、卫生事故的处理

无论是游客还是乡村旅游经营业主都不希望发生任何事故,因为事故一旦发生,轻者是带来麻烦,重者可能是带来灾难,会给客人及经营户带来众多不必要的损失。乡村旅游在经营过程中要尽可能地做好事故的预防工作,但是在实际接待过程中,往往可能出现意想不到的事故。一旦发生,无论是游客还是乡村旅游经营户都应高度重视,特别要沉着、冷静、果断地采取措施,力争使事故的损失和影响减小到最低程度。处理各种事故的办法很多,现仅介绍几种,仅供参考。

（一）发生乡村旅游的游客死亡事故的处理方法

客人死亡是指客人在住宿期间内伤病死亡、意外死亡、自杀或他杀或原因不明的死亡。除第一种正常死亡外,其他几种均为非正常死亡。农家乐经营人员在发现客人死亡后,应保护好现场,并立即向公安部门报案,向当地旅游行政部门报告;在客人尚未死亡的情况下,应和其他游客一同立即把他送往医院抢救;经医务人员检查,确定死亡的,要保护好现场,对现场的每一物品都不得移动,严禁无关人员接近现场,并立即向公安机关报告。

（二）发生乡村旅游火灾事故的处理方法

发现乡村旅游失火,第一,应立即打电话通知消防部门,让客人不要惊慌,同时立即组织员工协助游客撤离现场;第二,发动村民、客人及员工奔赴现场,并利用乡村旅游的安全灭火设备进行救火,并切断电源,将火源隔断;第三,因火灾给客人造成的损失要妥善处理,原则上要赔偿客人的损失,如果发生死亡事故,由乡村旅游经营人员配合公安部门根据有关法律程序处理;第四,妥善安置因火灾影响住店的客人,乡村旅游经营户应分别到客人新的住地,向客人表示问候和道歉;第五,火灾扑灭后,协助公安部门查明起火原因,除公安部门要求保护现场的地方外,其他地方应迅速清理,清查乡村旅游设备物品损失,一一作好火灾登记,并向保险公司索赔,办理相关手续;第六,乡村旅游工作人员、客人要积极配合,提供线索,待查明原因后,根据具体情况追究责任;最后,凡属人为原因造成的火灾事故,经过调查,对于直接责任者一般由公安部门追究刑事责任。

（三）发生乡村旅游食物中毒事故的处理办法

食物中毒以恶心、呕吐、腹疼、腹泻等急性肠胃炎症状为主。发现食物中毒或疑似食物中毒事故时,乡村旅游业主必须及时向当地县级疾病控制机构、卫生行政部门报告,并保留造成食物中毒或可能导致食物中毒的食品及其原料、工具、设备和现场,及时将病人送往医院救治,并积极配合卫生行政部门开展食物中毒事故调查和处理。如发现客人同时出现上述症状,应立即把客人送往医院,在基本确认为食物中毒后,应报告当地旅游行政部门。当怀疑客人食物中毒后,乡村旅游应具体做好以下工作:

1.首先应设法催吐,让客人多喝水以加速排泄缓解毒性。

2.其次将病情严重的客人送向医院抢救,并请医生开具证明。

3.请相关部门对食品取样、化验,查明原因。

4.协助调查中毒原因、人数、身份等,并通知中毒客人的所在单位或家属,向他们说明情况,协助做好善后工作。

5.如果乡村旅游内部员工食物中毒,同样应做好善后工作。

（四）发生乡村旅游的游客行李物品被盗事故的处理方法

当发生客人行李物品被盗事故时,要协助客人首先在客房内部仔细地查找,要求客人回想一下最后发现该物品是在什么时候、什么地方,并询问有没有其他人员进入该客人的房间。当客人行李物品被盗时处理的一般方法如下:

1.客人报告贵重物品丢失或被盗,乡村旅游工作人员要保持冷静,应根据客人提供的线索,分析是否确实被盗,并分别采取不同措施。

2.如被盗部件涉及乡村旅游员工,在未掌握确切事实之前管理人员不可妄下结论,也不可盲目相信客人的陈述,以免损伤服务人员的自尊心。要坚持内紧外松的原则,细心查访和找寻。

3.贵重物品是否被盗,在掌握确切事实之前,不要给客人以肯定的答复,但应对客人表示同情和安慰。

4.如果客人物品确实丢失,应向公安部门报案,协助公安部门处理相关的事情,追究相关人员的刑事责任。

(五)发生乡村旅游刑事案件的处理办法

1.一旦发生凶杀、抢劫、强奸、重大盗窃、诈骗以及其他恶性刑事案件,应在5分钟内向公安部门报案,乡村旅游管理人员应迅速赶赴案发现场,查明情况,保护现场,并立即向公安部门报案。

2.在乡村旅游中发生盗窃、打架斗殴、流氓、毁坏公共财物等治安案件时,要立即报案,并保护好现场。公安部门接到报案后应迅速赶到现场进行调查处理,并视情况紧急程度决定处理方法。

3.乡村旅游经营者应该如实填写报案表,协助公安部门开展调查工作。

4.乡村旅游员工发生的各类纠纷和治安案件应向有关部门报案,如属于失窃、丢失事件,应及时向旅游行政部门报告,按要求写出事情经过,交代清楚,并备案。事情经过内容包括:事情发生的时间、地点、当事人,主要事情的原因、经过、结果及要求。

【信息链接】

乡村旅游活动项目存在违法乱纪行为,存在极大的安全隐患

◆ "小姐"出没乡村旅游点

作为新涌现的旅游方式,乡村旅游越来越受到人们喜爱。然而,在广西恭城瑶族自治县红岩村新村,却出现了"小姐"进村的现象,最多时人数多达八十余人。想必五一长假很多人都享受了"乡村旅游"的清净自然和其乐融融,但是,面对"小姐"出没"乡村旅游"的现象,着实让人乐不起来。经营"乡村旅游"的业主为了短期的经济效益考虑,片面满足少数人的"服务"需求,把"小姐"出没"乡村旅游"作为吸引力和经济增长点来经营,但是,由于这种做法失去了"乡村旅游"原本的内涵,属于色情经营,从长远看必然使"乡村旅游"误入歧途,自断前程。

【讨论与思考】

1.乡村旅游靠"小姐"来吸引游客,这样的乡村旅游还能走多远?

2.如何提高乡村旅游经营者的法律意识?

【课堂讨论】

湖州市的乡村旅游如何完善法治意识?

【专家指点】

各乡村旅游乡镇、乡村旅游企业和乡村民俗旅游村要认真抓好本地区、本单位内的旅游安全工作,加强检查,排除旅游安全隐患。要认真学习并严格执行《湖州市旅游安全事故报告制度规定》和《湖州市旅游突发事件报告制度规定》,一旦发生旅游安全事故,有关领导、责任人必须及时赶赴现场调查处理,排除险情,并向上级部门进行汇报。

【知识学习】

乡村旅游的入住登记制度

一、乡村旅游接待单位应安装旅馆前台登记系统，设专人负责入住登记，及时上报住宿人员信息，并保证所填写的资料真实性。凡入住人员一律凭身份证、护照、旅行证等有效证件登记住宿。

二、确实无法安装旅馆前台登记系统的乡村旅游接待单位，应将住宿登记情况于当天21时30分前报当地派出所。

三、没有证件或证件可疑的旅客，要问清情况和原因，先安排住宿，并立即报告当地公安部门，不得知情不报或纵容、隐瞒、包庇。

四、发生以下情况乡村旅游接待单位不应接待客人：

（一）携带危害农家乐安全的物品入店者；

（二）从事违法活动者；

（三）影响乡村旅游形象者；

（四）无支付能力或曾有过逃账记录者；

（五）法律、法规规定的其他情况。

【作业题】

1. 乡村旅游活动中常见的卫生状况差的现象有哪些？会对旅游者产生什么不良影响？

2. 乡村旅游活动中常见的安全事故有哪些？应分别采取什么样的应对技巧？

【项目作业】

● 项目名称：某乡村旅游消防疏散演习方案策划

● 项目背景：火灾是乡村旅游中的一个重大隐患，如何加强消防意识，正确使用消防器械成为乡村旅游从业人员和管理者面临的一个课题。

● 项目要求：

1. 制定消防演习前准备工作方案

（1）拟订消防演习方案。

（2）组织一次消防设施设备检查，确保乡村旅游点现有消防设备能正常使用和消防通道的畅通。

（3）确定演习时间、地点。

2. 策划演习内容及步骤。

（1）灭火内容与步骤；

（2）疏散内容及步骤；

（3）消耗所需物资清单及费用。

● 项目作业形式：制定某乡村旅游消防疏散演习策划方案（要求不少于1000字，具体可行）。

● 项目作业考核：主题性项目设计合理性占15％；主题性项目设计特色性占30％；主题性项目设计可操作性占25％；主题性项目设计理念占30％。

教学项目9　乡村旅游服务质量的评价体系

【阅读材料1】

求神问佛天价签，迷信鬼神不可取

夏女士参加过一次海南乡村之旅，导游带他们到当地的寺庙拜佛之前，把当地寺庙吹得神乎其神，甚至吹嘘海南的神庙云集了四海名僧，可为游客求神问签、永保平安，而且信佛要贵在诚心，不可问价、杀价，弄得他们当时心悦诚服、跃跃欲试。然拜神后才如梦初醒，大呼上当，痛骂导游卑鄙无良。原来进入寺庙后，会有专人服侍每一位游客，带游客求见名僧，然后按名僧指点拜神，并虔诚地为游客送上三支大香，而当夏女士拜完之后则要按每支大香300元交费，夏女士愕然忍痛交费后，又被带回见名僧，名僧又说她与佛有缘，可托南海观音或仙佛回家保佑平安，而当她询问玉观音或仙佛何价，更大惊失色，最小的观音也得1000元以上。

（资料来源：http://epaper.nfdaily.cn/html/2008-05/13/content_6654897.htm）

【阅读材料2】

部分"农家乐"餐饮卫生令人忧

不少人都爱吃农家菜、住农家屋、享农家乐，"五一"黄金周将至，"农家乐"卫生状况如何？2007年4月20日至25日，某省卫生厅在全省开展"金箭二号"行动，对省内所有风景旅游点的"农家乐"餐饮卫生进行专项检查。

上午9时40分，执法人员来到某茶庄。执法人员在厨房拿起一把看起来还比较干净的菜刀，测起了刀具表面的清洁度。经检测，菜刀的三磷酸腺苷指数竟然达到了1900，而这个指数的合格数据应在300以内。看到厨师清洗后，习惯性地拿起砧板旁的一块抹布想擦菜刀，执法人员及时制止说："虽然抹布擦过以后看起来会比较干净，但这抹布既擦桌子，又擦砧板，再擦菜刀更不卫生。"

接着，执法人员又对一厨师的手进行表面清洁度检测，结果显示数据竟然高达7300，整整高出参考标准数据7000点。

当执法人员走进另一家茶庄湿滑的厨房时，看到闪着油光的水槽里放着两柄还沾有饭菜的大勺子，煤气灶上的两口锅锅底还都沾着几根面条。冷藏柜里凌乱不堪、生熟混放，咸肉随便放在其他生食上，面条和肉放在同一层。而冷藏柜里两盒甜酒酿已经发霉变质。

（资料来源：http://news.sina.com.cn/c/2007-04-25/044711708232s.shtml）

【思考与训练】

1. 谈谈阅读材料1给人们的启示。

2. 结合阅读材料2，谈旅游服务质量的重要性。

【提示】

1. 不要迷信，相信科学。如今寺庙等宗教圣地利用人们的迷信或求福的心理，设计圈套,让游客身不由己。提醒游客,在越是不让问价砍价的宗教景点,越容易有问题,游客就需警惕了。不少景点都有在大石头上"摸福"的方式,说是免费,但抽签解答要收费,很多游客碍于情面或一时糊涂就交了高昂的解签费。另外,人的福祸并不是那些所谓的名僧道士能预测和决定的,切记不要迷信,相信科学。

2.应树立"质量第一"的观点。"农家乐"既关系到景区农民的致富增收,也关系到游客和百姓的身体健康,希望"农家乐"各经营单位能从严要求自己,合理规范经营。同时,各级卫生监督部门要继续加强和城管、工商等多部门的配合,进一步加大对乡村旅游服务点(农家乐)餐饮卫生的监管力度,引导其健康发展,不断提高服务质量。

【基本知识】

一、乡村旅游服务质量的内涵

(一)什么是乡村旅游服务质量?

关于"旅游服务"的含义,不同的人有不同的理解,但有一点是共同的,即优质服务含有超出常规的和一般性的服务内容和服务满足。或者说:旅游服务是在规范服务的基础上有超乎常规的表现。从旅游服务者的角度来说,规范服务是旅游服务的基本要求。比如乡村旅游点的住宿设施是否完备、餐饮卫生是否到位、旅游安全能否保障等。而对旅游者来说则是一种体验、享受和满足的过程,也就是说,旅游服务活动所能达到的效果和满足旅游者需求的能力与程度,从而也就产生了旅游服务质量高低的问题。

一般认为,乡村旅游服务质量是指乡村旅游产品生产服务或乡村旅游服务业满足规定或潜在的旅游服务要求(或需要)的特性和特征的总和。特性是用以区分不同类别的乡村旅游产品或乡村旅游服务的概念,如乡村旅游活动具有陶冶人的性情,回归自然、给人愉悦的特性;乡村酒店则具有满足人们休息、餐饮、娱乐的特性等。特征则是用以区分同类乡村旅游服务中不同规格、档次、品味的概念,比如不同"星级"的农家乐旅游服务、不同"示范区"的乡村旅游服务等。一般来说,"高星级"的农家乐或"国家级"的乡村旅游示范区往往能给旅游者带来超乎常规的旅游服务(优质服务),从而给旅游者带来快感和愉悦,当然旅游者对乡村旅游企业的评价也就越高。由此可见,乡村旅游服务质量是乡村旅游企业利用乡村特有的环境、旅游设施、设备和旅游产品所提供的服务,在使用价值方面适合和满足游客需要的物质满足程度和心理满足程度,也就是客人在乡村旅游过程中享受到的服务劳动的使用价值,得到某种物质和心理满足的一种感受。

(二)乡村旅游服务质量的内涵

乡村旅游服务质量是旅游企业在竞争中制胜的法宝,优秀的旅游企业都很重视旅游服务质量的内涵建设。由于乡村旅游提供的产品主要是服务,所以其服务质量的内涵与纯有形产品质量的内涵是有所区别的。旅游消费者对乡村旅游服务质量的评价不仅要考虑服务的结果,而且要涉及整个乡村旅游服务过程。比如乡村旅游服务构成要素、形成过程、考核依据、评价标准等。因此,从乡村旅游服务性这一特征上来看,其内涵主要体现在无形性、生产和消费的同步性、不可储存性以及与旅游者高度的接触性。而从乡村旅游服务质量最表层的内涵来看应包括乡村旅游服务中的安全性、经济性和舒适性。其中安全性是指乡村旅游企业保证服务过程中游客的生命不受危害,健康和精神不受到伤害,货物不受到损失。安全性也包括物质和精神两方面,改善安全性重点在于物质方面。经济性是指旅游者为得到乡村旅游服务所需要的费用是否合理。这里所说的费用是指在接受服务的全过程中所需的费用,即服务周期费用。舒适性是指在满足了经济性、安全性和时间方面的需求的情况下,旅游者所期望的服务过程中的舒适程度。

(三)乡村旅游服务质量的构成要素

旅游服务质量是一个综合性的概念,它的构成具有多元性的特征。具体地说,乡村旅游服务质量包括有形产品的质量和无形产品的质量。有形产品的质量主要表现为乡村旅游硬件,如各种乡村旅游设施、设备和实物商品的质量。无形产品的质量主要是指软件,即各类乡村旅游产品所提供的各种服务性劳动及周边环境的质量。就二者的关系而言,有形产品的质量是无形产品的质量的凭借和依据,无形产品的质量是在有形产品的基础上通过服务劳动来创造的,是旅游服务质量的本质表现。二者互相依存,互为条件,缺一不可。(见下表)

乡村旅游服务质量的构成要素

乡村旅游服务质量	无形产品质量	服务接待质量	服务人员的表情 服务人员的工作作风 服务人员的奉献精神等
		服务人员质量	服务人员文化程度 服务人员的礼貌礼仪 服务人员工作态度 服务人员综合素质等
		服务项目质量	旅游服务项目的完善程度 旅游服务项目具体的服务流程 旅游服务项目服务的方式等
	有形产品质量	服务环境质量	旅游服务场所的规模与布局 旅游服务场所的装潢 旅游服务场所的安全与卫生状况等
		实物产品质量	旅游服务点的餐饮水平 旅游服务点客房用具 旅游服务点旅游商品质量等
		设施设备质量	旅游服务点电器设备的质量 旅游服务点娱乐设施设备的质量 旅游服务点整体设施设备的档次规格等

乡村旅游服务质量既是服务本身的特性与特征的总和,也是旅游消费者感知的反映,因而乡村旅游服务质量既由服务的技术质量、职能质量、形象质量和真实瞬间所构成,也由旅游消费者的感知质量与预期质量的差距所体现。

技术质量是指乡村旅游服务过程的产出,即顾客从乡村旅游服务过程中所得到的东西。比如乡村旅游点特色餐饮服务、所提供的休闲环境、摘果活动等。显然,技术质量,顾客容易感知,也便于评价。职能质量是指在乡村旅游服务推广的过程中顾客所感受到的服务人员在履行职责时的行为、态度、穿着、仪表等给顾客带来的利益和享受。职能质量完全取决于顾客的主观感受,难以进行客观的评价。技术质量与职能质量构成了感知服务质量的基本内容。形象质量是指乡村旅游企业在社会公众心目中形成的总体印象。而真实瞬间则是乡村旅游服务过程中顾客与乡村旅游服务企业进行服务接触的过程。这个过程是一个特定的时间和地点,这也是乡村旅游企业向顾客展示自己服务质量的时机,一旦时机过去,服务交易结束,乡村旅游企业也就无法改变顾客对服务质量的感知;如果在这一瞬间服务质量出了问题也无法补救。真实瞬间是旅游服务质量构成的特殊因素,这也是有形产品质量所不包含的因素。

二、加强乡村旅游服务质量管理的重要性

乡村旅游作为典型的服务业,其服务质量高低直接关系到乡村旅游业的长远发展及新

农村建设。而"顾客服务"原本一度被认为是仅仅局限于传统的服务性行业（如宾馆、饭店等）的观念，现已在全球范围内成为推动整个工商业界向前发展、追求卓越的一种理念。显然，顾客服务已经成为企业赢得竞争的最终武器。乡村旅游服务的最高目标是让旅游者满意，使企业获利，而旅游者的满意度源于他们对乡村旅游服务质量的评价。所以，加强乡村旅游服务质量管理意义重大。

（一）加强乡村旅游服务过程的质量管理有利于增强企业的竞争力

在面对面服务过程中，旅游者不仅会关心他们所得到的服务，而且还会关心他们是"怎样获得"这些服务的，尤其是当同类型或同档次的乡村旅游服务性企业提供的服务大同小异的时候，"怎样提供"服务将成为顾客选择服务性企业的重要标准。

（二）加强乡村旅游服务过程的质量管理是防止服务差错、提高旅游者感觉中的整体服务质量的有利举措

在面对面服务中，服务的生产和消费同时进行的特性表明，在服务过程中消费者和生产者必须直接发生联系，旅游者只有而且必须参与到乡村旅游服务的生产过程中去才能最终享受到乡村旅游服务的使用价值。旅游者高度参与乡村旅游服务过程给服务性企业的质量控制带来了很多难以预料的随机因素。更为严重的是，根据研究，在面对面服务的过程中，旅游者一旦对服务的某一方面不满，可能会导致他们对整个旅游企业的全盘否定，这就是服务性企业经营管理中著名的 $100-1=0$ 效应。

（三）加强乡村旅游服务过程的质量管理有助于树立乡村旅游企业良好的市场形象，增强旅游者"认牌"购买的心理倾向

研究表明，旅游者购买服务的风险很大，为了降低风险他们往往对自己认可的旅游企业或市场形象好的旅游企业有较高的忠诚度。从某种意义上说，服务质量与旅游企业形象是互为相长的。一方面，加强服务过程的质量管理，可以大大提高旅游者感觉中的整体服务质量，帮助旅游企业树立良好的市场形象，培养旅游者的品牌忠诚度；另一方面，服务性企业的市场形象又会对旅游者实际经历的服务质量产生重大影响。如果旅游企业有良好的市场形象，旅游者往往会原谅服务过程中出现的次要质量问题；反之，则会出现截然相反的后果。

总之，提高乡村旅游服务质量管理有利于旅游企业端正经营思想，正确处理经济效益与社会效益的关系；有利于加快管理现代化步伐；有利于完善基础工作，全面提高旅游企业员工素质；还有利于加强旅游企业民主管理，充分发挥广大员工的企业主人翁地位。

三、提高乡村旅游服务质量的有效途径

（一）健全乡村旅游企业管理制度，建立考核、奖励机制

健全和完善乡村旅游企业管理制度是提高乡村旅游服务质量的重要保障。首先应严把导游、讲解员的进口关，通过严格考试，选拔合格的导游、讲解员；其次应建立资格证书吊销制度，规范并严格执行行业进出制度；再次是实行首问负责制，不得推诿扯皮，乡村旅游从业人员要努力做到微笑服务；此外乡村旅游企业应制定有效的奖惩措施，提高从业人员的职业道德素养和专业水平，适应旅游服务的需要。

（二）加大培训力度，建立培训工作长效机制

建立乡村旅游培训工作机制是提高乡村旅游服务质量的有效手段。应定期对乡村旅游服务人员进行轮流培训，提高经营水平、讲解水平和服务质量；发挥旅游主管部门的作用，切

实把培训工作摆到重要位置,做到长年有计划,短期有安排,使乡村旅游从业人员培训工作规范化、制度化、经常化;树立模范和榜样,发挥典型示范的作用,加大对乡村旅游经营者、优秀导游、讲解员、服务员的重点培养,带动乡村旅游服务人员队伍整体水平的提高。

（三）建立乡村旅游服务质量督察制度

发挥社会力量和新闻媒体的监督作用,对乡村旅游景区、乡村旅游服务点、相关旅行社和旅游服务人员的服务质量进行经常性的跟踪监督,并将他们的评价作为乡村旅游景区、乡村旅游服务点、旅行社和旅游服务人员评优的重要依据;将新闻媒体曝光与强化旅游主管部门的行业管理结合起来,发现问题及时解决。

（四）加大乡村旅游服务设施的配套建设

在乡村旅游区、点入口、路口、站点和各个景区景点设立醒目的旅游指示牌;优化游览交通线路,在各主要景区景点之间开通可以直达的公交车;在景区景点内外设立可供游客休息的长椅等设施;把旅游和乡村民俗文化的宣传结合起来,增加富有地方文化的文艺表演和民俗体验活动;加强对各个乡村旅游景区景点停车场、卫生设施的管理,不断提高乡村旅游服务的硬件水平。

（五）发挥政府引导功能

各地应制订区域性乡村旅游开发规划和环境保护规划,广泛开展乡村旅游服务质量等级的划分和评定工作,强化监督与管理,保证乡村旅游的有序和持续发展。

（六）建构乡村旅游服务承诺制度

服务承诺亦称服务保证,是一种以旅游者为尊,以旅游者满意为导向,在乡村旅游产品销售前对旅游者许诺若干服务项目以引起旅游者的好感和兴趣,招徕旅游者积极购买服务产品,并在乡村旅游服务活动中忠实履行承诺的制度。

1.乡村旅游服务承诺的内容

乡村旅游服务承诺的内容主要包括服务质量的保证;服务时限的保证;服务附加值的保证;服务满意度的保证等。旅游者只要不满意,无论何种原因,一般可以给予退款。服务承诺制的实行有利于企业提高服务质量,满足旅游消费者需求并令其满意,也可以完全改善企业自身的形象。

2.实行服务承诺制应采取的措施

（1）制订满意度标准。可以制订无条件的满意度保证,也可以针对某旅游项目的单项服务提供满意度保证。且乡村旅游企业的服务保证,必须言简意赅,让旅游者一看便知。并将服务满意度列入乡村旅游企业发展的经济指标。

（2）采取赔偿措施。一旦乡村旅游经营组织没有能够有效地实现服务承诺,就要给予旅游者以合理的赔偿,而且赔偿的手续应该简单而方便。赔偿的方式可以多样化,如全额退款、免费赠送、下次免费服务等。

（3）承诺条款应具体化。承诺的条款应该具体明确,使旅游者能够准确理解服务承诺的内容,同时也使提供服务的一线员工明白自己工作的目标和职责。

（4）特殊情况特殊处理。如果客人在乡村旅游点食物中毒,乡村旅游点服务人员该如何处理呢?假如服务人员拿着免费餐券补偿对方,其结果肯定是严重得罪客人。可想而知,乡村旅游点如果还想跟这些火冒三丈的旅游者重修旧好,需要的当然是比免费餐券更有意义的东西。所以,服务人员应及时通知较高层次的主管出面处理,他们一方面可采取适当措施,更可以借此机会,实际了解旅游者所遭受的不幸。

(5)简化旅游者申诉的程序。乡村旅游企业要尽量多为旅游者着想,提供服务要多花一些心思与代价,只有尽量减少申诉过程的不便,简化旅游者申诉的程序,才能减少旅游者流失率,同时,乡村旅游企业也可以从旅游者申诉中把握改善的机会。

四、乡村旅游服务质量等级划分及服务质量的评定

(一)乡村旅游服务质量的感知与评价

旅游者对乡村旅游服务质量的满意与否主要取决于旅游者的感知情况。也就是说,旅游者将对接受的服务的感知与对乡村旅游乡村旅游服务的期望相比较。当感知超出期望时,乡村旅游服务被认为具有特别质量,旅游者会表示非常满意;当服务没有达到期望时,乡村旅游服务注定是不可接受的,或表示不满意;当期望与感知一致时,质量是满意的。

乡村旅游服务质量的评价是一个复杂的话题,需要从五个方面来考察,即可靠性、响应性、保证性、移情性和有形性。乡村旅游服务质量的评价是在服务传递过程中进行的。

1.可靠性

可靠性是可靠地、准确地履行服务承诺的能力。可靠的服务行为是旅游者所期望的,它意味着服务以相同的方式、无差错地准时完成。可靠性实际上是要求乡村旅游企业避免在服务过程中出现差错,因为差错给企业带来的不仅是直接意义上的经济损失,而且可能意味着失去很多潜在的顾客。

2.响应性

响应性是指帮助旅游者并迅速有效提供服务的愿望。让旅游者等待,特别是无原因地等待,会对质量感知造成不必要的消极影响。出现服务失败时,迅速解决问题会给质量感知带来积极的影响。对于旅游者的各种要求,乡村旅游企业能否给予及时的满足将表明企业的服务导向,即是否把顾客的利益放在第一位。同时,服务传递的效率还从一个侧面反映了乡村旅游企业的服务质量。研究表明,在服务过程中,旅游者等候服务的时间是个关系到旅游者的感觉、印象、服务企业形象以及旅游者满意度的重要因素。所以,尽量缩短旅游者等候时间,提高服务效率将大大提高乡村旅游企业的服务质量。

3.保证性

保证性是指服务人员所具有的知识、礼节以及表达出自信和可信的能力。它能增强旅游者对企业服务质量的信心和安全感。友好态度和胜任能力两者是缺一不可的。服务人员缺乏友善的态度会使旅游者感到不快,而如果他们的专业知识懂得太少也会令旅游者失望。保证性包括如下特征:完成服务的能力、对旅游者的礼貌和尊敬、与旅游者有效地沟通、将旅游者最关心的事放在心上的态度。

4.移情性

移情性是设身处地地为旅游者着想和对旅游者给予特别的关注。移情性有以下特点:接近旅游者的能力、敏感性和有效地理解旅游者需求。

5.有形性

有形性是指有形的设施、设备、人员和沟通材料的外表。有形的环境是服务人员对旅游者更细致地照顾和关心的有形表现。对这方面的评价可延伸到包括其他正在接受服务的旅游者的行动。

旅游者从这五个方面将预期的服务和接受到的服务相比较,最终形成自己对服务质量的判断,期望与感知之间的差距是服务质量的量度。从满意度看,既可能是正面的也可能是负面的。

(二)乡村旅游服务质量等级划分及服务质量的评定

1. 标准化的类型

近年来,随着旅游业的发展,我国的旅游标准化工作取得了长足的进步。1995年,国家旅游局建立了世界上第一个国家级的旅游标准化专业委员会——全国旅游标准化技术委员会,积极推进旅游标准化工作。目前,我国的标准主要分为国家、行业、地方和企业标准。其中,国家标准(代号"GB")是指由国家标准化机构或国家政府授权的有关机构批准、发布并在全国范围内统一适用的标准。我国旅游国家标准主要是由国家旅游局制定和颁布实施,由全国旅游标准化技术委员会归口管理。行业标准是指由我国各主管部、委(局)批准发布,在该行业范围内统一使用的标准。我国旅游行业标准主要由国家旅游局颁布并实施,代号"LB"。而我国旅游行业的地方标准则由当地旅游标准化行政主管部门负责制定颁布。目前,我国有关乡村旅游的标准基本上都是属于地方标准。比如浙江省旅游局发布的《乡村旅游点服务质量等级划分与评定》,浙江省湖州市出台的《乡村旅游示范区(点)服务质量等级的划分与评定》等。地方标准的代号用"DB"加上省、自治区、直辖市行政区划分代码前两位数,再加上斜线、顺序号和年号共四部分组成。如"DB33/T634-2007"为浙江省《生态旅游区建设与服务规范》地方性标准。

2. 乡村旅游服务质量等级划分及服务质量的评定

为了进一步提升乡村旅游产品质量,丰富产品内涵,有效规范乡村旅游经营行为,保障旅游者合法权益,推进我国地方旅游标准化进程,规范乡村旅游示范区建设,各省、市、自治区旅游标准化技术委员会都制定了各类有关乡村旅游的地方标准。如安徽省发布的《安徽省创建优秀旅游乡镇评定标准》,河北省出台的《乡村旅游服务规范》,北京市的《北京市乡村旅游村、旅游户等级划分与评定》,浙江省的《农家乐经营户(点)旅游服务质量星级划分与评定》等。

一般来说,乡村旅游服务质量等级标准主要包括评定的内容与评定的方法两部分。具体操作参见阅读材料:浙江省湖州市"乡村旅游示范区服务质量等级的划分与评定"标准。

【阅读材料】

湖州市乡村旅游区评定标准

1. 范围

本标准规定了湖州乡村旅游示范区规模效益、生态环境、基础设施、接待设施、配套服务设施、旅游产品、服务质量基本要求。

本标准适用于湖州市内各乡村旅游区。

2. 规范性引用文件

下列文件中的条款通过在本标准的引用而成为本标准的条款。凡是注日期的引用文件,其随后所有的修改单(不包括勘误的内容)或修订版均不适用于本标准,然而,鼓励根据本标准达成协议的各方研究是否可使用这些文件的最新版本。凡是不注日期的引用文件,其最新版本适用于本标准。

GB 3095-1996 环境空气质量标准

GB 3096－1993 城市区域环境噪声标准

GB 3838 地表水环境质量标准

GB 5749 饮用水卫生标准

GB 8978 污水排放标准

GB/T 19004.2－1994　质量管理和质量体系要素：第二部分：服务指南（idt ISO 9004.2:1991）

GB/T 15971－1995　导游服务质量

GB 16153－1996　饭馆（餐厅）卫生标准

GB 14934－1994　食（饮）具消毒卫生标准

GB 18483　油烟排放标准

DB 33/T 589－2005　乡村旅游点服务质量等级划分与评定

3．术语和定义

3.1　乡村旅游

乡村旅游是指以乡村自然风光、人文遗迹、民俗风情、农业生产、农民生活及农村环境为吸引物，以城乡居民为目标市场，满足旅游者的休闲、度假、体验、观光、娱乐等需求的旅游活动。

3.2　乡村旅游点

乡村旅游点是指以具有一定数量规模，且地理较为集中，以农业生产过程、农民劳动、农民生活、田园居所、农村民俗风情等人文自然资源为吸引物，为旅游者提供观光、娱乐、休闲、度假、就餐、购物、农事体验等乡村旅游活动的地点。

3.3　乡村旅游区

乡村旅游区是指在一定的地域范围内（可以是一个村、几个村，也可以是一个农业产业区），包括若干个乡村旅游点，各乡村旅游点之间联系紧密，可以以整体形象对外宣传，并提供观光、娱乐、休闲、度假、就餐、购物、农事体验等乡村游览活动的区域。

3.4　乡村旅游示范区

乡村旅游示范区是指达到本标准要求，在规模效益、生态环境、基础设施、接待设施、配套服务设施、旅游产品、服务质量等方面处在湖州乡村旅游前列，能为湖州乡村旅游起到示范带动作用的乡村旅游区。

3.5　乡村旅游达标区

乡村旅游达标区是指在规模效益、生态环境、基础设施、接待设施、配套服务设施、旅游产品、服务质量等方面基本达到本标准要求的乡村旅游区。

4．总则

4.1　申报与评定主体

乡村旅游区的评定，应由当地乡镇或者行政村一级单位组织申报，经县区旅游部门初审后，上报湖州市"乡村旅游区评定小组"评定、实施与管理。

4.2　评定的依据

乡村旅游区的评定，依据乡村旅游区的规模效益、生态环境、基础设施、接待设施、配套服务设施、旅游产品、服务质量等软硬件水平进行评分确定。

4.3　等级

乡村旅游区等级划分为两级,从高到低依次为乡村旅游示范区和乡村旅游达标区。

5.评定内容

5.1　规模效益

a)年游客接待量5万人次以上。

b)年营业收入100万元以上。

c)包含至少2个乡村旅游点。

5.2　生态环境

5.2.1　环境保护

a)空气质量达到GB3095－1996一级标准。

b)噪声质量达到GB3096－1993一类标准。

c)饮用水达到GB5749的规定。

d)污水排放达到GB8978的规定。

e)油烟排放达到GB18483的规定。

5.2.2　资源利用

a)充分利用清洁能源、环保技术(无烟煤、沼气、秸秆化气、小水电、太阳能等)。

b)推行节水灌溉、科学施用肥料、农药等。

5.2.3　景观条件

a)生态环境优良,景观特色突出,绿化覆盖率不低于80%,植物与环境配置得当,有特色、效果好。

b)建筑风格具有较强的民族性和地方性特点,其建筑形式、体量、色彩能够充分地与周围景观及其氛围相协调。

c)有足够的公共休闲空间(包括庭院花园和廊道等),景观小品设计合理,有较好的观赏性,能充分体现当地特色。

5.3　基础设施

5.3.1　道路交通

a)交通设施完善,进出便捷;道路状况好;具有旅游专线交通工具。

b)内部交通有乡村特色,能便捷到达各旅游点;步行道、自行车道、畜力车道等慢行系统完善。

c)停车场面积与规模相适应,场地、道路平整、畅通,场地已作生态化处理。

5.3.2　环卫设施

a)公共厕所布局合理,数量能满足需要,标识醒目美观,建筑造型景观化。

b)所有厕所具备水冲、盥洗、通风设备并保持完好或使用免水冲生态厕所。

c)垃圾桶布局合理,分类设置,标识明显,数量充足,造型美观独特,与环境相协调。

5.3.3　标识系统

a)各种指示标志(包括导游全景图、导览图、标识牌、景物介绍牌等)位置合理,与景观环境协调。

b)各种指示标志内容统一规划,图案和文字相互协调,充分体现当地特色。

5.3.4　通讯设施

a)出入口和游客集中场所有固定电话,具备国内直拨功能;公用电话亭与乡村环境相协调,标志美观醒目。

b)无线通讯网覆盖完全,信号良好;提供无线宽带服务。

5.4　接待设施

5.4.1　游客中心

a)游客中心位置醒目、合理,有装饰,有标志。

b)提供咨询、宣传品、价目表、物品寄存、紧急救助室等服务项目。

5.4.2　住宿设施

a)客房数量充足,含单间、标间、套房。

b)装修良好,照明充足,卫浴设施齐全,家具配套完善。

c)客房被褥、枕巾等用具能统一收集、统一清洗消毒,一客一换。

5.4.3　餐饮设施

a)厨房地面采取硬化处理,防滑,有地沟,易于冲洗;墙面满铺瓷砖。

b)厨房粗加工间、烹调间、面点间、凉菜间、洗碗间应独立分设并符合卫生要求。

c)餐厅位置合理,采光通风良好,整洁,桌椅、用具、餐具、酒具、茶具等配套齐全。

d)能提供当地特色菜肴,且品种丰富、独特性明显。

5.5　配套服务设施

5.5.1　购物点

a)购物点由乡村旅游区统一管理,与景区环境相协调,干净整洁。

b)秩序良好,无围追兜售、强买强卖现象,无假冒伪劣商品。

5.5.2　运动场所

a)有至少2处运动场所。

b)位置合理,与周边环境相协调;运动器械齐备。

5.5.3　健行道

a)位置合理,长度、宽度、走向、路面材质等与周边环境相协调。

b)沿途环境优美,有休息点、观景平台等设施。

5.5.4　会议室

a)有至少1个容纳50人以上的会议室。

b)有必要的会议音响设备、电脑及投影设备。

5.5.5　娱乐场所

a)有充足的娱乐设施设备,能充分满足游客需求。

5.6　旅游产品

5.6.1　参观点数量

a)已形成的参观点数量有3处以上,绝大多数具有较高的吸引力。

b)各参观点紧密结合地方特色,乡土风情浓郁,文化深厚,项目内容不重复。

5.6.2　农事体验活动

a)有3个以上农事体验活动项目。

b)活动项目有较强的地方性、季节性和参与性,能充分地体现当地农业(渔业)和农村特色。

5.6.3　民俗文化节庆活动

a)有至少 1 项民俗文化节庆活动。

b)能充分发动当地老百姓参加,充分展示当地文化。

5.6.4　户外休闲项目

a)有 3 个以上户外运动休闲项目。

b)能充分结合当地地形地势、植物群落等自然条件,体现与周边景点的差异性。

5.6.5　文化展示场所

a)有至少 1 处文化展示场所。

b)能充分展示当地特色文化。

5.6.6　旅游商品

a)旅游商品总类较多,地方特色突出。

b)能较好地反映当地农业发展水平。

5.7　服务质量

5.7.1　接待制度

a)设有常设性接待人员,接待制度健全。

b)设有面向公众的旅游咨询电话和投诉电话,接听及时。

5.7.2　市场管理

a)有专职旅游市场管理队伍,市场规范有序。

b)有专业的市场宣传资料,包括折页、网站、光盘、平面广告、其他媒体广告等。

c)有网上咨询系统,提供线路查询、预订等服务。

5.7.3　卫生管理

a)旅游区干净整洁,无乱堆、乱放、乱建现象;建筑物及各种设施无剥落、无污垢;垃圾清扫及时,日产日清。

b)食品卫生符合国家规定;餐饮从业人员持有健康证,并知晓食品卫生知识;不使用一次性卫生筷和塑料餐具。

c)所有卫生间管理良好,清洁卫生,无污染,无堵塞,无异味,无蚊蝇。

5.7.4　旅游安全

a)各类安全设备完好有效。

b)旅游安全教育防范制度和安全责任制健全,落实情况好;定期开展旅游安全培训教育活动。

5.7.5　导游服务

a)讲解内容繁简适度,讲解的语言生动,富有表达力;做到讲解与引导游览相结合,适当集中与分散相结合,劳逸适度;注意旅游者的安全,特别关照老弱病残的旅游者。

湖州市乡村旅游区评定材料附录

附录1　"湖州乡村旅游区评定"认定申请资料

申请"湖州乡村旅游区评定"的乡村旅游区必须填写基本信息表格。

乡村旅游区名称		负责人姓名		联系电话	
乡村旅游区地址				邮政编码	
包含乡村旅游点数目		包含乡村旅游点名称			
所在的乡(镇)村			乡村旅游区面积		
服务总人数		床位总数		餐位总数	
年营业总收入			年接待游客数		
主要特色活动					
获奖(或受处罚)情况					
备注					

附录2　规范性附录

一、为了评出乡村旅游示范区和乡村旅游达标区,根据《湖州市乡村旅游区评定标准》,制定"湖州市乡村旅游区质量等级评分细则"(见附表)。

二、"湖州市乡村旅游区质量等级评分细则"主要由规模效益、生态环境、基础设施、接待设施、配套服务设施、旅游产品、服务质量等部分组成。

1.乡村旅游区的规模效益评价,包括年接待人数、年旅游业收入和乡村旅游点数量等内容。

2.乡村旅游区的生态环境评价包括环境保护、资源利用、景观条件等内容。

3. 乡村旅游区的基础设施包括道路交通、环卫设施、标识系统、通讯设施等内容。

4. 乡村旅游区的接待设施包括游客服务中心、住宿设施、餐饮设施等内容。

5. 乡村旅游区的配套服务设施包括购物点、运动场所、健行道、娱乐场所、会议室等内容。

6. 乡村旅游区的旅游产品包括参观点数量、农事体验活动、民俗文化节庆活动、户外休闲项目、旅游商品、文化展示场所等内容。

7. 乡村旅游区的服务质量包括接待制度、市场管理、导游服务、卫生管理、旅游安全等内容。

以上评价项目均赋以一定分值，规模效益占 60 分，生态环境占 75 分，基础设施占 85 分，接待设施占 50 分，配套服务设施占 70 分，旅游产品占 95 分，服务质量占 75 分，总分为 500 分。另设立加分项目 30 分。

三、合计得分在 450 分（含）以上，被评定为"乡村旅游示范区"，合计得分在 350 分（含）以上，被评定为"乡村旅游达标区"。

附录3　乡村旅游区质量等级评分细则

序　号	评分项目	大项分值	分项分值	次分项分值	自评得分	推荐单位记分栏	评定单位记分栏
1	规模效益	60					
1.1	年接待人数		20				
1.1.1	年接待人数 15 万人次以上			20			
1.1.2	年接待人数 10 万人次以上			15			
▲1.1.3	年接待人数 5 万人次以上			10			
1.2	年营业收入		20				
1.2.1	年营业收入 300 万元以上			20			
1.2.2	年营业收入 100－300 万元之间			15			
▲1.2.3	年营业收入 100 万元以上			10			
1.3	包含乡村旅游点数量		20				
1.3.1	4 个及以上			20			
1.3.2	3 个			15			
▲1.3.3	2 个			10			
2	生态环境	75					
2.1	环境保护		25				
2.1.1	空气质量达到 GB3095－1996 一级标准			5			
2.1.2	噪声质量达到 GB3096－1993 一类标准			5			
2.1.3	饮用水达到 GB5749 的规定			5			
2.1.4	污水排放达到 GB8978 的规定			5			

续表

序 号	评分项目	大项分值	分项分值	次分项分值	自评得分	推荐单位记分栏	评定单位记分栏
2.1.5	油烟排放达到 GB18483 的规定			5			
2.2	资源利用		20				
2.2.1	充分利用清洁能源、环保技术(无烟煤、沼气、秸秆化气、小水电、太阳能等)			10			
2.2.2	推行节水灌溉、科学施用肥料、农药等			10			
2.3	景观环境		30				
2.3.1	生态环境优良,景观特色突出,绿化覆盖率不低于 80%,植物与环境配置得当,有特色、效果好			10			
2.3.2	建筑风格具有较强的民族性和地方性特点,其建筑形式、体量、色彩能够充分地与周围景观及其氛围相协调			10			
2.3.3	有足够的公共休闲空间(包括庭院花园和廊道等),景观设计合理,有较好的观赏性,能体现当地特色			10			
3	基础设施	85					
3.1	道路交通		30				
3.1.1	交通设施完善,进出便捷;道路状况好;具有旅游专线交通工具			10			
3.1.2	内部交通有乡村特色,能便捷到达各旅游点;步行道、自行车道、畜力车道等慢行系统完善			10			
3.1.3	停车场面积与规模相适应,场地、道路平整、畅通,场地已作生态化处理			10			
3.2	环卫设施		20				
3.2.1	公共厕所布局合理,数量能满足需要,标识醒目美观,建筑造型景观化			5			
3.2.2	所有厕所具备水冲、盥洗、通风设备并保持完好或使用免水冲生态厕所			5			
3.2.3	垃圾桶布局合理,分类设置,标识明显,数量充足,造型美观独特,与环境相协调			10			
3.3	标识系统		15				
▲3.3.1	区内各种指示标志(包括导游全景图、导览图、标识牌、景物介绍牌等)位置合理,与景观环境协调			10			
3.3.2	各种指示标志内容统一规划,图案和文字相互协调,充分体现当地特色			5			
3.4	通讯设施		20				

序 号	评分项目	大项分值	分项分值	次分项分值	自评得分	推荐单位记分栏	评定单位记分栏
3.4.1	游客集中场所有固定电话,具备国内直拨功能;公用电话亭与乡村环境相协调,标志美观醒目			10			
3.4.2	无线通讯网覆盖完全,信号良好;提供无线宽带服务			10			
4	接待设施	50					
▲4.1	游客中心		15				
4.1.1	游客中心位置醒目、合理,有装饰,有标志			5			
4.1.2	提供咨询、宣传品、价目表、物品寄存、紧急救助室等服务			10			
4.2	住宿设施		15				
4.2.1	客房数量充足,含单间、标间、套房			5			
4.2.2	装修良好,照明充足,卫浴设施齐全,家具配套完善			5			
4.2.3	客房被褥、枕巾等用品能做到统一收集、统一清洗消毒,一客一换			5			
4.3	餐饮设施		20				
4.3.1	厨房地面采取硬化处理,防滑,有地沟,易于冲洗;墙面满铺瓷砖			5			
4.3.2	厨房粗加工间、烹调间、面点间、凉菜间、洗碗间应独立分设并符合卫生要求			5			
4.3.3	餐厅位置合理,采光通风良好,整洁,桌椅、用具、餐具、酒具、茶具等配套齐全			5			
4.3.4	能随时提供当地特色菜肴,且品种丰富、独特性明显			5			
5	配套服务设施	70					
5.1	购物点		15				
5.1.1	购物点由乡村旅游区统一管理,与景区环境相协调,干净整洁			5			
5.1.2	秩序良好,无围追兜售、强买强卖现象,无假冒伪劣商品			10			
5.2	运动场所		15				
5.2.1	室内球类运动场所(乒乓球、桌球等)			3			
5.2.2	游泳池			4			
5.2.3	健身房			4			
5.2.4	室外运动场所(篮球场、羽毛球场、门球场、网球场等)			4			
▲5.3	健行道		15				

续表

序　号	评分项目	大项分值	分项分值	次分项分值	自评得分	推荐单位记分栏	评定单位记分栏
5.3.1	位置合理,长度、宽度、走向、路面材质等与周边环境相协调			10			
5.3.2	沿途环境优美,有休息点、观景平台等设施			5			
5.4	会议室		10				
5.4.1	有1个容纳50人以上的会议室			5			
5.4.2	有必要的会议音响设备、电脑及投影设备			5			
5.5	娱乐场所		15				
5.5.1	KTV			4			
5.5.2	棋牌室			4			
5.5.3	阅览室			4			
5.5.4	儿童游乐园			3			
6	旅游产品	95					
6.1	参观点数量		20				
6.1.1	已形成的参观点数量有3处以上,绝大多数具有较高的吸引力			10			
6.1.2	各参观点紧密结合地方特色,乡土风情浓郁,文化深厚,项目内容不重复			10			
▲6.2	农事体验活动		20				
	有农事劳作、养殖业、渔业、种植业(编织、抽水、推磨、畜禽、观赏动物、水上养殖、捕鱼、果蔬采摘、花卉观赏、茶叶采摘等活动),有一项得5分,最高得20分			20			
6.3	民俗文化节庆活动		15				
6.3.1	有1项民俗文化节庆活动			10			
6.3.2	能积极发动当地老百姓参加,充分展示当地文化			5			
6.4	户外休闲项目		15				
6.4.1	科学考察活动(地质、生态考察、人文地理研究)			5			
6.4.2	休闲活动(徒步、野营、垂钓、自助旅行等)			5			
6.4.3	探险活动(登山、攀岩、穿越、溯溪、探洞、漂流等)			5			
6.5	文化展示场所		15				
6.5.1	有1处文化展示场所			10			
6.5.2	能充分展示景区文化和当地特色文化			5			

序　号	评分项目	大项分值	分项分值	次分项分值	自评得分	推荐单位记分栏	评定单位记分栏
6.6	旅游商品		10				
6.6.1	旅游商品种类较多,地方特色明显			5			
6.6.2	能较好地反映当地农业发展水平			5			
7	服务质量	75					
7.1	接待制度		10				
7.1.1	设有常设性接待人员,接待制度健全			5			
7.1.2	设有面向公众的旅游咨询电话和投诉电话,接听及时			5			
7.2	人力资源管理		10				
7.2.1	有专职旅游人力资源管理队伍,定期进行人力资源管理培训			5			
7.2.2	80%以上工作人员受过专业旅游培训			5			
7.3	市场管理		20				
7.3.1	有专职旅游市场管理队伍,市场规范有序			5			
7.3.2	有专业的市场宣传资料,包括折页、网站、光盘、平面广告、其他媒体广告等			5			
7.3.3	有网上咨询系统,提供线路查询、预订等服务			10			
7.4	卫生管理		20				
7.4.1	旅游区干净整洁,无乱堆、乱放、乱建现象;建筑物及各种设施无剥落、无污垢;垃圾清扫及时,日产日清			10			
7.4.2	食品卫生符合国家规定;餐饮从业人员持有健康证,并知晓食品卫生知识;不使用一次性卫生筷和塑料餐具			5			
7.4.3	所有卫生间管理良好,清洁卫生,无污染,无堵塞,无异味,无蚊蝇			5			
▲7.5	旅游安全		10				
7.5.1	各类安全设备完好有效			5			
7.5.2	旅游安全教育防范制度和安全责任制健全,落实情况好;定期开展旅游安全培训教育活动			5			
7.6	导游服务		5				
7.6.1	讲解内容繁简适度,讲解的语言生动,富有表达力;做到讲解与引导游览相结合,适当集中与分散相结合,劳逸适度;注意旅游者的安全,特别关照老弱病残的旅游者			5			

续表

序　号	评分项目	大项分值	分项分值	次分项分值	自评得分	推荐单位记分栏	评定单位记分栏
附则	加分项目	30					
J1	乡村旅游点等级		10				
	有国家级生态乡村农业渔业林业等称号的			10			
	有省级生态乡村农业渔业林业等称号的			8			
	有市级生态乡村农业渔业林业等称号的			6			
J2	制定有专门的旅游发展规划,并对生态敏感区制定了相关的保护规划		5				
J3	吸引当地农民就业在100人次以上		5				
J4	有专门的旅游游览车辆		5				
J5	创新经营管理机制		5				
	行业自律组织功能完善,能为乡村旅游经营户提供多样化服务			3			
	实行市场化、企业化、品牌化运作,引进知名旅游企业,或成立旅游发展公司、管委会等管理机构,管理体制完善			2			

▲为必备条件。

附录4　评定总分表

序号	评分项目	分项目	自评得分	推荐单位计分	评定单位计分
1	规模效益	年接待人数			
		年营业收入			
		包含乡村旅游点数量			
2	生态环境	环境保护			
		资源利用			
		景观环境			
3	基础设施	道路交通			
		环卫设施			
		标识系统			
		通讯设施			
4	接待设施	游客中心			
		住宿设施			
		餐饮设施			
		购物点			

序号	评分项目	分项目	自评得分	推荐单位计分	评定单位计分
5	配套服务设施	运动场所			
		健行道			
		会议室			
6	旅游产品	参观点数量			
		农事体验活动			
		民俗文化节庆活动			
		户外休闲项目			
		文化展示场所			
		旅游商品			
7	服务质量	接待制度			
		人力资源管理			
		市场管理			
		卫生管理			
		旅游安全			
		导游服务			
合计					

（资料来源：湖州市旅游局）

【作业题】

1.谈谈乡村旅游服务质量的构成要素。

2.加强乡村旅游服务质量管理有何重要意义？

3.简述提高乡村旅游服务质量的有效途径。

【项目作业】

● 实训项目名称：乡村旅游服务质量评价

● 实训项目作业形式：选择当地某一乡村旅游企业，对其服务质量进行分析评价，上交评分表一份。

● 实训项目考核要求：

1.服务质量问卷调查（40％）。

2.实地走访调查分析（40％）。

3.评分表设计与应用（20％）。

主题模块五　乡村旅游项目规划实务与案例探讨

【教学目标】

1. 能力目标

● 能够运用所学的乡村旅游综合知识编制乡村旅游规划。

2. 知识目标

● 了解乡村旅游项目规划编制的基本要求,掌握乡村旅游项目规划编制的方法。

【工作任务】

● 编辑撰写一份乡村旅游项目规划书。

教学项目 10　乡村旅游项目规划实务

【案例学习】

湖州白鹭谷乡村旅游规划项目招标

项目名称:白鹭谷乡村旅游开发

建设地点:吴兴区

主要设备及要求:项目内容(规划)简介:随着城市化水平的不断提高,城市居民回归大自然、回归田园的需求越来越增加,白鹭谷的乡村生态旅游资源价值日益凸显。该项目规划区域面积 8.3 平方公里,重点建设项目包括:(1)"农家乐"旅游工程;(2)白鹭溪整治工程;(3)天然游泳场建设工程;(4)花果园林建设工程;(5)休闲度假村建设工程;(6)库区览胜野营工程;(7)入口接待区建设工程;(8)白鹭栖息地保护工程。以上建设项目可分近、中、远三期开发。

预计总投资:3000 万美元

项目性质:新建

要求对方投入方式:资金

合作方式:合资

市场分析和效益预测:该项目具有社会效益和经济效益,前景广阔。

项目可提供条件:白鹭谷旅游区范围为妙西镇的肇村所辖境域,总面积 8.3 平方公里。肇村地处低山丘陵地区,属于陆家庄小流域的上游,为典型的河谷冲积带。境内林业面积为

11010 亩,森林覆盖率达 88%。村内有陆家庄水库 1 座,总库容 117 万方(其水质被鉴定为一类水质),水量丰富,水质优良,野生动物种类繁多。项目已在三年前着手准备开发,范围面积和重点项目已初有规划。

项目承办单位:吴兴区农林发展局

项目负责人:钱小丹

电话:0572-2551722

传真:0572-2289722

地址:吴兴大道 1 号

(资料来源:中国国际招标网,发布时间:2010-09-26)

【讨论与思考】

1.什么是乡村旅游规划?

2.乡村旅游规划的编制程序是怎样的?

【基本知识】

一、乡村旅游项目规划的目的、类型与要求

(一)乡村旅游规划的概念

1.旅游规划

规划是对未来各种活动方案的选择。"规划"一词本身具有"谋划"、"筹划"、"全面的长远的发展计划"的含义。旅游规划,是一个地域综合体内旅游系统的发展目标和实现方式的整体部署过程。旅游规划包括旅游发展规划和旅游区规划。

(1)旅游发展规划

旅游发展规划是根据旅游业的历史、现状和市场要素的变化所制定的目标体系,以及为实现目标体系在特定的发展条件下对旅游发展的要素所作的安排。按规划的范围和政府管理层次旅游发展规划分为全国旅游业发展规划、区域旅游业发展规划和地方旅游业发展规划。地方旅游业发展规划又可分为省级旅游业发展规划、地市级旅游业发展规划和县级旅游业发展规划等。地方各级旅游业发展规划均依据上一级旅游业发展规划,并结合本地区的实际情况进行编制。按规划时间旅游发展规划包括近期发展规划(3—5 年)、中期发展规划(5—10 年)或远期发展规划(10—20 年)。

(2)旅游区规划

旅游区规划是指为了保护、开发、利用和经营管理旅游区,使其发挥多种功能和作用而进行的各项旅游要素的统筹部署和具体安排。按规划层次分总体规划、控制性详细规划、修建性详细规划等。旅游区在开发、建设之前,原则上应当编制总体规划。小型旅游区可直接编制控制性详细规划。

(3)旅游发展规划和旅游区规划的联系和区别

旅游发展规划的主要任务是明确旅游业在国民经济和社会发展中的地位与作用,提出旅游业发展目标,优化旅游业发展的要素结构与空间布局,安排旅游业发展优先项目,促进旅游业持续、健康、稳定发展。旅游区总体规划的任务,是分析旅游区客源市场,确定旅游区的主题形象,划定旅游区的用地范围及空间布局,安排旅游区基础设施建设内容,提出开发

措施。在旅游区总体规划的指导下,为了近期建设的需要,可编制旅游区控制性详细规划。旅游区控制性详细规划的任务是,以总体规划为依据,详细规定区内建设用地的各项控制指标和其他规划管理要求,为区内一切开发建设活动提供指导。对于旅游区当前要建设的地段,应编制修建性详细规划。旅游区修建性详细规划的任务是,在总体规划或控制性详细规划的基础上,进一步深化和细化,用以指导各项建筑和工程设施的设计和施工。

2. 乡村旅游规划

乡村旅游规划,是旅游规划的一种,就是根据某一乡村地区的旅游发展规律和具体市场特点而制定目标,以及为实现这一目标而进行的各项旅游要素的统筹部署和具体安排。

乡村旅游作为一种特殊的旅游形式,其规划应该顺其自然、顺应潮流,做到既能持续地吸引游客,又能使乡村地区在保持原来的生活方式的基础上逐步发展,并能使当地居民从该项活动中获得效益。现阶段,我国的乡村旅游规划正处在起步阶段,具体内容还侧重于开发性研究与编制工作。

在理解乡村旅游规划的含义时,需要注意以下几点:

(1)乡村旅游规划不仅是一项技术过程,而且也是一项决策过程;它不仅是一种科学规划,而且也是一种实用可行的规划,二者必须同时兼顾,才能规避"规划失灵"。

(2)乡村旅游规划不仅是一种政府行为,而且也是一种社会行为,还是一种经济行为,不仅要求政府参与,而且规划工作还一定要有未来经营管理人员参与,并与当地群众、投资方相结合,避免规划的"技术失灵"。为此,应建立"开放式"规划体系,允许多重决策权(专家、官方、企业、群众)的协调参与,避免规划师单纯根据领导的意图编制蓝图;此外,为了更好地服务社会,还应建立一种机制,使规划师有能力在各部门的决策者之间进行协调,最终产生一个好规划。

(3)乡村旅游规划不是静态的和物质形态的蓝图式描述,而是一个过程,一个不断反馈、调整的动态过程,规划文本仅仅是这个过程的一个初始阶段,即目际的确定和指导性意见。面对未来的种种不确定性,乡村旅游规划必须采取弹性思想和方法。它同时也应该是一个"全程规划"的概念,应包含"一条龙"服务的思想在内。

(二)乡村旅游规划的目的

乡村旅游规划的目的是建立一个新型的具有新农村特征的旅游乡镇,同时也是城乡统筹协调发展的目的所在。规划过程中,把旅游规划和其他产业规划有机地结合起来,根据乡村的地域特征和资源状况,合理发展规模化的高科技种植业、养殖业、乡镇企业等产业,利用旅游业带动其他产业,利用其他产业促进旅游业,达到和谐发展的目的。举例来说,把农民的耕地种植成规模化的高科技有机稻,形成万亩梯田,既可以作为旅游业的一个观光点,又可以获得谷物的丰收,如云南哈尼梯田;利用乡镇企业和工业的发展可以带动旅游业的发展,如河南省南街村等;提倡农民种植大量的经济树种,形成果树园和果树带,如桂花树、果树等,一方面为游客游览参观提供美好的视觉感受,提高游客参与果树采摘等的积极性,为旅游景点增色;另一方面可以增加农民收入;根据乡村古老的建筑形态和建筑风格,规划成农家乐或休闲场所,既可以使游客体验农耕文化,又可以达到放松休闲的目的,如川东民居;充分利用已有的山体形式和道路状况,可以开发越野等运动项目,提高旅游项目的可参与性等。

首先,乡村旅游规划应综合考虑经济效益因素,规划能够有效地提高农民收入,改善农民生活水平和生产环境,增加政府财政收入;其次,乡村旅游规划应把社会效益融入规划范围之内,经济效益的提高可以同时具有扶贫开发的功能,为当地的村民提供有效的就业岗位,并具有文化教育的功能;再次,乡村旅游规划要持续发展,在旅游开发的同时,保护人文历史资源和生态自然资源,从某种意义上讲,旅游开发的规划过程就是对资源保护的过程,在尊重自然的前提之下开发旅游资源,以"不发展就是最好的发展"为开发思路,加强资源保护和生态环境保护,给未来发展预留空间。

具有新农村特征的旅游乡镇是以旅游项目为支撑的,应紧紧围绕"乡镇围着旅游建,道路围着旅游修,农业围着旅游调,民居围着旅游改"的理念,规划时综合考虑经济因素、社会因素和可持续因素,以乡村旅游产业为基础,把乡村旅游规划成新农村建设的示范乡镇,把乡村旅游开发变成农民增收、脱贫致富的有效方法,把乡村旅游开发变为城乡统筹发展、全面建设小康社会的重要途径。

(三)乡村旅游规划的模式

由于乡村旅游开发地的旅游资源状况不同,从而造成了它们在开发模式上的不同,从这个角度出发,结合湖州市乡村旅游发展实际和发展趋势,规划提出湖州乡村旅游的主要发展模式为以下五种。

1.生态依托型

充分利用并合理保护湖州丰富的生态旅游资源,突出青山秀水、田园风光的整体形象,重点开发山地体验、农业观光、农庄休闲、度假旅游、运动健康、人文体验等乡村旅游特色产品。西部山区突出山地生态环境,中部地区突出绿色田园和生态乡村风貌,北部地区突出滨湖风光和古生态资源优势,东部和南部地区突出水乡湿地风光,提高生态观光型乡村旅游产品的档次,积极发展依托生态环境的乡村休闲度假旅游。

目前生态依托型乡村旅游区主要有安吉的龙王山黄浦江源旅游区、天荒坪大竹海,德清的下渚湖、莫干山,长兴的水口、古银杏长廊等。

2.文化依托型

充分挖掘湖笔文化、丝绸文化,以赵(即赵孟頫)体字、吴(即吴昌硕)门画为代表的书画文化,以陆羽、《茶经》、紫笋茶等为代表的茶文化,以《二十四孝》为代表的孝文化等特色文化,建设以这些文化形象为代表的文化村,组织开展"湖笔文化节"、"丝绸文化节"、"茶文化节"、"孝文化节"等,提高湖州乡村旅游产品的品位。

目前文化依托型乡村旅游主要有郢吴文化乡村游、蚕桑文化体验游、新市美食游、南浔古镇体验游、大唐贡茶院体验游,等等。

3.产业依托型

依托湖州市现代都市农业的发展,发展休闲农业、创意农业、体验农业等为主要特色,打造以涉农产品为主要吸引物和主要旅游商品,生产和旅游紧密结合、相互促进的休闲农业旅游产品。并通过延伸和拓展产业链,加强区域内的交流与协作,实现湖州休闲农业与乡村旅游产业链的整合,形成一定的产业集群和品牌效应。

目前产业依托型乡村旅游区主要有杨墩生态农庄、城山沟桃源山庄、移沿山现代农业园、高峰苗木村、阳光生态园。

4.景区依托型

以大汉七十二峰、藏龙百瀑、南浔古镇、莫干山、中南百草园、安吉竹博园、中国大竹海、顾渚山茶园、古银杏长廊、天荒坪电站、下渚湖湿地等湖州著名的景区为依托,利用这些景区周缘及其景区内的乡村空间,以独特的乡村民俗资源、田园风光、农耕文化等产品形式开发具有与景区不一样的乡村旅游产品作为景区产品的补充,以扩大旅游者活动空间,增加旅游者逗留时间,创造更大经济效益。

目前景区依托型乡村旅游主要有环莫干山农家乐、大溪村农家乐、下渚湖湿地农家乐,等等。

5.国际会所型

以湖州良好的生态环境为依托,引入休闲社区管理理念,配套高端服务设施和理念,针对长三角地区的外国人及白领市场,推出以乐活、生态、环保为特色的国际会所型社区,建筑材质可采用环保型材,最大限度地降低对生态环境的破坏,在消费理念上推崇返璞归真、低碳的理念。

目前国际会所型乡村旅游主要有莫干三九坞(裸家族社区)、莫干山里茶园会所(法式品酒社区)等。

(四)乡村旅游规划的要求

乡村是一个空间概念,与城市相对应。从这个意义上而言,乡村旅游规划具有旅游规划的共同点,没有特质性。但是考虑到乡村的特点,在编制乡村旅游规划时要注意以下几点:

1.乡村旅游发展的主体多元化

既有农民及其不同组织形式,也有外来投资者。

2.乡村旅游服务对象的城市化

乡村旅游服务主体主要是城市居民,要根据城市居民的需求特点设计产品。

3.乡村旅游产品开发的生活化

注意挖掘乡村生活方式和内容,为产品设计提供素材。特色餐饮,是乡村民俗旅游产品开发的最佳切入点。

二、乡村旅游项目规划的前期调研

(一)区位条件

区位条件指旅游资源所在区域的地理位置、交通条件以及与周边区域旅游资源的关系等。一般从以下几方面调查:第一,该乡村是否邻近大中城市;第二,交通状况,本地或邻近地区是否有火车站、汽车站等,外地包括境外游客可否直达或比较方便转来本地,近中期交通建设计划,预测本地对外地大交通和内部小交通的发展前景;第三,区位特点,是否位于边境地域或位于省交界地域,是否位于著名景区景点边缘地域等,都可能对当地旅游的开发产生极大的影响。

(二)自然条件

即旅游目的地的气象气候、地质地貌、水文、土壤、植被等要素构成的自然环境,它对旅游目的地资源开发有着直接影响作用。植被、水文、气象等本身是乡村旅游资源不可分割的一部分,直接关系到乡村旅游资源的品质。乡村环境必须清洁雅静,令人赏心悦目;宜人的气候是旅游的必要条件,并起着导向作用;水既是孕育乡村景观的活跃因子,又是乡村旅游设施、当地居民和游客的生活必需,而且水质十分重要,直接关系到游客的健康。

(三)经济条件

经济条件指旅游目的地的经济状况。主要包括投资、劳动力、物产和物资供应及基础设施等条件。资金是旅游资源开发的必要条件，特别是经济尚不发达，资金比较匮乏的区域，对投资条件的调查及评价更为重要。资金来源是否充裕，财力是否雄厚，直接关系到旅游开发的深度、广度、进度。乡村旅游投资较少、见效快，但并不是说不需要资金，特别是要发展上规模的乡村旅游区，加上对外宣传，必须有一定的资金保障。劳动力条件是指能满足旅游开发所必需的人力资源数量及质量。对于乡村旅游来说，其开发是在原有资源的基础上加以规划改造，因此其参与者多为当地人。基础设施条件指水、电、交通、通讯等公共设施系统的完善程度。

(四)社会文化条件

社会文化条件是指旅游目的地的政治、政策、治安、政府及当地居民对旅游业的态度、卫生保健状况以及当地风俗习惯等。社会治安差的地方，即使有高质量的旅游资源，游客也不愿前往旅游。如果政府重视、政策倾斜，那么当地人参与办旅游的积极性就高。当地文化传统朴实，人民热情好客等都会对旅游开发起积极的促进作用。旅游资源开发中旅游资源是基础，在开发前必须进行详细的调查。调查内容包括旅游资源的类型、数量、规模、结构、成因等；还要调查当地的重大历史事件、社会风情、名人活动的情况以及调查区的资源分布图、照片等有关资料。对于重点旅游资源，应提供尽可能详细的资料，包括类型描述、特征数据、环境背景和开发现状等。另外，开发价值高的重点新景区的旅游资源，如具有特殊功能的旅游景观、适合科学考察和专业学习的旅游景观、唯我独有的旅游资源等要重点进行调查。

(五)客源市场调查

客源数量是维持和提高旅游区经济效益的重要因素。客源市场调查的内容包括客容量和游客的年、月、日变化等。不同旅游区，依其景观特色、地理位置、交通条件，吸引着不同地区、不同年龄和不同职业的游人，而不同类型的游客决定着该旅游区的市场规模。

三、乡村旅游项目规划的特点和编制程序

(一)乡村旅游规划的特点

1. 战略化

乡村旅游规划的编制关系到乡村旅游区未来的发展方向，是乡村地区经济发展中的一个重要文件，因此乡村旅游规划都会立足于战略的高度，协调好旅游规划区长远利益与眼前利益的关系，注重长期内乡村旅游区产业竞争力的培植与提升。从总体上看，乡村旅游规划以乡村地方特色为战略灵魂，以质量为战略根本，以利益为战略目标，以产业为战略水准，在宏观层面上重视政府主导战略、产品开发战略、形象建设战略、产业融合战略、市场开拓战略、科技支撑战略的综合运用。

2. 多元化

乡村旅游规划的多元化特征是由旅游规划的学科特征所决定的，其多元化特征表现在旅游规划编制组成员、旅游规划的技术方法和手段的多元化上。旅游规划所涉及的内容的综合性决定了编制组成员的多元化，如果仅仅靠一个方面的专家是无法完成一项系统化的规划研究的。旅游活动的社会性又决定了新兴的科学技术必然会被不断地引入到乡村旅游规划过程中。所以，乡村旅游规划中所使用的技术方法和手段也随着时间的延续而呈现多元化特征。

3.系统化

乡村旅游规划不是一项独立的工作,它与乡村旅游地经济发展的各个方面有着千丝万缕的联系,如旅游规划专家组与本地旅游业界和学术界的关系、乡村旅游区各利益相关者之间的关系等。任何一个方面的关系处理不当都不利于乡村旅游规划的制定和实施。因此,乡村旅游规划是以系统化的观点进行编制,规划编制的每个过程和各个部分都进行了有机的协调和控制,以便共同完成乡村旅游规划的总体目标。

(二)乡村旅游项目规划的编制程序

1.乡村旅游规划的基本原则

乡村旅游作为一种特殊的旅游形式,其规划应该顺其自然、顺应潮流,做到既能持续地吸引游客,又要使乡村在保持原来的生活方式的基础上逐步发展,并从该项活动中获得效益。根据方增福等人的意见,目前乡村旅游规划的基本原则有以下六条。

(1)选择有独特的吸引力的乡村进行旅游规划

乡村具有不同类型,由于其不同的历史、文化、经济和社会发展而呈现出不同的特征,应该说都有一定的吸引力,但是我们必须在分析研究客源市场的基础上,选择有独特的吸引力的乡村进行旅游规划。以经济和社会的发展为划分依据,可以把乡村分为具有或保持了一定时代特色(民居、饮食文化、服饰、耕作方式、节日、风俗习惯等)的乡村,如具有母系氏族婚姻家庭特色的泸沽湖畔的摩梭乡村,现代经济社会发展较快的"云南第一村"——玉溪大营街。以自然环境和区域性为划分依据,可以分为江南水乡、草原乡村、高寒山村、黄土高原乡村,等等。以民族为划分依据,可以分为白族乡村、佤族山寨、傣族乡村,等等。总之,可以有许许多多的划分依据,但是越是具有多种特色的乡村,就越有吸引力,应该寻找这样的乡村进行旅游规划。以少数民族部落村庄为基础的乡村旅游,在云南省有极大的发展潜力。在某些地区,乡村旅游可以和生态旅游结合起来进行。

(2)充分利用乡村基础设施,适当建设配套设施

一个乡村之所以能够存在到现在,一定有其存在的依据,至少有一点就是这个乡村具有必要的基础设施。如住房、道路交通系统、饮用水供应系统、排水系统,等等,这些基础设施往往还具有其独特性,如傣族的水井、干栏式的竹楼,彝族的渡槽、土掌房,侗族的风雨桥,客家人的"城堡式"土楼,等等。在进行规划时,要充分利用这些已有的基础设施。为适应城市旅游者的必要的特殊需要,可建设必要的基础设施,所建的基础设施必须符合或仿效当地的风格。在乡村里或者乡村附近建立一些住宿设施,特别是卫生公厕和沐浴设施是非常重要的,这些设施的所有权属于村民,并由村民自己经营、管理。这些设施的设计应该具有本地的传统建筑风格和形式,尽量使用当地的建筑材料。

(3)旅游活动的设计应顺应农村生活方式,尽量做到不干扰村民的正常生活

游客参加乡村旅游,可以只是参观游览,也可以是参与村民的生活、体验村民的生活方式,但是都不能干扰村民的正常生活,这就要求旅游活动的设计应顺应农村生活方式。为此,首先必须控制游客的数量,保持一定的环境容量,100户的乡村每天接待30户,或者接待100人次是比较合适的容量;其次,要考虑基础设施的容量,包括住房、道路交通系统、饮用水供应系统、排水系统,等等,不能因为游客的到来使这些基础设施难于承受,或者失去其独特性;第三,要考虑粮食、蔬菜、肉类、饮用水的供应量,最好能让游客品尝到当地村民平常吃到的绿色食品;第四,要给游客讲解清楚当地村民风俗习惯,特别是各种各样的禁忌,希望

游客尊重村民,尊重当地风俗习惯。总而言之,要做到既满足了游客的要求,又不能破坏乡村固有的特色。

(4)鼓励村民积极参与,并使村民从中获益

村民可向游客提供当地的传统食品。当然,非常重要的是制作这些食品时要采取适当的卫生措施。可以生产工艺品向游客出售,保持民间工艺美术品的真实性对促进乡村旅游的健康发展,保护本地的文化传统具有非常重要的意义。组织本地的歌舞表演以增添游客的兴趣,内容应该是具有当地特色的传统歌舞。可以把本地和附近地区的居民培养成为乡村旅游的导游,这样的导游更能生动地讲解当地的各种情况,并能从中得到报酬。在有资金、技术和培训支持的情况下,要认真规划乡村旅游。鼓励那些真心实意地想参与乡村旅游项目的村民来开展这项业务。开发乡村旅游的乡村应该从该项活动中得到报酬,然后再把这些收入用来改善乡村的旅游设施和提高服务质量。

(5)鼓励游客参与村民的各种活动

采取一些营销手段来吸引游客参与乡村旅游活动,充分利用乡村旅游设施。更重要工作是鼓励游客参与村民的各种活动,如参加栽种、收割、婚礼、葬礼、祭祀、采摘蔬菜、采摘水果、放牛、牧马、捕鱼、狩猎、歌舞,等等。但要注意不要采取不正当的手段强求或诱骗游客参加,更不能以此骗取游客的钱财。

(6)监控乡村旅游项目的实施,并适时调整

必须持续地监控乡村旅游项目的实施情况,以确定是否能实现其发展目标,找出存在的问题,防患于未然,并针对出现的问题及时调整规划。

2.乡村旅游项目规划的编制

(1)乡村旅游规划的一般过程

根据旅游规划的一般性要求,以及对乡村旅游规划的实际需要,乡村旅游规划的过程一般分为五个阶段:

第一阶段:规划准备和启动

规划的准备和启动工作主要包括:1)明确规划的基本范畴;2)明确规划的制定者和执行者;3)确定规划的参与者,组织规划工作组;4)设计公众参与的工作框架;5)建立规划过程的协调保障机制。这些是启动乡村旅游规划应该具备的基本条件。规划受到当地社会经济发展水平、政府部门结构、行政级别等因素的影响,特定地方的规划可以跨越其中的某些步骤。

第二阶段:调查分析

这一阶段的工作包括:1)乡村旅游的总体现状分析,如乡村旅游地自然地理概况、社会经济发展总体状况、旅游业发展状况等;2)乡村旅游资源普查与评价,可以利用国家颁布的旅游资源分类与评价标准对乡村旅游资源进行科学、合理的分类,并作出定性和定量评价,将人们对乡村旅游资源的主观认识定量化,使其具有可比性;3)客源市场分析,通过调研客源市场,详细分析客源流向、兴趣爱好等因素,为市场细分和确定目标市场打好基础;4)乡村旅游发展SWOT分析,在以上三个方面科学分析的基础上,对当地发展乡村旅游进行全面的综合考察,找出发展乡村旅游的优势和机遇,并摸清存在的劣势和面临的威胁。

第三阶段:确定总体思路

这一阶段的主要工作是:通过以上分析乡村旅游发展的背景和现状,剖析乡村旅游与乡村地区横向产业(尤其是农业)之间和纵向行业之间的关系,诊断其发展中存在的问题,再联

系国家和地区有关旅游业发展的政策法规,最终确定乡村旅游发展的总体思路,包括乡村旅游战略定位、发展方向定位,并确定总体发展目标。

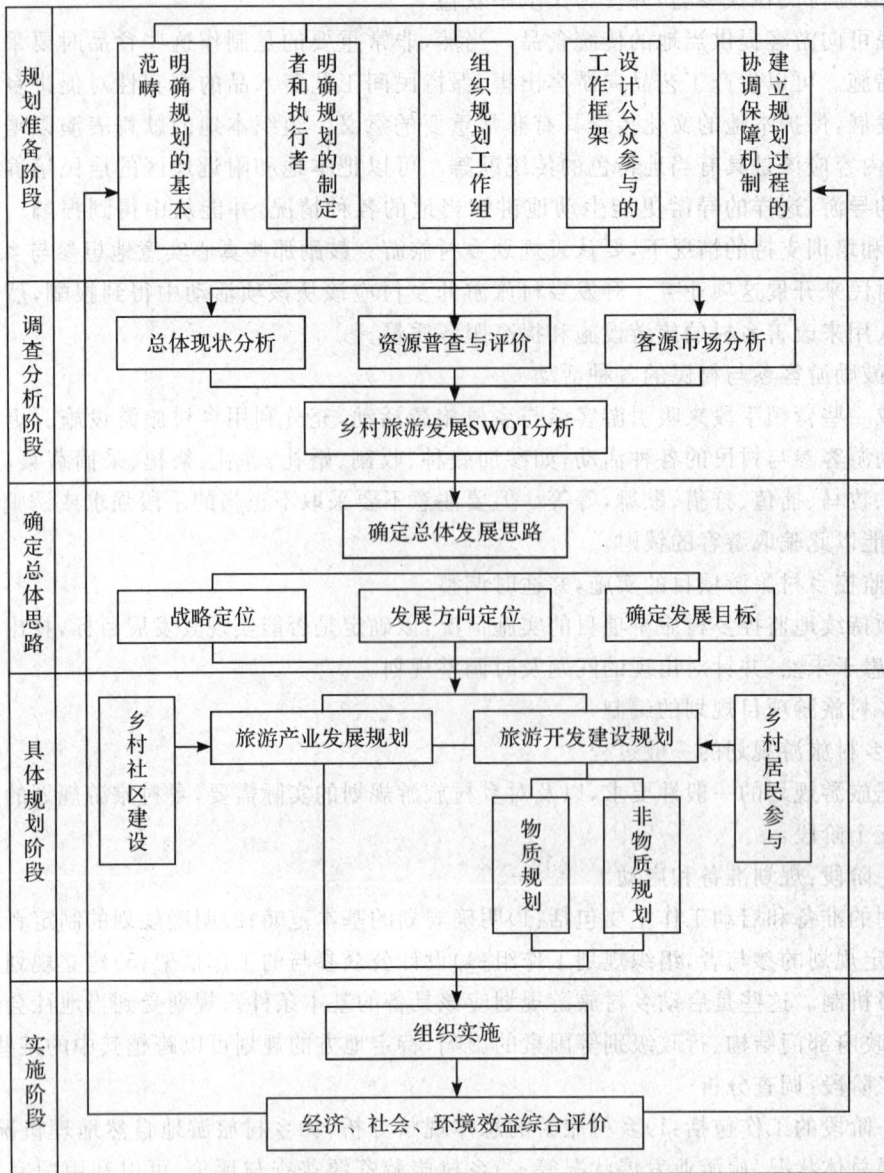

图 5-10-1　乡村旅游规划的一般过程

第四阶段:制定规划

这一阶段是乡村旅游规划工作的主体部分,是构建乡村旅游规划内容体系的核心,主要工作就是根据前几个阶段调查和分析的结果,并依据发展乡村旅游的总体思路,提出乡村旅游发展的具体措施,包括乡村旅游产业发展规划和乡村旅游开发建设规划,此外还有乡村旅游支持保障体系方面的建设。需要注意的是,在制定详细的规划内容时,必须考虑规划区域的乡村社区建设和社区居民的切身利益。

第五阶段:组织实施

依据乡村旅游规划的具体内容,并结合乡村地区实际发展情况,切实做好乡村旅游规划的具体实施工作。要根据经济、社会、环境效益情况,对规划实施的效果进行综合评价,并及时作好信息反馈,以便对规划内容进行适时的补充、调整和提升。

(2)乡村旅游规划的内容体系

乡村旅游规划的内容体系是整个乡村旅游规划体系的核心组成部分,它是指在乡村旅游规划基础性分析的前提下,在法律法规、政府政策、技术、人才、财政的支持下,对乡村旅游规划区进行详细的旅游产业发展规划和旅游开发建设规划。

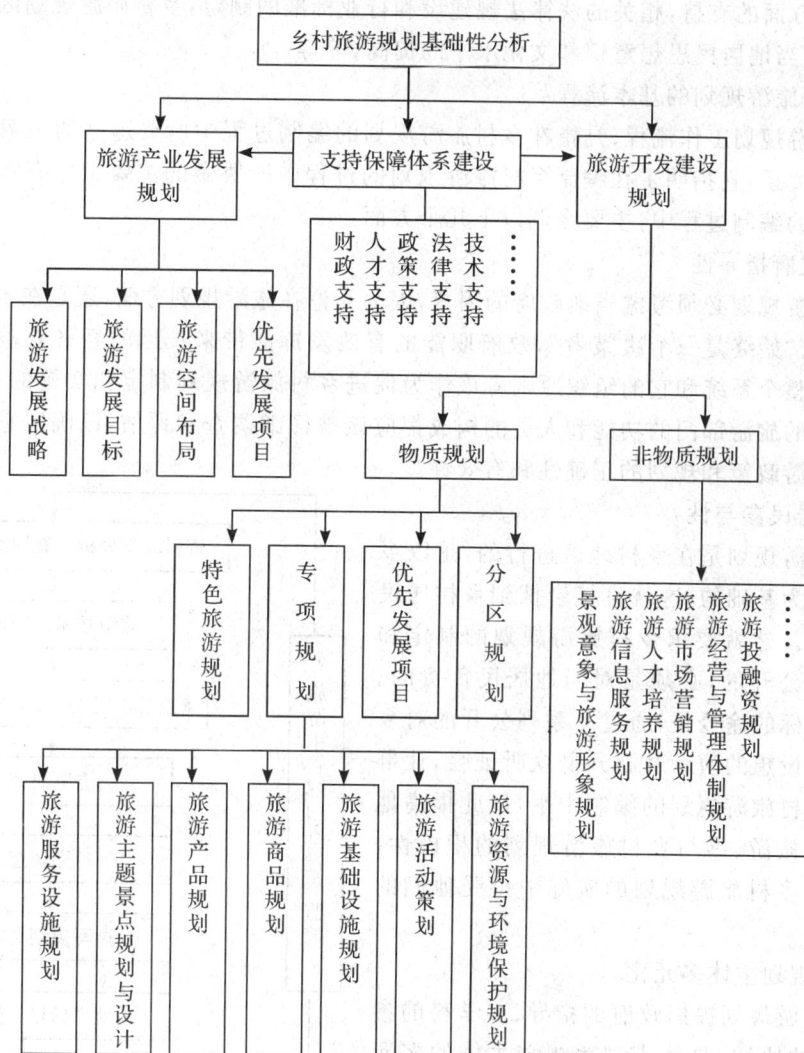

图 5-10-2　乡村旅游规划的内容体系

在产业发展规划方面,具体需要做四方面的工作:(1)制定乡村旅游发展战略;(2)确定乡村旅游发展目标;(3)明确乡村旅游发展空间布局;(4)确定乡村旅游优先发展项目。

在开发建设规划方面,主要包括物质规划(硬环境建设)和非物质规划(软环境建设)两方面内容:1)物质规划,包括乡村旅游专项规划、特色旅游项目规划、优先开发项目规划和旅游分区规划四部分,而乡村旅游专项规划是重中之重,其具体内容有旅游产品规划、旅游商品规划、旅游主题景点规划与设计、旅游服务设施规划、旅游基础设施规划、旅游活动策划、旅游资源与环境保护规划。2)非物质规划,主要内容有乡村景观意象与旅游形象规划、旅游市场营销规划、旅游经营与管理体制规划、旅游信息服务规划、旅游人才培养规划、旅游投融资规划等。

此外,乡村旅游规划的内容体系还包括支持保障方面的建设内容,诸如乡村旅游规划区的基础设施建设,服务配套设施建设,乡村旅游发展中人力资源方面的保障,乡村旅游发展政策与财政方面的支持,相关的法律法规建设和行业标准的制定,乡村旅游规划区治安环境的改善,以及当地居民思想意识和文化水平的提高,等等。

(3)乡村旅游规划的基本流程

乡村旅游规划工作流程,是指在乡村旅游规划的编制过程中所要遵循的一般工作程序和前后逻辑关系,它指明了在编制乡村旅游规划的过程中所要做的主要工作有哪些。在乡村旅游规划的编制过程中,主要强调以下几个方面:

第一,政府指导性

乡村旅游规划必须考虑当地政府的因素,因为无论在旅游规划方面,还是在乡村整体规划方面,政府"始终是一个决策者",政府职能的有效发挥能带来长远的经济效益和社会效益。政府的整个系统和它的组织原则应该作为促进乡村旅游规划制定和实施的重要部分,任何已存在的旅游部门的功能和人员的构成都应该被仔细调查和评估,以确定它们管理旅游及实施旅游政策和规划的正确性和有效性。

第二,居民参与性

乡村旅游规划是在乡村地区进行的,是以乡村土地利用为基础的,这就直接牵扯到乡村居民的各种利益。这就要求乡村旅游规划的制定和实施必须是公开的,必须是对当地居民负责的。达到这个目标的途径是,通过一系列公开的对乡村旅游规划设想的演示及召开群众听证会,让群众参与到乡村旅游规划的编制中来,以此提高他们发展乡村旅游、参与乡村旅游规划的积极性,并在以后的乡村旅游规划的实施中接受他们的监督。

第三,规划主体多元化

乡村旅游规划提倡政府的指导、多学科的参与、多部门的协调,具体表现为规划主体的多元化。其中,乡村旅游规划的主体包括地方政府、地方旅游主管部门、地方旅游协会、乡村旅游经营业户、外来投资商、有关乡村的负责人、勘察技术单位、高等院校、研究机构等。

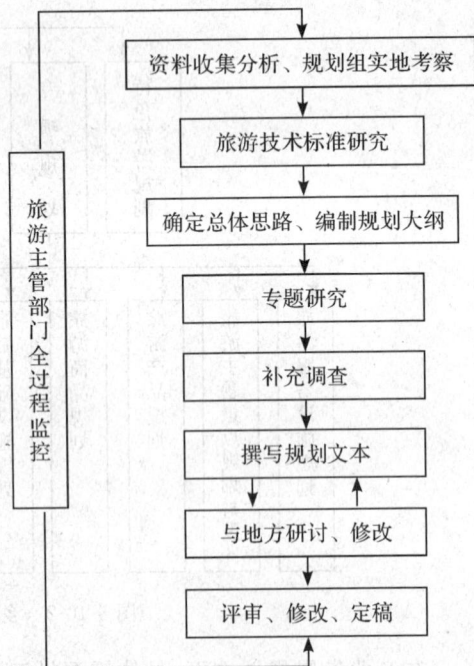

图 5-10-3　乡村旅游规划的基本流程

第四,流程动态性

流程动态性主要反映在反馈机制的应用上。如通过与游客、经营业户、当地居民面谈、开会的方式,对乡村旅游规划的设想和结果进行反馈调查,以获得有价值的信息。同时,监督和反馈应该被用来评价整个乡村旅游规划的发展政策,以及乡村旅游规划是否是实现所预期的目标的最有效方法,如果认为实施规划的方法手段是有缺陷的,那么必须立即作出对规划的调整。有效的乡村旅游规划应该能够达到乡村地区经济、社会和环境效益的全面提高,能够保证乡村旅游资源的可持续利用。

第五,新技术的应用

乡村旅游规划是极其复杂的系统工程,所要处理的信息量是非常庞大的,为了搜集和分析这些信息,需要应用高新技术,如运用地理信息系统(GIS)对乡村旅游系统进行基础性调查和分析,运用计算机技术对供需状况、环境和社会影响进行分析,对设想的旅游发展规划、主题景点和活动项目的规划设计进行评价等。

【思考作业题】

1.乡村旅游规划的种类有哪些?

2.乡村旅游项目规划的前期调研包括哪些内容?

3.谈谈乡村旅游规划的特点。

教学项目 11 乡村旅游项目开发案例探讨

【图片资料】

注意观察图片并思考问题。

图 5-11-1 安吉大竹海

图 5-11-2 贵州万峰林

图 5-11-3　湖州荻港渔庄

图 5-11-4　德清清溪山庄

图 5-11-5　新疆舞蹈演出

图 5-11-6　贵州农村家访

图 5-11-7　广东从化温泉

图 5-11-8　宁海南溪温泉

【课堂讨论】

1.乡村旅游开发的类型有哪些？

2.我国乡村旅游开发中存在的主要问题有哪些？

【基本知识】

一、乡村旅游开发概述

(一)乡村旅游开发的现状

我国各地的乡村旅游开发正从观光农业和休闲农业向以观光、考察、学习、参与、康体、休闲、度假、娱乐等为一体的综合型方向发展。目前开发的类型有:①以绿色景观和田园风光为主题的观光型乡村旅游。②以农庄旅游或农场旅游为主,包括休闲农庄,观光果、茶、花园,休闲渔场,农业科教园等,以体现休闲、娱乐和增长见识为主题的乡村旅游。③以乡村民俗、民族风情以及传统文化为主题的民俗文化、民族文化及乡土文化的乡村旅游。④以康体疗养和健身娱乐为主题的康乐型乡村旅游。目前比较多的项目是强调参与和体验的民俗风情旅游、务农采摘旅游和乡村节庆旅游等几个方面。总之,目前我国乡村旅游形成了以农业观光旅游为主,浅层次参与性专项旅游为辅,度假旅游为方向的乡村旅游产品结构新格局。

(二)乡村旅游开发存在的问题

1.对乡村旅游的内涵认识不深

部分学者把乡村旅游等同于农业旅游,严重地降低了乡村旅游的丰富性;地方政府和乡村旅游经营者对本地资源状况分析不够、缺乏规划和策划、评价过高,对开发乡村旅游地所需要的条件认识不足,凭热情盲目上项目、重复建设、低层次开发、城市化倾向、环境破坏现象严重,乡村旅游渐失特色。不仅造成人财物与资源的巨大浪费,也使乡村的环境卫生遭到破坏,影响了当地农民和游客的生活和健康。没有坚持市场导向,以为只要有资源就可以进行旅游开发,也盲目地把所有的城市居民纳入乡村旅游客源市场的范围,其实中小城市居民对乡村较为了解,乡村旅游欲望不强烈。经营管理者经营理念和意识落后,对于乡村旅游地吸引游客至关重要的一些因素如地方特色、乡村环境、服务水平与质量往往重视不够,分散经营,资源与资金没有形成有效合力,难以树立景区形象。

2.政策法规缺失,管理机构不全

相应的政策法规没有随着乡村旅游的快速发展同步建设,地方政府未制定相应的政策法规来保护和管理乡村旅游,经营无章可循,游客的权利无法得到保护,政府行政部门管理无法可依。这种自由发展的状况导致许多乡村旅游地处于自发、盲目、无序状态,旅游产品品位不高、生命周期短,严重地影响了乡村旅游的可持续发展。乡村旅游区涉及农村社区发展、小城镇建设、农业结构调整、旅游业发展、保护等部门和内容,需要一个权威的协调管理机构进行统一管理。但目前各地政府缺乏健全的管理机构进行协调与管理,政府主导作用没有充分发挥,宏观管理力度差,造成许多乡村旅游地在利益方面多头管理、各自为政,在问题方面无人管理、互相推诿,政府职能部门无力解决经营者与游客的问题,从而严重影响了乡村旅游的健康协调发展。

3.环境破坏退化现象严重

乡村旅游无序盲目的发展,首先是生态环境质量形势严峻,不合理开发,破坏性的建设,无规划的道路、餐馆、娱乐场所建设,游客的随意采摘与践踏,使乡村旅游地的植被面积正在减少;游客遗弃的食品袋,经营者遗留的生活垃圾,开发商抛弃的建筑垃圾等在乡村旅游区到处可见,严重地影响了旅游地;汽车尾气、扬起的尘埃、旅游区内餐馆饭店等生活锅炉排放的废气等,使乡村原有的清新、自然、带泥土气息的空气品质日益下降。其次是社会文化环境的衰变。参加乡村旅游的旅游者来自相对发达的中心城市,他们所带来的强势文化对经济欠发达的乡村旅游地的弱势文化具有很强的影响力,使乡村的弱势文化向城市的强势文化靠拢,最后被同化而失去吸引力;由于高消费、时髦的城市游客的财富和生活方式的诱导,乡村居民在装束打扮和娱乐方式方面盲目模仿,继而发展到有意识地追求,乡村朴实的民风和生活秩序受到破坏,也将断送乡村旅游的发展进程。

4.乡村旅游开发启动资金缺乏

乡村旅游的投资回报率有阶段性,初期投入大,产出少,只有到了中后期才增加回报率,我国乡村旅游区开发大部分处于初期阶段,政府没有把乡村旅游开发纳入地方发展预算,居民分散经营,乡村地区经济水平较低,无法投入大额投资,许多基础设施难以适应游客的需要。致使我国乡村旅游开发较为成功的区域多在大、中城市的外围,甚至就在城市中开辟乡村旅游项目,乡村旅游在振兴偏远地区农村经济中的作用有限。

5.乡村旅游开发模式单一,产品缺乏特色

我国乡村旅游产品未形成系列,各种资源未能充分有效的利用,目前国内乡村旅游多集中开发休闲农业和观光农业等旅游产品,而对乡村文化传统和民风民俗资源的开发重视不够。乡村旅游的开发过分地依赖农业资源,缺乏文化内涵,文化流失,地域特色文化不突出;乡村旅游产品雷同多,缺少特色产品,整体接待水平偏低,配套设施不完善。此外,宣传促销意识不够、力度不强、包装不力等原因也使乡村旅游难以适应目前激烈的旅游市场竞争。

6.乡村旅游人才匮乏,管理混乱

由于乡村旅游的开发和研究均处于较低层次上,乡村旅游的经营管理人员相对较少,乡村旅游从业人员缺乏系统有效的培训。在实际的乡村旅游操作中,许多乡村旅游区的管理人员由村干部兼任和由当地农民担任。乡村旅游管理人员和从业人员素质普遍低下,乡村旅游的迅速发展与低素质乡村旅游经营管理人员和从业人员相矛盾,乡村旅游处于粗放经营中,形成轻管理、低质量、低收入的恶性循环,严重制约了我国乡村旅游业的发展。

二、浙江省安吉县报福农家乐旅游发展的启示

浙江省安吉县报福镇位于浙江省西北部,北靠天目山,面向沪宁杭,区域面积151.23平方千米,山林面积达到206 632亩,全镇拥有1个居民区,11个行政村,常住人口为1.87万人,是一个典型的山区镇。境内山高林茂,植被繁茂,溪涧飞瀑、奇峰异石、古树怪松,比比皆是,是上海"母亲河"——黄浦江的源头。依托优越的原始生态环境,顺应了"农家乐"旅游快速、大规模升温的趋势,报福镇的生态休闲旅游突飞猛进,取得了可喜的成绩,尤其是"农家乐"旅游发展势头更猛。2005年游客量达16万人次,"农家乐"营业收入超过900万元,纯收入超过400万元,景点门票收入超过100万元。

根据安吉县报福镇的环境特点和旅游资源特色,结合旅游客流的需求特征,研究区"农家乐"旅游发展功能定位于乡野采风与乡情体验、习农健身与修学求知、赏花摘果与田园观光和消遣娱乐与休闲度假。主要旅游功能区包括入口服务区、乡情体验区、习农修学区、特色餐饮服务区、休闲娱乐区等。

入口服务区犹如安吉县报福镇的门面,充分展示安吉县报福镇"农家乐"旅游的鲜明形象,凸显特色,吸引旅游客流的注意力,对游客形成视觉冲击,扩大宣传促销效果。景区入口的建设一般应由地方政府或非政府组织如旅游开发商等投资建设,能够取得明显的短期效益。

乡情体验区以现有"农家乐"农舍为依托，改建、扩建新的乡村农舍，并对内部进行必要的装修，推出"住农家屋、吃农家饭、干农家活、享农家乐"等的旅游活动。具有地方特色的民居可以由地方居民提供，也可以由地方政府和旅游开发商共同改建和扩建乡村田园农舍，社区居民、地方政府和非政府组织如旅游开发商、经营商可以获取短期收益和长期收益。

习农修学区主要通过现有山核桃林、高山有机茶园、报福本鸡养殖等旅游资源，开展习农修学旅游活动。向游人讲授和传播农业、农耕知识，并组织他们适度参与农业活动实践，帮助他们认识有关农作物，了解相关农作物如果树的栽培、修剪、嫁接、采摘等园艺技术，使游客在"种农家地，干农家活"中获得乐趣、知识和受到教育，体验农民的艰辛等，从而增添旅游的文化内涵。真正做到寓教于旅，让游客从丰富多彩的旅游活动中学到农业科学知识，增长见识，并以此引导和教育他们热爱劳动，尊重农民。由地方居民提供活动场所和活动项目服务，由地方政府和非政府组织如旅游开发商做好旅游宣传和策划工作，可以取得长期收益，并且收益比较明显。

特色餐饮服务区主要是指利用报福镇特色小吃、特色饭菜如土鸡煲、老鸭煲、石斑鱼、苋菜臭豆腐、石鸡、排骨笋干煲等，让游客在习农、修学、休闲、娱乐之余品尝地方特色饭菜。主要由地方社区居民利用自家房屋经过适当装修进行经营活动。政府部门要给予政策和资金上的扶持与鼓励。可以取得长期收益。

休闲娱乐区主要利用报福镇内的统溪、景溪、深溪等5条主要山溪性溪流及广阔的森林资源，开展休闲、娱乐、度假、漂流等旅游活动。主要吸引当地居民或外来游客进行避暑度假、野营烧烤、娱乐消遣。主要由地方政府和旅游开发商建设满足现代人需求的休闲度假区，当地居民参与一些相关旅游活动如野营、烧烤等，可以取得明显的短期效益。

这些旅游功能区所包含的旅游项目是安吉县报福镇"农家乐"旅游可持续发展的必要条件。其中，多数旅游活动都是建立在地方各种资源，包括森林资源、水体资源、农林资源等资源基础上的。此外，这些旅游活动与旅游项目的开展还需要引入大量的外来资金、技术和管理人才等。因此，安吉县报福镇的政府领导或非政府组织如旅游开发商等可以通过合资、招商引资等手段从长期利益角度来选择合适的农家乐旅游项目（如下表）。

报福镇农家乐旅游不同利益主体开发旅游项目选择

旅游功能区	主要旅游项目	收益特征	参与利益主体及功能
入口服务区	景区管理、景区商品销售、景区游客集散中心	短期收益明显	由政府部门及非政府组织投资建设，配套景区内部各功能分区功能发挥
乡情体验区	民俗风情体验、民俗风情表演、传统文化艺术表演	长期收益、短期收益兼有	主要由地方社区居民负责挖掘民俗文化，并进行整理，由非政府组织如旅游开发商进行整合和旅游活动策划
习农修学区	山地生态农业体验	长期收益突出	由地方居民提供场地和活动项目服务；由旅游开发机构进行项目包装和策划营销
特色餐饮服务区	乡村餐饮聚落	长期收益明显	由地方社区居民提供原材料，并进行加工，制作特色饮食，提供特色饮食服务
休闲娱乐区	野营地、度假区	短期收益明显	由非政府组织或政府部门提供乡村旅游度假区建设，由地方社区居民提供农产品和相关服务，吸引本地游客或外地游客前来观光、垂钓、休闲、度假

三、上海市奉贤区申隆生态园开发模式

申隆生态园是由奉贤地区民营企业家姚建国于1999年10月创建的。它占地11780.5亩,其中70%为生态林,25%为人工湖泊和河道,5%为林中道路。在总体的建设和开发上,申隆生态园体现了"农家"、"生态"、"水乡"、"休闲"四大要素,即以企业发展基础的农村作为第一景观,以水乡和生态为环境象征和文化象征,在景点的设计和布局上展现出休闲的特点。申隆生态园是集旅游、观光、休闲、度假、商务和培训于一体的大型现代农业项目,2005年被评为"全国农业旅游示范点",2006年又被评为"中国特色村",同时还是"上海市青少年校外教育培训中心"。生态园的开发采用公司加农户的组织模式。公司创造大环境,改善基础设施,建造中心村,构筑就业平台,让农民住别墅、享受镇保、充分就业、领取工资,凸显无风险、有保障特点。

四、德清杨墩休闲农庄旅游示范点开发思路

浙江杨墩生态休闲农庄有限公司(杨墩休闲农庄)组建于2003年7月,占地1500亩,其中果园600亩,苗圃(果园套种)100亩,鱼塘460亩,东扩350亩,总投资3150万元。农庄地处杭嘉湖平原腹地的浙江省德清县雷甸镇杨墩村,距杭州市中心20公里,距湖州约50公里,周边交通便捷。农庄主要由八景、六园、一塘、四港、五大功能区连环交叉组成,是一个以果业、渔业为主,集农业生产、生态旅游、科普教育、人文历史、娱乐餐饮等多功能于一体的综合性、参与性极强的生态农业旅游园区。

图 5-11-9　德清杨墩农业生态园

农庄四面环水,自然湿地空气清新,风景优美,处处散发出江南浓厚的水乡风情。园区四季佳果不绝,鱼跃花香,游客身临其中,乡村田园风光尽收眼底,体会大自然生态带来的全新感受。农庄建有配套设施完善的能挑战自我、凝聚团队力量的立体式拓展基地和具有战役体验的野战真人 CS 活动项目,以及闲情逸趣的水上竹筏、养生垂钓等项目,任您尽情参与、游乐。农庄内建有乡村特色的庄园宾馆、枇杷林小林屋,可同时容纳百余人住宿,500 人同时就餐。300 平方米的多功能厅可举办大型会务,开展丰富多彩的娱乐活动。农庄还根据不同季节在果园内立体套养多种蔬菜,在枇杷林内循环散养数千只具有庄园特色的枇杷土鸡,供游客品尝、选购,满足游客的需求。

五、奉化滕头村生态农业旅游开发策略

(一)奉化滕头旅游新村概况

宁波奉化市滕头村,位于浙江省宁波市,紧倚江拔、甬临公路,地处萧江平原,剡溪江畔。全村现有 323 户 810 人。一直以来,滕头村走农村环境建设与农村经济发展协调并举之路,获得了巨大成功,并相继获得世界十佳和谐乡村、全球生态 500 佳、中国十大名村、中国生态第一村、全国首批文明村、全国首批农业旅游示范点等 60 多项国家级称号。其中,旅游业于1998 年开始起步,取得很大的收益,成为国家首批 4A 级旅游景区。目前成为集小康村、文明村、生态村、和谐村为一体的旅游新村。

图 5-11-10　奉化滕头村

1.旅游发展与生态文明建设相一致——新观念

建设农业循环经济项目,既节省资源又避免环境污染。一方面,滕头村以绿色植物为基础,生物措施和工程措施结合,改善农田生产条件,实现农田水利化、园林化;另一方面保护土地,改良土壤,千方百计扩大绿肥种植面积,提高稻草还田率,并坚持以有机肥为主,适量使用化肥和农药,发展高科技生态农业,组织实施蔬菜、畜牧、水产、水果、花卉、水稻等高科技生态农业工程,对农业生态环境进行综合治理,不断加强对传统农业的改造,改善旅游生态环境,并培养和形成一批集生产、休闲、观光、旅游为一体的科技示范农业和特色农业,实现了农业生态的良性循环。

2.创新旅游管理模式,实行"滕头村＋旅游公司"的管理机制——新管理

滕头村景区由滕头集团经营和投资,由下属的宁波滕头旅游公司和滕头村进行统一管理。旅游公司职权包括产品的推广、旅游接待、旅游咨询、景区导游、市场宣传、旅游餐饮、景区内旅游项目的开发和运营、旅游线路的设计等旅游相关活动的管理和经营。村委会和党支部负责景区内居民的管理,包括居民利益的分配、土地的承包、农家餐饮设施的承包等问题。景区内村民通过经营农产品采摘、餐饮、土特产销售的形式加入到旅游业中,扩大村民收入。

3.人与自然和谐,为旅游发展创造环境——新环境

"生态立村":人与自然的和谐共处是滕头旅游新村最夺目的"亮点","田成方、屋成行,清清河水绕村庄,绿树成荫花果香",这是滕头村今日的真实写照。十多年来,滕头人始终以生态建设为龙头,把生态建设有机地融入到村庄的经济发展中,并通过实施"蓝天、碧水、绿色"三大工程,拆除农家柴灶统一改用液化气,对污水、废水实行无动力达标排放,遍植各类绿化树和草皮,饲养白鸽、野水鸭等飞禽,开展并通过了 ISO14000 国际环境管理体系认证,营造了"花香日丽四季春,碧水涟涟胜桃源"的江南田园美景,并成为全球生态 500 佳。

4.旅游产品开发注重游客参与——新体验

滕头旅游的发展强调文化内涵挖掘和田园景观利用,在项目类型上充分利用文化和农业资源,并开展"民俗风情体验"、"生态农业观光游"、"实践拓展训练游"等旅游项目,注重游客体验。民俗风情体验——充分利用中国东部发达地区农村发展历程缩影,挖掘地方民风民俗及滕头多元和谐发展的文化资源,开展以纺纱织布、阡陌、车水、春谷舂米、憨牛猛斗、温羊角力、笨猪赛跑、凤鸡争雄等组成的别开生面的农俗风情游乐,构建跨越历史时空的观光娱乐体验项目,营造别具一格的乡村旅游。生态农业观光游——以生态环境和人造景观为主要吸引物,将江南风情园、将军林、盆景园、绿色长廊等几十处景点组成生态旅游环线,以植物组培观光园、花卉苗木观赏区、蔬菜种子种苗基地、时令瓜果采摘等组成,大力发展生态旅游观光农业。实践拓展训练游——构建社会实践基地,强化旅游分区,提供企事业员工团队合作培训、大中小学生军事技能培训及爱国主义思想培训,并精心设计百余项寓科学性、教育性、参与性和娱乐性于一体的实践项目。

5.旅游建设与新农村建设相结合——新风貌

坚持旅游建设与新农村建设相结合,把发展旅游业与农业观光,贯穿到新农村建设的全过程,优美的村庄环境成为旅游的闪光点,实现了"以新农村建设促进旅游发展,旅游发展带动新农村建设"的良性循环发展,被评为全国村镇建设文明村、全国生态示范区、全国环境教育基地。

(二)旅游新村建设启示

滕头村抓住乡村旅游大发展机遇,推动农村各项建设,促进滕头社会经济的和谐发展,提高居民的生活质量,成为旅游新村。滕头旅游新村建设的成功给新农村建设更大的启示:

1.新村建设与旅游项目开发保持一致

为达到经济、社会和环境效益的多赢,乡村旅游的发展要以游客的旅游消费过程为核心,形成对农业产业结构的调整,通过发展旅游让村民得到实惠;根据滕头村经济发展现状及农业生产现状,注重协调农村旅游项目和传统农业与游客消费、村民收入之间的关系,带动发展景观农业、高科技现代农业、新农村新貌、农村经济作物、农副产品加工、"农家乐",激

发村民民族文化保护意识及民族自豪感，并由此形成文明的乡风、整洁的村容、民主的管理，达到建设新农村的经典结构。

2. 旅游新村建设不等同于新农村建设

新农村建设不等同于旅游新村建设，二者协调发展首先要整合发展目标，在整体规划时要考虑以下几方面：要把新农村建设的总体规划（包括村镇建设、道路规划、农林牧规划等）与特色乡村旅游发展规划有机结合；改变观念，注重乡村旅游规划与村镇规划相统一，把乡村旅游发展规划纳入新农村建设规划，确定乡村旅游在新农村建设中的战略地位，把乡村旅游建设作为新农村建设的一个重要的子系统，注重乡村旅游的可持续发展和特色构建，重视建筑风格与文化景观保护，防止现代建筑对原有古老村落、生态村庄、民族村寨的破坏，建设宜居宜游村庄。

3. 保留乡村资源的乡村性和文化性

正确处理发展乡村旅游与传承乡村传统文化的关系。乡村传统文化是乡村旅游的灵魂，乡村旅游发展的特色优势资源就是生态环境和特色文化。随着农村乡镇经济和旅游经济的发展，要保护乡村生态环境和保存传统民俗民族文化，不断提升乡村生态环境和淳朴传统文化的魅力，推进传统文化的产品化，变文化优势和生态优势为经济优势。对乡村旅游资源的开发要注意保持乡土本色，突出田园特色，避免城市化倾向，增强乡村旅游的吸引力，旅游的开发不能取代农业在农村的地位。乡村旅游的开发只是进一步提升农业资源的经济价值和休闲娱乐功能，不应以牺牲农田、农业生产和农业文化为代价，注重对原汁原味的乡村本色进行保护，加强科学引导和专业指导，强化经营特色和差异性，突出农村的天然、纯朴、绿色、清新的环境氛围，强调天然、闲情和野趣，努力展现乡村旅游的魅力。

4. 提升农村基层党组织素质，开发旅游人才资源

在新农村建设中进行乡村旅游开发，要抓好农村基层党组织建设和农村基层政权建设，不断提高基层党员干部的素质和能力，充分发挥基层党组织在经济发展大潮中的核心作用。要在基层党建工作的思想观念、组织设置、队伍建设、工作制度、领导方式等方面进行积极有效的探索，从而有效提升基层组织建设和驾驭经济的能力。建设"生产发展和生活富裕"的物质文明、建设"文明乡风"的精神文明、建设"村容整洁"的生态文明、建设"管理民主"的政治文明、建立"公平竞争和利益共享"的经济机制等都需要有组织、有领导地进行，因而在旅游新村建设上，必须充分发挥基层党组织的作用。

5. 发展旅游循环经济，体现生态文明，构建环境友好型的和谐旅游新村

要走生态文明的旅游发展之路。要按照可持续发展，建设资源节约型、环境友好型社会的要求，认真贯彻"开发与保护并重，开发服从保护"的旅游业发展方针，切实抓好乡村旅游景区节能、减排和环境保护工作，要积极引导乡村旅游景区和旅游消费者增强节能环保意识，加强节能环保监督。

6. 选择科学的管理模式，构建社会主义和谐旅游新村

新农村在发展乡村旅游中，不再走"农家饭＋扑克或麻将"的老路，应充分借助新农村建设的成果与传统民族文化，做大参与体验式乡村文化旅游是旅游发展的核心任务。

六、黄浦江源头畲族文化郎村开发研究

位于黄浦江源第一镇章村镇的郎村村，是目前湖州市仅有的两个少数民族村之一。村内现有畲族人口 540 余人，以雷、蓝姓氏为主，是长三角地区少数民族人口最集中的一个行政村。这里环境优美，民风淳朴，保存了许多畲族风俗以及山里人特有的热情，整个村落清静、温馨、和谐，别具一格，尤其是蓬勃发展的畲族文化成了一大亮点。郎村村位于安吉县最西南端，地处浙皖二省三县交界处，距离县城约 45 公里，距离杭州 113 公里，村域面积 10.79 平方公里，总人口 1639 人，其中畲族人口 540 余人。郎村村自然环境优美，苕溪贯穿全村，得天独厚的地理位置让郎村村有着丰富的资源，再加上独有的畲族文化，使得整个村庄环境更添魅力。郎村村通过每年举办"三月三"畲族歌会节、"九月九"畲族丰收节等系列活动，传承畲文化底蕴和特色。畲族风情旅游业分为三个区块："牛牯垯"园区、民俗风情活动、畲族文化展馆。

"牛牯垯"民俗风情旅游园于 2009 年开始动工建设，规划总面积 1700 亩，其中山林面积 1200 亩、土地流转面积 500 亩。主要种植生态蔬菜和养殖水产，并建造畲族特色的配套建筑，为游客提供体验和休闲的场所。通过流转土地的合理使用与开发，初步打造具有畲族特色的集择菜、钓鱼、休养等为一体的田园生活区。并将网络上的开心农场转变为现实版的开心农场，现已有 8 亩土地被青少年活动中心的学生认领。同时水产养殖用的水塘已挖好 64 口，泥鳅、牛蛙等已开始养殖。

九月初九是畲民的一个重要节日，而我们的游客踏入这里可以感受节日的气息，现场打糍粑、磨豆腐，还能观看畲族的婚嫁、祭祀表演，并参与到活动中，和畲族人民一起欢歌笑语，感受畲族魅力。

郎村畲族文化展示馆位于陈村自然村，总占地面积 3500 平方米，建筑占地面积 900 平方米，共投入资金 128 万元。展示馆共分为四个展示区域，一是郎村的畲族发展历程展示厅：主要以图文结合方式介绍为主；二是畲族生产生活物品展示厅：主要展示畲族人民在日常生产、劳作、经商等工程中所使用的各类器具；三是畲族历史文化展示厅：以文字、图片来讲述畲族的起源、传说及五祖四姓；四是畲族歌舞、服饰展示厅：介绍畲族传唱较广的歌曲和表演形式丰富的舞蹈以及畲族人民在不同场合的着装。

一个环境优美、风景秀丽、民俗文化浓厚的郎村村正敞开胸怀喜迎八方来客。

近年来，章村镇和郎村两级同心合力，在推动、保存畲族文化中下了不少工夫，如修建了畲族门楼，建造了盘瓠广场、演歌台，修复了古凤仪桥等。不满现状，目光向前，郎村人在沉思中发觉还有许多不足之处，特别是在畲族文化内涵的挖掘方面，如：硬件设施配套不足，目前的少量标志建筑还不能完全地体现畲族特色；民族文化氛围不浓，畲族气息突显不出；郎村现在还处于初步开发的阶段，来的大多是媒体、学者或从事民族工作的人员；缺乏活跃的文艺队伍，其他可以上台的节目寥寥无几；节前活动渗透力不足，对外宣传的力度也还不足；等等。

针对在沉思中发现的种种问题，结合郎村村畲族风情旅游发展概念性规划，郎村人逐渐有了自己的新想法。

图 5-11-11　郎村畲族民俗风情节

畲文化的发展需要平台,要以标志性建筑为依托,因地制宜、见缝插针地逐步建造、修复一些有畲族特色的建筑场所。村里已经对作为郎村标志性场地的盘瓠广场进行了美化,形成了绿色屏障,并配上了具有畲族气息的物件。其次,为突出畲族文化建筑特色,村民在改建房、装修房屋时,也都悬挂了一些畲族的挂件、图片,一入村、一进门就能感受到一种身在畲村的感觉。

畲族的吃、穿向来有其固有的特色,郎村村结合本地山区原有的民俗,加以挖掘、强化。先后推出了畲家酒、畲家菜、糍粑、山里野菜、野味、铁锅饭等美食;为了改进服饰,村里举办了少数民族服装大赛,村民自己设计的几套畲族服装相当美观,既体现了畲家特色,又便于平时穿着。

文艺是带动文化的重要活力,为此郎村在畲族歌、舞、乐上狠做文章。《畲家姑娘酿酒乐》是目前郎村最拿手的舞蹈,但还达不到郎村畲族文化发展的需要。现在村里已经着手做起两件事:一是组建一支民族器乐队,村民中有一批器乐爱好者,每天坚持练习,村里正计划与龙王山景区合作,充分利用景区的平台优势,把民族特色文化推出去;二是编排一个赋予郎村畲族特色的舞蹈,前不久,湖州师范学院音乐系教授来到郎村,结成了对子,并请来专业教师辅导,在编排舞蹈时保持了原生态要素。

借船出海,创出自己的特色。郎村畲族文化正朝着"人无我有、人有我优、人优我特"的目标前进,在学习的基础上另辟新径,如:将草鞋演化成藤鞋;重新挖掘绿曲酒(畲族特有的酒,在景宁也已濒临失传,只有极少数老人会制作);等等。在宣传方面,郎村村也在努力寻找自己的方向,村干部告诉记者:"我们计划将对外宣传的重点对象放在上海,因为我们章村有黄浦江源第一镇、黄浦江源头得天独厚的优势。"

此外,颇具特色的畲族节日也正得到大力开发,村里举办了"三月三"歌会与"民俗风情节"等活动。为了避免民族风情"随节而冷",村里将在风俗节基础上再增加九月九及冬季畲家年菜系列活动,举办畲族祭拜仪式、婚庆婚俗等活动,开展"过一天畲族生活,当一天畲家人"的参与性活动;等等。

【阅读材料】

湖州市乡村旅游发展空间布局

一、空间布局

湖州市乡村旅游空间布局为:一带、两片、十区。

一带:环太湖渔家风情乡村旅游带。

两片:西部自然生态乡村旅游片、东部水乡民俗乡村旅游片。

十区:打造"十大乡村旅游示范区",包括:

妙峰山(老虎潭)生态乡村旅游区、移沿山生态乡村旅游区、荻港生态乡村度假旅游区、长田漾生态低碳乡村旅游区、德清东部水乡乡村旅游区、德清莫干山国际乡村旅游区、顾渚茶文化生态乡村旅游区、仙山湖(城山沟)休闲乡村旅游区、大竹海生态乡村旅游区、黄浦江源生态乡村旅游区。

二、分区规划

(一)一带:环太湖渔家风情乡村旅游带

1. 区域范围

以湖州太湖沿岸为发展轴线,处于 318 国道以北、104 国道以东的范围,涉及吴兴区的织里、白雀、滨湖街道,长兴县的夹浦、雉城、洪桥等乡镇。

2. 发展思路

以太湖南岸优越的滨湖生态环境为依托,以"湖笔文化、湖渔文化、水利文化、美食文化"为特色,以长田漾湿地为核心,以"太湖之滨水乡地,美食天堂渔家曲"为宣传口号,开发美食娱乐型、文化体验型和休闲度假型乡村旅游产品,打造环太湖时代色彩浓厚、生态环境优美、国际化程度较高、地方特色明显的乡村旅游带,成为环太湖旅游圈的重要组成部分。

3. 主要项目

(1)长田漾湿地生态休闲公园

位置:位于太湖旅游度假区西南部

开发方向:以区域内南部水公园及中部的体育休闲设施为依托,充分利用湖州市"极限之都"的品牌优势,并增设多项国际级水上运动比赛设施和其他体育健身设施。建设以湿地生态休闲为特色的乡村旅游功能区。三大区块功能互补,将长田漾湿地打造成为湖州市城市公园、全国极限运动比赛基地、户外娱乐场所、国际水上运动比赛场所及湿地生态旅游胜地、湖州市著名的郁金香休闲公园。

(2)新塘太湖渔港

位置:长兴雉城镇

开发方向:以太湖南岸的渔村为特色,利用新塘村及其周边知名的湖鲜美食、"新塘茄子一尺红"等特产,发展以滨水生态、美食为依托的乡村旅游,突出游太湖、做渔民、品湖鲜、住渔家等特色乡村旅游产品。

(3)太湖溇港渔村

位置:太湖溇港圩田

开发方向:利用湖州南岸塘浦圩田系统,依托水利文化,发展体验型乡村旅游。

(二)两片:东、西部

1.西部自然生态乡村旅游片

区域范围:

该区域以湖州西部的安吉县、长兴县、德清县部分为主要范围,以杭宁高速、杭长高速、申苏浙皖高速、04省道、10省道等高等级公路及西苕溪水系为纽带。

发展思路:

以西苕溪为发展轴线,整合安吉县和长兴县现有的乡村旅游资源,以竹乡、茶文化、古生态为主要特色,以"竹乡茶圣古生态,黄浦江源山水画"为宣传口号,建设长三角一流和国内知名的以"竹乡、茶圣、古生态、黄浦江源"为主打品牌的乡村生态旅游圈,依托农业生产,延长产业链,大力发展以竹乡、茶乡、果乡等为特色的乡村旅游产品。

主要项目:

(1)龙王山黄浦江源

位置:安吉龙王山区域

开发方向:以安吉县龙王山自然保护区为依托,利用其优美的生态环境,以及黄浦江源的品牌优势,整合其自然生态、动植物、水系、气候特征等资源,发展生态依托型乡村旅游。

(2)牛牯坳畲族文化风情园

位置:安吉章村镇

开发方向:以章村镇郎村畲族文化为特色,结合其魅力乡村的建设,挖掘畲族民俗文化,发展文化依托型乡村旅游,推出以住畲寨、赏畲族歌舞、品畲族美食、过畲村节庆等为特色的旅游产品,同时利用畲族之间的人地关系,与安吉县内以及周边地区的畲寨旅游产品相互动。

(3)天荒坪大溪人家

位置:安吉天荒坪镇

开发方向:以安吉天荒坪镇的江南天池、藏龙百瀑、大竹海等旅游景区为依托,规范提升大溪村及周边村落的农家乐,突出生态的理念,发展景区依托型乡村旅游。与现有景区互为补充,既可以解决旅游旺季景区的接待容量问题,又可以丰富景区的产品内容,提高旅游整体吸引力。

(4)报福镇山乡农家养生

位置:安吉报福镇

开发方向:以"异地养老基地"为发展目标,利用良好的生态优势,对报福镇山乡养生旅游进行提档升级。

(5)水口茶文化乡村度假

位置:长兴水口乡

开发方向:以茶文化为依托,特别是大唐贡茶院、顾渚茶文化景区,为该地区农家乐的发展提供文化支撑,在现状农家住宿、餐饮的基础上,丰富茶文化体验产品,做大做强乡村旅游,完成产品的提档升级。

（6）仙山湖生态休闲园

位置：长兴泗安镇

开发方向：以仙山湖景区为依托，发展景区依托型、生态依托型乡村旅游，在仙山湖湿地的基础上，开发生态观鸟休闲产品，同时结合周边万亩吊瓜子农业园等项目，带动周边农家乐的发展，与景区形成互动。

（7）古银杏生态长廊

位置：长兴小浦镇

开发方向：以八都岕历史古村和古银杏生态公园为依托，结合古银杏天泉景区、古银杏长廊等资源，整理古村的历史文脉和建筑特色，与节庆相结合，做特做优银杏的文章和古村的文章，对现有农家乐进行提升，解决季节性问题，实现提档升级。

（8）金钉子乡村修学基地

位置：长兴槐坎镇

开发方向：利用金钉子地质公园的资源特色，以远古世界景区为依托，结合泗安镇的扬子鳄村，针对青少年市场和科考市场，发展以修学科考为特色的乡村旅游。

（9）城山桃源风情小镇

位置：长兴和平镇

开发方向：以山水、桃园、幽谷等乡村风貌为背景，桃、白茶等农林产业为依托，城山沟乡村度假为突破，清凉禅寺宗教文化为灵魂，围绕"桃"文化，突出"宜居、宜游、宜文、宜业"功能，将其建成长兴县继水口、八都岕之后又一乡村旅游品牌，湖州市乡村旅游示范区，长三角著名的乡村旅游目的地。

（10）环莫干山国际乡村度假

位置：德清莫干山周边，包括碧坞龙潭、对河口水库与筏头等地区，基本包括104国道的西部区域。

开发方向：依托莫干山特殊的资源，以及"洋家乐"发展较快的现状，规划以莫干山及其周边乡镇"生态度假、乡村休闲、运动健康"为主题，以庄园式农场旅游、度假旅游、运动健康产品为主要特征，突出德清西部地区的生态环境优势、绿色农业与生态乡村风貌，树立长三角地区具较高知名度的国际乡村休闲度假品牌。

（11）妙峰山生态文化乡村

位置：吴兴区妙西镇

开发方向：充分发挥其区位优势，依托山水田园优美的生态环境，深挖茶文化、宗教文化和山乡农耕文化内涵，大力发展郊野游憩、山川览胜、农业观光、农庄休闲、健身养生、文化修学、生态认知、素质拓展等为主要内容的生态依托型乡村旅游，使其成为距离湖州城区最近的山乡生态乐园。

2.东部水乡民俗乡村旅游片

区域范围：

以京杭大运河为轴线，以中部平原水网为网络，涉及吴兴、南浔两区以及德清东部区域，以南浔、双林、含山、菱湖、和孚、新市、练市为主要节点。

发展思路：

以"古镇文化、蚕桑文化、运河文化"为特色，充分发挥"丝绸之府、鱼米之乡、文化之邦"

的资源优势和品牌优势,以"南浔古镇古运河,江南水乡民俗歌"为宣传口号,推出一系列符合市场需求的民俗体验乡村旅游产品,建设以文化依托型乡村旅游产品为主的水乡民俗乡村旅游圈。

主要项目:

(1)移沿山近郊乡村休闲

位置:吴兴区八里店镇

开发方向:以湖州市区东部新城为依托,发展城郊型乡村旅游,以移沿山为核心,整合周边的毗山、乔木山、升山、戴山、钱山漾、西山漾、潞村等区块,借助城市东扩的发展趋势,打造近郊旅游特色村,重在发展餐饮、垂钓、商务会议等市场,与湖州历史文化名城相互动,形成产品互补。

(2)荻港渔家风情区

位置:南浔区和孚、菱湖镇

开发方向:以荻港渔庄为核心,整合周边的水乡人家、桑基鱼塘等资源,以保护原生态的江南水乡湿地景观为前提,以展现原汁的湿地生态系统为目的,同时融入民间神话传说、姓氏文化、古桥文化等文化内涵,打造成集观光、采风、美食等功能于一体的水乡湿地旅游区。

(3)运河乡村民俗体验

位置:以京杭大运河湖州段为主线,串联练市、新市古镇。

开发方向:挖掘运河文化,特别是非物质文化遗产,以新市古镇、练市古镇为两大节点,以美食和艺术写生为发展方向,与周边的南浔、乌镇等成熟的古镇旅游区走差异化路线,突出古镇的原生态,发展草根文化旅游。

(4)含山蚕桑文化体验园

位置:南浔区善琏镇含山

开发方向:以含山景区为意图,整合运河文化、蚕桑文化、湖笔文化等资源,带动周边乡村旅游的发展,开发文化依托型乡村旅游产品。

(5)下渚湖湿地生态乡村

位置:德清下渚湖湿地周边

开发方向:利用"芦荻丛生、菱藕掩映、竹树成林、水鸟成群"的多样性生态景观优势和独特的防风文化,依托下渚湖湿地生态旅游示范区的建设,打造具有湿地景观特色的生态观光型和休闲度假型乡村旅游区。

(6)雷甸杨墩休闲农庄

位置:德清县雷甸镇

开发方向:以杨墩生态农庄为核心,带动周边休闲农业和乡村旅游的发展,重点发展产业依托型乡村旅游。

(三)十区:十大乡村旅游示范区

1.妙峰山(老虎潭)生态乡村旅游区

妙峰山(老虎潭)生态乡村旅游区位于湖州市中心城区南部,以妙西镇的妙峰山景区和埭溪镇的老虎潭水库景区为主体,交通便利,生态环境良好,文化底蕴深厚。妙峰山景区位于区域东部,是"茶圣"陆羽著就《茶经》的地方,这里不仅有让人流连忘返的自然风景,还有后人为纪念"茶圣"而修建的陆羽墓、慕羽坊、三癸亭、皎然塔等人文景观,更有别有风味的休闲农庄及乡村旅游项目。群山环抱中的老虎潭水库湖面波光潋滟,动如绸,静似镜,水库周边山峦起伏,翠竹遍布,最高峰将军顶海拔 650 米,水库内有大小形状不一的小岛、半岛,主坝边还有依山面湖的度假酒店。水库内侧还有特色古村落镇水古村,有多家闲适、精致的农家乐,是游客赏美景品野味的好去处。

妙峰山(老虎潭)生态乡村旅游区的发展,要依托妙峰山和老虎滩水库周边优越的生态条件和文化底蕴,以"水墨山水,古风流韵"为发展主题,大力发展人文观光、休闲体验类乡村旅游产品,打造城郊型的乡村旅游目的地。

2. 移沿山生态乡村旅游区

移沿山生态乡村旅游区位于湖州市吴兴区八里店镇,"天然氧吧"移沿山湿地位于区内,风景秀丽,空气清新,自然生态良好,是游客体验休闲生态的最佳之地。移沿山农庄因湿地得名,采用传统粉墙青瓦的古典建筑风格,一派江南水乡风情,餐饮、会务、客房设施齐全。农庄内休闲娱乐功能齐全。种植区内有樱桃、葡萄、草莓、甜瓜、蜜梨、番茄等各色果蔬,均采用无公害栽培,供游客采摘、品尝、体验;垂钓区是浙江省钓鱼协会指定比赛场地;赏兰区,兰花品种多样,赏心悦目;跑马场,可供游客骑马游乐;另有户外素质拓展运动项目、真人 CS等。主要乡村旅游点有移沿山现代农业示范园、移沿山湿地等。

移沿山生态乡村旅游区要依托移沿山湿地优越的生态条件和农林资源,以"天然氧吧,休闲胜地"为发展主题,以移沿山现代农业示范园为中心,重点发展瓜果采摘、休闲垂钓、户外运动等体验类的乡村旅游产品,打造休闲体验型乡村旅游目的地。

3. 荻港生态乡村度假旅游区

荻港生态乡村度假旅游区主要位于湖州市南浔区和孚镇荻港村,水系发达,交通方便,包含荻港古村、荻港渔庄。荻港古村人文历史源远流长,翠竹修萝掩映小桥流水,绿荷芦荻映衬水乡人家。曾涌现出 50 多名进士、状元,和数以百计的太学生、贡生、举人、诗人,留下了无数佳话和脍炙人口的诗文。荻港以其独具特色的水乡魅力而名声在外。荻港渔庄紧依古村,集旅游观光、休闲度假为一体,开辟了垂钓、摘水果、抓鱼、捉泥鳅、打年糕、酿米酒、磨豆腐等游客参与性农事活动项目,以传承陈家(陈果夫系国民党元老)菜肴精华为主打,是中外游客领略水乡情韵、乡村风情的最佳选择。主要乡村旅游点有荻港渔村、菱湖桑基鱼塘等。

荻港生态乡村度假旅游区要依托荻港村独特的自然条件和人文优势,以荻港古村和荻港渔庄为中心,以"古村遗风,渔乡风韵"为发展主题,大力发展休闲度假型乡村旅游产品,打造集观光、休闲、度假为一体的乡村旅游目的地。

4. 长田漾生态低碳乡村旅游区

长田漾生态低碳乡村旅游区位于湖州太湖旅游度假区西南部,以长田漾湿地为核心,包含法华寺、邱城遗址、渔人码头、湖州温泉高尔夫俱乐部等景点。长田漾湿地总面积 7500亩,水面广阔、山水相接、湖水清澈、芦苇丛生、水鸟纷飞,点缀的村落和民居原始自然,呈现了典型的江南水乡风貌,是湖州城市的天然氧吧,被世界旅游组织认为环太湖地区最具开发潜力与旅游吸引力的湿地资源。该区域以农业种植、水产养殖为主,目前正在规划建设中,渔人码头是南太湖的一个综合性休闲胜地,湖州温泉高尔夫球场是华东地区一流的挑战型高尔夫球场。主要乡村旅游点有湿地生态观赏园、龙舟节、观鸟园等。

长田漾生态低碳乡村旅游区的发展,要以湿地生态资源为依托,以长田漾湿地为核心,以"湿地风光，低碳田园"为主题形象，建设集生态保护、科普研究、环境教育、休闲度假于一体的乡村旅游胜地。

5.德清东部水乡乡村旅游区

下渚湖生态乡村旅游区位于湖州市德清县的东部地区，是典型的江南鱼米之乡，民风淳朴、山水秀美，兼具德清人文的厚重和梦里水乡的意境。其中下渚湖湿地风景区位于三合乡境内，是江南最大的天然湿地，湿地汊道曲折，遍布岛屿沙渚，宛若水上迷宫。杨墩休闲农庄位于雷甸镇杨墩村境内，农庄占地1500亩，四季佳果不绝，鱼跃花香。千年古镇新市作为盛名清代的花鸟大画家沈铨的故里，虽历经1700多年岁月洗礼，风采依旧，河道如织，水街相依，独具江南风情。主要乡村旅游点有杨墩休闲农庄、下渚湖乐都农庄等。

德清东部水乡乡村旅游区要依托下渚湖地区优越的生态自然条件，以"湿地风光，水乡风情"为发展主题，大力发展休闲度假旅游产品，提升杨墩休闲农庄等乡村旅游点，打造生态型休闲度假乡村旅游目的地。

6.德清莫干山国际乡村旅游区

莫干山国际乡村旅游区位于湖州市德清县西部，风光秀美，静谧安详。国家级风景名胜区莫干山，是"中国四大避暑胜地"之一，素有"清凉世界"的美誉；有别具风味的"洋家乐"——三九坞国际会所，享受乡村宁静的同时也可体验到欧美风情，不仅可以品尝到正宗的农家菜，还可以尝到相当正宗的西餐；铜官庄休闲养生居，以中国南方园林建筑为设计主题，独居匠心和神韵，融传统风格与现代设施于一体，还有莫干黄芽、山伢儿早园笋、竹林土鸡等名优土特产，令人馋涎欲滴。主要乡村旅游点有后坞农家乐、三九坞国际会所（洋家乐）、高峰花木村等。

德清莫干山国际乡村旅游区要依托莫干山地区优越的生态条件和特产资源，以"避暑胜地"和"洋家乐"为特色，以"清凉世界，国际风尚"为发展主题，打造长三角地区著名的休闲度假胜地。

7.顾渚茶文化生态乡村旅游区

顾渚茶文化生态乡村旅游区位于湖州市长兴县境内，包含长兴县顾渚茶文化旅游风景区与小浦古银杏文化旅游区，交通便利，生态环境优良，古生态、茶文化底蕴深厚，是湖州市最重要的乡村旅游集聚区之一。大唐贡茶院里悠悠茶香洋溢着盛唐茶都的神韵，千年古茶山上片片翠茗吐露着茶文化圣地的情怀。主要乡村旅游点有乡村茶苑、水口农家乐等。

顾渚茶文化生态乡村旅游区要依托现有的特色资源，依托顾渚茶文化旅游风景区与小浦古银杏文化旅游区的发展，深入挖掘"茶文化"和"古生态文化"，以"茶香悠远，古韵悠长"为发展主题，打造湖州重要的特色乡村旅游集聚区。

8.仙山湖（城山沟）休闲乡村旅游区

仙山湖（城山沟）休闲乡村旅游区位于湖州市长兴县境内，其中城山沟景区是集休闲、住宿、餐饮、棋牌、垂钓、水上活动、农事参与、果园采摘等于一体的农业旅游、观光旅游基地；仙山湖景区为国家级旅游生态公园、省级生态旅游区，由仙山和仙湖两个自然的山水组成，生态环境优越，主要依托宗教、湿地资源启动开发宗教及水上旅游项目，植被、湿地、动物以及人文构成了一个丰富的生态链。主要乡村旅游点有城山沟桃源山庄、亿丰生态园、东坞白茶谷等。

仙山湖（城山沟）休闲乡村旅游区要依托长兴泗安仙山湖与和平城山沟地区优越的生态

条件和文化资源,以"梦里水乡 人间仙境"为发展主题,大力发展休闲体验型旅游产品,打造休闲农业观光、生态湿地、宗教文化相结合的乡村旅游区。

9.大竹海生态乡村旅游区

大竹海生态乡村旅游区位于湖州市安吉县境内,以中国大竹海、安吉竹博园、江南天池、藏龙百瀑、天下银坑景区为核心,包含天文科普基地、户外拓展基地、影视基地、冬季野外滑雪场、旅游度假村、农家乐度假、溪涧漂流等多种产品,集吃、住、娱、购于一体。大竹海生态旅游区秉承了安吉竹海的秀丽,这里山连山,竹连竹,满目苍翠,风吹竹啸,风止竹静,进入竹海,恍若置身于绿色梦幻之境。主要乡村旅游点有大溪农家乐、天下银坑、余村谷地等。

大竹海生态乡村旅游区要依托中国大竹海、安吉竹博园等旅游景区的建设,以"竹海秀美 天池景胜"为发展主题,打造集生态观光、户外运动、休闲度假于一体的乡村旅游目的地。

10.黄浦江源生态乡村旅游区

黄浦江源生态乡村旅游区位于湖州市安吉县报福镇、章村镇、杭垓镇。这里云缠雾绕,群山连绵,有长达10多公里的大峡谷,以及幽深的原始森林、奇特的飞瀑、烂漫的杜鹃、磅礴的云海、瑰丽的日出,黄浦江正是从这起源。区内有中南百草园、龙王山、浙北大峡谷、大石浪、黄浦江源第一漂等景点。高山农家乐独具匠心、特色明显,集餐饮、住宿、参与农事活动及休闲娱乐于一体。主要乡村旅游点有龙王山黄浦江源、牛牯坳畲族文化风情园、报福山乡农家养生等。

黄浦江源生态乡村旅游区要依托黄浦江源的特色自然资源和中南百草园、浙北大峡谷、黄浦江源第一漂等景点,以"黄浦源流,山高水长"为发展主题,打造集特色观光、农事体验、休闲娱乐为一体的乡村旅游目的地。

三、分期实施

本次规划纲要以"十二五"规划为年限,分一期和二期实施,一期为启动建设期,从2011年到2012年;二期为深化完善期,从2013年到2015年。

一期:充分发挥典型示范带动和政策扶持导向作用,有计划、有重点地选拔培育一批建设规模比较大、休闲档次比较高、文化特色比较鲜明、接待服务比较规范的乡村旅游单位争创省农业旅游示范点、省星级乡村旅游点;制定乡村旅游示范区标准,培训管理人员队伍,培育若干个湖州市乡村旅游示范区;加大宣传力度,进一步提升湖州乡村旅游知名度,打响"美丽乡村十姐妹,乡村旅游在湖州"品牌;打造浙北古生态茶文化乡村旅游线、浙北竹乡风情特色乡村旅游线、南部山水田园综合乡村旅游线三条乡村旅游线。

二期:制定切实可行的行业标准,完善乡村旅游体制机制建设和人才队伍建设,实现湖州乡村旅游业的突破发展;在深度挖掘民俗文化、民间技艺等体现本土特色的文化上下工夫,依靠节庆活动,加大宣传力度,扩大知名度,营造特色和鲜明个性,打造若干个集生态观光、人文体验和休闲度假为一体的综合性乡村旅游度假区;重点发展环太湖渔家风情乡村旅游带,形成环太湖渔家风情乡村旅游线和中部水乡民俗风情乡村旅游线。

(资料来源:湖州市旅游局)

【思考作业题】

1.什么是乡村旅游规划?它和一般旅游规划有什么区别?

2.湖州乡村旅游发展模式有哪些?

3.乡村旅游项目规划前期应调研哪些材料？

4.乡村旅游项目规划的编制程序是什么？

【项目作业】

● 实训项目名称：乡村旅游规划

● 实训项目作业形式：湖州白鹭谷乡村旅游规划文本

● 实训项目考核要求：

1.旅游规划文本：设计成果要求描述规划设计构思、设计理念和设计创意；提出总体布局的设计概念；主要建筑、交通组织等设计思路。①要求设计着眼于其良好的地理环境及周边业态，打造湖州旅游经济带标志性地段；②可行性。（70％）

2.旅游规划图件：①总平面规划图；②鸟瞰效果图；③总体规划相关分析图（包括：交通分析图、景观分析图、绿化分析图、客源市场分析图及主要节点景观分析图）。（30％）

● 白鹭谷基本情况简介：

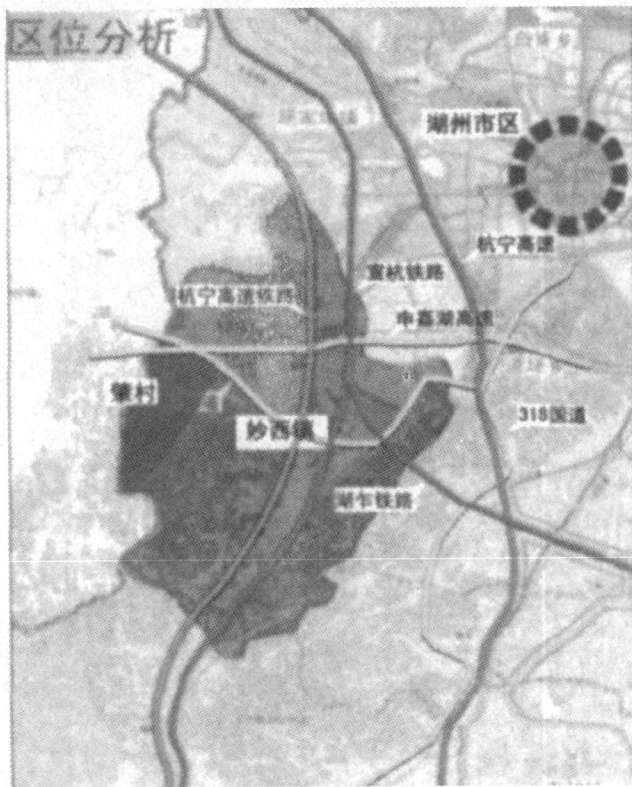

图 5-11-12　白鹭谷区位图

白鹭谷位于湖州市妙西镇西部，距湖州市中心 12 公里，东距上海 150 公里，南距杭州90 公里，面积 11.77 平方公里。（图 5-11-12）低山丘陵地貌、三面环山、紧邻都市是白鹭谷区域地理的主要特征。白鹭谷素有"西塞山前白鹭飞，桃花流水鳜鱼肥"之美誉，213 平方公里省级生态林是白鹭的主要栖息地。白鹭谷属于陆家庄小流域，内部水系呈叶脉状分布，自南向北依地势汩汩而流。此外，徽派建筑、状元墓、铜盆寺、古井、采桃节、陆羽茶经等历史人文遗迹和民间佳话为白鹭谷奠定了深厚的文化底蕴。独特的区位优势和丰富的自然人文资源为乡村旅游产业的开发提供了良好的保证。白鹭谷内共有 5 个村落：陆家庄、牌明桥、肇村、王坞以及聂家村，现有住户 209 户，户籍人口 791 人，主要村落依托南北向道路分布在两侧。80％的住宅建筑为 20 世纪 80 年代以后新造的砖混结构，并掺杂少数徽派建筑，建筑形式混乱，风貌不一。由于规划的滞后和政府投资的不利，村内文化、卫生、体育等公共设施和基础设施不配套，建设水平低下，直接影响了居民生活质量的提高。

参考文献

[1]Walford N. Patterns of development in tourist accommodationenterprises on farms in England and Wales[J]. Applied Geography,2001,21:331-345.

[2]Evans N J,Ilbery B W. The distribution of farm-basedaccommodation in England [J]. Journal of the Royal AgriculturalSociety of England,1992,153,67-80.

[3]Gunn C A,Ranch,Hill,Lake Country[M]. College Station:TexasA&M university,1974. 56.

[4]Eastman JR,JinW,Kyem PAK,ToledanoJ. Rasteprocedure formulti-criteria multi-objective decisions [J]. Photogramme tric Engineering and Remote sensing,1995,61(5): 539-547.

[5]邵琪伟.全面落实科学发展观 为开创"十一五"旅游业发展新局面而奋斗[R].2006年全国旅游工作会议发言稿,2006-01-10

[6]李海平.农家乐旅游与管理[M].杭州:浙江大学出版社,2006.

[7]刘赵平.对高品位旅游资源实施成片规划开发的建议[A].何光伟.新世纪·新产业·新增长:旅游业成为新的经济增长点研究[C].北京:中国旅游出版社,1999:292-302.

[8]孙厚琴.旅游经济学[M].上海:立信会计出版社,2003.

[9]吴必虎.区域旅游规划原理[M].北京:中国旅游出版社,2001.

[10]尹少华.乡村旅游及其发展对策的探讨[J].林业经济问题,2002(5):264-267.

[11]王兵.从中外乡村旅游现状对比看我国乡村旅游的未来[J].旅游学刊,1999(2):38-42.

[12]段致辉等.关于乡村旅游开发的研究[J].资源开发与市场,2000(5):46-47.

[13]肖佑兴等.论乡村旅游的概念与类型[J].旅游科学,2001(3):8-10.

[14]http://news. sina. com. cn/o/2010-03-09/063017187024s. shtml.

[15]卢云亭.两类乡村旅游地的分类模式及发展趋势[J].旅游学刊,2008(4).

[16]廖静娴.我国城郊型乡村旅游发展研究[D].成都:四川师范大学,2007(12).

[17]王少君,童亚兰.浙江省乡村旅游发展探析[J].滨州职业学报,2009(11).

[18]黄成林.乡村旅游发展若干问题研究[J].安徽师范大学学报,2006(8).

[19]顾筱和,黄郁成.试论乡村旅游的经济影响[J].广西社会科学,2006(9).

[20]吴琼莉,郑四谓.国外乡村旅游研究及对中国的启示[J].中国物价,2007(12).

[21]陈海鹰.浅谈如何以乡村旅游促进中国农村发展[J].华中师范大学研究学报,2006(4)

[22]徐文兵等.乡村旅游生态环境保护措施及综合对策[J].福建林业科技,2010(9).

[23]王远坤.乡村旅游发展与乡村生态保护[J].求索,2008(9).

[24]蒙睿,周鸿,徐坚.乡村旅游生态环境保护的系统观分析[J].云南师范大学学报,2005 (7).

[25]郑旗.城市周边乡村旅游市场特征研究——以长沙市为例[D].湖南师范大学硕士论文,2008.

[26]胡德翠.大城市周边乡村旅游的时空分布及市场特征研究——以上海市为例[D].上海师范大学硕士论文,2010.

[27]董正秀,周晓平.苏南地区乡村旅游客源市场分析与营销策略[J].华东经济管理,2010(12).

[28]李云.苏州市乡村旅游市场营销策略研究[D].硕士论文,2009.

[29]刘昌雪,汪德根.苏州乡村旅游客源市场特征及开发对策[J].资源开发与市场,2008(24).

[30]王静,郭晶.乡村旅游市场营销策略研究[J].现代商贸工业,2008(2).

[31]郑丽霞.乡村旅游市场营销策略研究——以永定县为例[D].硕士论文,2007.

[32]李剑.乡村旅游市场营销刍议[J].商场现代化,2010(10).

[33]王莉等.中国乡村旅游客源市场研究[J].资源开发与市场,2007(23).

[34]梁骥.旅游市场营销[M].大连:大连理工大学出版社,2006.

[35]赵毅,叶红.新编旅游市场营销学[M].北京:清华大学出版社,2006.

[36]董观志,刘芳.现代饭店经营管理.广州:中山大学出版社,2004:142-160.

[37]方增福.乡村旅游规划的基本原则与方法.玉溪师范学院学报,2000,16(6):25-27.

[38]夏林根.乡村旅游概论[M].上海:东方出版社,2007:265-273.

[39]沈晨仕.乡村旅游产品开发研究——以安吉章村为例.华东师范大学硕士学位论文,2009.

[40]唐代剑,池静.论乡村旅游项目与游览组织[J].桂林旅游高等专科学校学报,2005(3).

[41]刘锋.新时期中国旅游规划创新[J].旅游学刊,2001(5).

[42]陈梅.乡村旅游规划核心内容研究.苏州科技学院硕士学位论文,2008.

[43]魏有广.乡村旅游规划体系研究.山东大学硕士学位论文,2007.

[44]宣东红.奉化滕头旅游新村建设启示.经济丛刊.2010(3):44-45.

[45]魏敏.旅游规划:理论·实践·方法.大连:东北财经大学出版社,2010.

[46]王伟武,薛瑾,周旭东.乡村旅游开发与农村居民点整治的规划协调对策研究——湖州市白鹭谷案例.浙江大学学报(理学版),2008,35(2):229-235.

[47]罗肖,盛正发.关于我国乡村旅游开发的现状分析与对策.长沙民政职业技术学院学报,2006,13(3):40-43.

[48]万青.乡村旅游探论[J].许昌学院学报,2004(6):38-41.

[49]吴必虎,黄琢玮.中国城市周边乡村旅游地空间结构[J].地理科学,2004(6):51-53.

[50]吕军,张立明.中外乡村旅游研究的比较[J].国土与自然资源研究,2005(2):41-45.